KEIN PROBLEM MIT SCHWIERIGEN MENSCHEN

Allen Mitarbeitern, Kollegen, Chefs und Kunden richtig Begegen

ROBERTA CAVA

Kein Problem mit schwierigen Menschen;

Allen Mitarbeitern, Kollegen, Chefs und Kunden richtig begegnen

Roberta Cava

Veröffentlicht bei Cava Consulting,

info@dealingwithdifficultpeople.info

Entdecken Sie weitere Titel von Roberta Cava an

www.dealingwithdifficultpeople.info

National Library of Australia

Cataloguing-in-publication data:

ISBN 978092357979

BÜCHER Von ROBERTA CAVA

Sachbücher

Umgang mit schwierigen Menschen
(23 Verlage - in 17 Sprachen)
Umgang mit schwierigen Situationen - bei der Arbeit und zu Hause
Umgang mit schwierigen Ehegatten und Kindern
Umgang mit schwierigen Verwandten und In-Gesetzen
Umgang mit häuslicher Gewalt und Kindesmissbrauch\Umgang mit
Schulmobbing
Umgang mit Workplace Mobbing
Ruhestand Dorf Bullies
Sag einfach nein
Halten Sie unsere Kinder sicher
Was soll ich mit dem Rest meines Lebens machen?Vor dem Binden des
Knotens - Fragen Paare müssen sich fragen, bevor sie heiraten!
Wie Frauen im Geschäft vorankommen können
Überlebensfähigkeiten für Vorgesetzte und Manager
Human Resources am Besten!
Personalpolitik und -verfahren – Australien
Angestelltenhandbuch
Easy Come - Schwer zu gehen - Die Kunst der Einstellung,
Disziplinierung und Zündung Mitarbeiter
Zeit und Stress - Heutige Stille Killer
Nehmen Sie Befehl von Ihrer Zukunft - machen Sie Sachen geschehen
Bauch lacht für alle! - Volumina 1 bis 6
Weisheit der Welt! Die glücklichen, traurigen und weise Dinge im
Leben!

Fiktion

Das ist etwas Besonderes
Etwas fehlt
Trilogie: Das Leben wird kompliziert
Das Leben geht weiter
Das Leben wird besser

WIDMUNG

Dieses Buch ist allen Seminarteilnehmern gewidmet, die mit schwierigen Menschen zu tun hatten und mir mitgeteilt haben, wie sie mit ihnen umgegangen sind, so dass andere von ihren Erfahrungen profitieren können.

DANKSAGUNG

Mein Dank gilt den Tausenden von Teilnehmern meiner Seminare, die ihre Ideen einbrachten und beschrieben, wie sie mit schwierigen Menschen umgehen.

Besonderer Dank geht an Tim Field (Großbritannien) hinsichtlich seiner Website *„Bully OnLine"*, Beyond Mobbing Association, und Dr. Sam Samenow für ihre Ratschläge zum Kapitel Mobbing, sowie auch an die Gesellschaft Alberta Telephones, die mir erlaubte, direkt aus einigen ihrer Broschüren zu zitieren.

Und meinen herzlichen Dank an Rolf Rekort, der an der deutschen Übersetzung dieses

E-Buches mitgearbeitet hat.

UMGANG MIT SCHWIERIGEN MENSCHEN

Inhaltsverzeichnis

Einführung   *1*

Kapitel 1: Verhaltensweisen und ihre Auswirkugen   *3*

- Werden Sie von lhren Stimmungen beherrscht?
- Negative Gefühle
- Sechs Verhaltensstile
- Methoden der Konfliktlösung
- Wie man einen Streit gewinnt
- Meinungsunterschiede akzeptieren
- Konstruktiv sein
- Was für ein Typ sind Sie?
- Mit Menschen eines anderen Persönlichkeitstyps zusammenarbeiten
- Introvertierte und extrovertierte Persönlichkeiten
- Verhaltensstile und ihre Auswirkungen

Kapitel 2: Umgang mit Manipulative   *35*

- Passive Manipulatoren
- Manipulatoren, die passiven Widerstand benutzen
- Indirekt aggressive Manipulatoren
- Aggressive Manipulatoren
- Passive-aggressive Manipulatoren
- Andere Manipulatoren

Kapitel 3: Kommunikationstraining für umgang mit schwierigen menschen   *85*

- Umschreiben
- Der sprachbeherrschende Sinn
- Feedback
- Zuhören
- Sprechen
- Allgemeine Prinzipien und Techniken
- Besondere Situationen
- Andere Probleme

Kapitel 4: Umgang mit Schwierigen Kunde   *123*

- Allgemeine Prinzipien und Techniken
- Besondere Situationen
- Andere Probleme

Kapitel 5 - Mobbing am Arbeitsplatz   *153*

- Was ist Mobbing?
- Mobbing am Arbeitsplatz: Wie fängt es an?
- Wer sind die Täter, die Mobber?
- Physische Mobber
- Verbale Mobber
- Mob oder Gruppenbullies
- Wer sind die Zielscheiben von Mobbing?
- Raserei beim Schlangestehen
- Tödliche Arbeitnehmer
- Serielle Mobber
- Mobbingkosten für das Unternehmen
- Mobbingkosten für die Opfer
- Wie kann man Mobbing am Arbeitsplatz
- verhindern und unterbinden?
- Was sind die Kosten für die Einführung
- von Anti-Mobbing-Massnahmen?

Kapitel 6: Umgang mit Schwierigen Vorgesetzten   *169*

- Der Chef kann nicht motivieren
- Der aggressive Vorgesetzte
- Vorgesetzte mit mangelnden Führungsqualitäten
- Die Kunst, ein guter Angestellter zu sein

Kapitel 7: Umgang mit Schwierigen mitarbeitern   *193*

- Unprofessionelles Verhalten
- Aggressives Verhalten
- Persönliche Konflikte
- Effizientes Leiten von Meetings

Kapitel 8: Umgang mit Schwierigen Untergebenen *207*

- Die Aufgaben eines Vorgesetzten
- Wie führe ich frühere Kollegen?

- Delegieren
- Mitarbeiter motivieren
- Mitarbeiter korrigieren oder disziplinieren
- Mit unproduktivem Verhalten umgehen
- Persönliche Streitigkeiten
- Emotionale Menschen
- Ausländerfeindlichkeit
- Vorurteile gegen weibliche Vorgesetzte
- Sonsige Probleme von Vorgesetzten

Fazit   *245*

Sind Sie bereit für den Erfolg?

Bibliographie   *247*

EINLEITUNG

Haben Sie oft mit gereizten, groben, ungeduldigen, emotional reagierenden, hartnäckigen oder aggressiven Menschen zu tun? Kommen Sie gestresst von der Arbeit nach Hause, weil Sie sich den ganzen Tag mit solchen Leuten beschäftigen mussten? Wenn das zutrifft, wird dieses Buch Ihnen dabei helfen, eine positive Stimmungslage zu bewahren, indem Sie nicht zulassen, dass andere Menschen negative Gefühle in Ihnen auslösen. Sie werden lernen, Ärger und Stress zu bekämpfen. Sie werden psychologische Kniffe erlernen und Ihre zwischenmenschlichen Fähigkeiten verbessern.

In den meisten Unternehmen (vor allem im Dienstleistungsbereich) weiß man mehr und mehr, wie wichtig Mitarbeiter sind, die mit allen Arten von schwierigen Menschen und Situationen umgehen können.

Schwierige Menschen sind solche, die:

- alles tun, damit wir die Nerven verlieren;
- uns zwingen, Dinge zu tun, die wir nicht tun wollen;
- oft mit Zwang, Manipulation oder anderen hinterhältigen Methoden arbeiten, um zu erreichen, was sie wollen;
- Schuldefühle in uns wecken, wenn wir ihre Wünsche nicht erfüllen;
- Ängstlichkeit, Gereiztheit, Frustration, Zorn, Depressionen, Eifersucht, Minderwertigkeitsgefühle, ein Gefühl des Versagthabens oder andere negative Emotionen in uns auslösen;
- versuchen, uns ihren Anteil an der Arbeit aufzubürden.

Tatsächlich funktionierende Techniken für den Umgang mit schwierigen Menschen und Situationen zu beherrschen, stärkt Ihr Selbstvertrauen, verbessert Ihre Arbeitsleistung, reduziert Stress und Angstgefühle, und steigert Ihre Freude am Job.

Sie werden ein Gefühl des Erfolgs haben, wenn Sie schwierige Situationen gut bewältigen. Ihr Arbeitgeber, Ihre Kollegen und Mitarbeiter werden Ihnen vertrauen und sich auf Sie verlassen, sie werden Sie bewundern und schätzen, sie werden es sich zweimal überlegen, bevor sie Sie herumhetzen, und sie werden sich mehr bemühen, Ihnen einen Gefallen zu tun.

Woher weiß ich, dass die in diesem Buch vorgestellten Techniken tatsächlich funktionieren? Ich weiß das deshalb, weil mehr als 52.000 Menschen auf der ganzen Welt an meinen Seminaren teilgenommen

1

und ihren Input dazu gegeben haben. Viele haben sich die Zeit genommen, mir zu schreiben und zu schildem, wie sie besonders schwierige Situationen gemeistert haben. Das gesamte Buch ist von ihren Beiträgen geprägt. Ich kann jede der hier beschriebenen Techniken empfehlen und benutze sie selbst regelmäßig. Mit ihrer Hilfe bewältige ich nicht nur schwierige Situationen besser, sondern gewinne auch die Kontrolle über meine Reaktion auf negative Situationen. Und das können auch Sie!

KAPITEL 1

Verhaltensweisen

und ihre Auswirkugen

Frage: Was ist ein schwierige Person?

Antwort: Eine Person, deren Verhalten – für Sie und für andere erschwert. Umgang mit schwierigen Menschen einfach bedeutet Umgang mit schwierigen *Verhalten*. Oder könnte Ihre Handlungen oder Verhaltensweisen dazu beitragen, die andere Person schwierig Verhalten?

Dieses Buch geht es um die Interaktion zwischen Ihnen und anderen, und speziell mit Kunden, Chefs, Ihren Mitarbeitern und Kollegen. Interaktion ist keine Einbahnstraße. Sie reagieren auf eine Person; der Mensch reagiert auf Sie. Sie möglicherweise nicht in der Lage, anderen Menschen Verhalten direkt zu steuern, aber indem Sie lernen, Ihr eigenes Verhalten und entwickeln Techniken für effektive Kommunikation zu verwalten, können Sie andere Menschen positiv zu beeinflussen. Sie verwandeln ihre (und eigene) schwierig Verhalten in zivilisierten, konstruktives Verhalten. Dies können Sie auch an sich selbst denken.

Lernen, wie man mit schwierigen Menschen umzugehen bringt das lernen wie Sie *Ihrer* Seite eine zwei-Wege-Transaktion zu verwalten. Dies gibt die Möglichkeit, gemeinsam mit Ihnen zu lösen, was ihm oder ihr macht der andere Person schwierig.

Wenn Sie eine schwierige Person auftritt, reagieren viele Möglichkeiten, die das Problem noch schlimmer zu machen - zum Beispiel indem man eine scharfe Entgegnung zu defensive anstatt zu versuchen, das eigentliche Problem bewältigen, indem man die Person Wut persönlich. Diese natürliche, aber kontraproduktiven Antworten reduzieren Sie Ihre Chancen eine negative Begegnung in eine konstruktive zu verwandeln.

Zum Beispiel, wenn Sie Menschen, die reizbar, unhöflich, ungeduldig oder wütend sind beschäftigen, bist viele Male, du nicht in der Lage, wieder zu schreien. Dies gilt insbesondere, wenn Sie an der Front für Ihr Unternehmen arbeiten und in schwierigen Menschen entweder am Telefon oder persönlich führen. Oder Sie sind die Front-Line Personal Supervisor und Sie bekommen die wirklich schwierigen Menschen! Sie können Ihre negativen Reaktion steuern, wenn Sie geistig sich weigern, die negative zu akzeptieren, wie, die Sie auf dich werfen.

Angenommen Sie, ein Client will Sie nicht anschreien. wirklich dauert einen Streifen Sie für etwas, der nicht deine Schuld war. Was wäre Ihre natürliche Reaktion.

1. *Sie verteidigen sich und Ihr Unternehmen*

Die meisten Menschen reagieren auf diese Weise. Der Client Sie verbal, angegriffen, die Ihr Abwehrmechanismus ausgelöst. Diese Antwort ist instinktiv, für Sie ebenso selbstverständlich wie das Atmen. Wenn Sie defensiv reagieren, löst es in der Regel nichts? Wahrscheinlich nicht. Wird dieser den Kunden zufrieden zu stellen? Wahrscheinlich nicht. Sie könnten am Ende in einen verbalen Schlagabtausch, wodurch negative Gefühle für jede Partei. Dies ist eine Lose - Lose-Situation.

2 *du bist wütend auf das Kundenverhalten, aber Ihre Zähne zusammenbeißen und konzentrieren sich auf die Lösung des Problems*

Obwohl Sie es nicht auf der Außenseite zeigen, sind Sie im Inneren brodelt. Wenn Sie ihre Wut aufnehmen, müssen sie später entfernt werden. Sie können an die nächste Person Rinde, Sie sehen, Laufwerk wie ein verrückter auf dem Heimweg von der Arbeit oder nach Hause gehen und kick den Hund oder die Kinder anschreien. Denken Sie daran, dass Sie wählen, ob Sie die Person Wut akzeptieren oder nicht.

Sie haben die Situation bei Ihnen melden dürfen. Dies ist auch eine negative Antwort - in diesem Fall für Sie. Für einen Moment innehalten Sie und Fragen Sie sich, *"Was ist der Kunde verärgert - mir oder die Situation?"* In den meisten Fällen finden Sie, dass es die Situation. Sie geschehen, dort zu sein, so können Sie den Empfänger der Frustration und Wut des Auftraggebers.

3. *Vor der Reaktion, Sie dauern zu erkennen, dass der Kunde verärgert über die Situation, nicht Sie ist. Daher gibt es keine Notwendigkeit für Sie, sich zu verteidigen.*

Diese letzte Lösung funktioniert am besten. Sie erreichen dies, indem beenden Ihr Abwehrmechanismus von treten in. Es ist einfacher, dies zu tun, als Sie denken. Es braucht Übung - aber Sie können es tun, wenn Sie Ihren Verstand darauf einstellen! Sobald Sie fühlen sich immer verkrampft und das Bedürfnis, sich zu verteidigen; stoppen und die Situation analysieren. Der Kunde ist verärgert auf Ihr Unternehmen oder die Situation - nicht auf dich. Es gibt absolut keine Notwendigkeit für Sie, sich zu verteidigen. Stattdessen können Sie sich konzentrieren auf das Problem des Klienten zu lösen. Der Kunde landet glücklich und also tun Sie - eine Win - win-Situation.

Sie wählen den richtigen Ansatz durch die Konzentration auf das Problem des Klienten, anstatt Ihre eigenen Gefühle. Sie erreichen dies durch:

- Aufzeichnen von Notizen während der Person spricht;
- Verwendung in Anlehnung an um sicher zu sein, dass Sie die Person Problem zu verstehen. Dies beweist, dass Sie zugehört haben, was er oder sie sagt;
- Fragen zu stellen.

Schuldzuweisungen, sagen Sie nicht verantwortlich sind, oder Ihr Unternehmen zu verteidigen, ist nicht die Antwort. Der Kunden ist es egal, ob der Fehler dir oder jemand anderes ist; Er/Sie will nur, dass Sie das Problem zu beseitigen. Du wirst ruhiger bleiben, wenn Sie keine defensive Haltung. In der Regel, werden wenn Sie das Problem des Kunden gelöst haben sagen, *„Ich bin traurig, dass ich Sie angeschrien."*

KONTROLLIEREN SIE IHRE STIMMUNGEN?

Haben Sie Stimmungsschwankungen, die beeinflussen, welche Art des Tages haben Sie? Sind Sie an einem Tag auf den nächsten; eine Stunde auf die nächste? Oft hängt das was um Sie herum geschieht - jemand knurrt Sie oder gibt Ihnen eine bergige Aufgabe zu erledigen. Sie denken, *„Oh Gott, gib mir Kraft!"* Es ist die kleine Ärgernisse, die Ihren Tag ruinieren können also wenn Sie diese konstruktiv umgehen können, Sie sicher vor dem Spiel sind.

Bevor Sie schwierige Menschen angehen können, ist es wichtig, dass Sie Ihr eigenes Gesetz zusammen. Denken Sie an das letzte Mal war, das Sie nicht in der Steuerung während einer schwierigen Situation fühlen. Was geschah mit Ihr Selbstwertgefühl-Niveau? Die meisten Leute finden, dass ihr Gefühl von Selbstwert nach dieser Art von Begegnungen, stürzt so Aufenthalt in Kontrolle in schwierigen Situationen unerlässlich für eine gute geistige Gesundheit.

Eine Möglichkeit, mit denen Sie solche Situationen zu identifizieren ist die körperlichen Reaktionen, die mit Ihrem Körper geschieht bewusst sein. Die "Kampf- oder Flucht" Syndrom tritt immer dann, wenn Sie eine schwierige Situation begegnen. Körperliche Zeichen können einschließen:

- verspannte Muskeln;
- zusammengebissenen Zähnen oder einen geballten Kiefer;
- schneller Puls;
- ein Herzklopfen;
- vermehrtes Schwitzen;
- Atemnot;
- eine Erhöhung des Blutdrucks;
- kühle und feuchte Haut;
- kalte Hände und Füße; und
- schnelle Atmung.

Wenn Sie diese Zeichen in sich selbst zu identifizieren, für eine Sekunde zu stoppen und sich Fragen: *„reagiere ich richtig, oder bin ich auf diese Situation übertrieben?"*

Finden Sie in etwa acht von zehn Fällen Sie überreagiert habe-da jemand anderes Kontrolle über die Situation.

Allzu oft lassen wir andere Steuern, wie wir uns fühlen. Wir lassen uns gute oder schlechte Tage geben. Wir können versuchen, andere Verhalten zu ändern, aber das kann nicht passieren. Jedoch haben wir Kontrolle darüber wie wir auf ihr Verhalten reagieren. Mein Leben verändert, als ich merkte, dass ich wählen könnte, wie ich reagiert, wenn Sie mit schwierigen Situationen konfrontiert. Ich konnte entweder die schlechten Gefühle, die mir von anderen übergeben wird oder einfach nicht zu nehmen. Wenn ich diese einfache Technik gelernt habe, fand ich hatte ich weit mehr Kontrolle über meine täglichen Stimmungen. Vorbei waren die Achterbahn Stimmungsschwankungen der Vergangenheit. Andere Leute nicht entscheiden, was für ein Tag ich hätte - ich habe! Auch, können Sie dieses Steuerelement haben. Wohlgemerkt, es werden Ausnahmen, aber viele Stimmungen und Reaktionen *können* Sie steuern. Wenn Sie die kleinen Schwierigkeiten kontrollieren, sind Sie besser gerüstet, um die wirklich großen behandeln.

Böse Gefühle

Bild dieser Szene: Sie fahren zur Arbeit, ziemlich gutes Gefühl über

6

sich selbst und Leben. Plötzlich ausbricht ein Auto vor Ihnen, fast eine Kollision verursacht. Sie schlagen auf die Bremsen (alles auf dem Vordersitz geht fliegen) und das beste hoffen. Ihr Auto stoppt Zentimeter aus dem beanstandeten Auto. Sie schälen sich vom Lenkrad, kneten über Dinge aus dem Boden holen und suchen das Auto, das Sie abgeschnitten. Es ist verschwunden.

Was ist Ihre erste Reaktion - rant und schwärmen von faulen Treiber? Wie lange bleibst du bei dem Fahrer des anderen Autos verrückt? Und was gut tut? Ich habe gesehen, Menschen bleiben bei Fieber-Taktabstand stundenlang, über ihre Erfahrungen, wer hören würde.

Wenn das Auto abgeschnitten, Sie hatte zwei Möglichkeiten: Sie könnten bleiben verärgert darüber, oder zugeben, du warst in einer Notsituation, die Sie gut behandelt und weiter ruhig zur Arbeit zu fahren.

Wenn Sie *gewählt haben*, weiterhin gestört, können nicht Sie die anderen Fahrer daran Schuld. Was tun Sie nach etwas negatives widerfährt, ist *Ihre* Entscheidung, nicht die andere Person. Wenn Sie jemanden, der Sie verärgert zulassen, haben Sie die falsche Wahl getroffen.

Verletzte Gefühle

Wie reagierst du, wenn ein enger Freund oder Kollege sagt etwas, das Ihre Gefühle verletzt? Sie ziehen sich in sich selbst und diskutieren über die Situation für ein paar Wochen, bevor Sie damit umgehen? Vielleicht das einzige, das bricht das Eis zwischen Ihnen und dieser Person ist, dass er oder sie Ihre Reaktion bemerkt und sagt: *„Was ist falsch? Du bist so still."* Sie kann oder auch nicht ehrlich erklären über die Bemerkung, die Ihre Gefühle verletzt. Anstatt diese Zeit in Elend, lernen:

1. Sofort erkennen, dass Sie verletzt;
2. Sofort mit der Person, die Sie das schlechte Gefühl sprechen.

Je nach Ihrer Persönlichkeit, Ihre Antwort kann reichen von, *„sei letzter Kommentar unter die Gürtellinie. Können Sie mir sagen, warum Sie eine solche Bemerkung gemacht? "* Oder, *"jene Bemerkung verletzt meine Gefühle - meinst du es so hörte ich es?"*

Rache

Jemand hat etwas wirklich schreckliches getan, um Sie, und Sie Don't care, wie lange es dauert Sie, aber du wirst ihn oder sie zurück zu zahlen! Sie wissen, was das ist - *Rache*.

Es fühlt sich gut, wenn Sie jemanden für eine Missetat zurückzahlen können, aber wenn Sie innerhalb einer angemessenen Zeit, nicht loslassen. Wenn Sie diese Situation zu analysieren, werden Sie feststellen, dass die andere Person Kontrolle über dein Leben die ganze Zeit hat, die Sie Ihre Rache planen. In der Zwischenzeit können Sie Ihr Leben und konstruktive Dinge zu tun. Ich habe geschiedene Leute Rache planen noch zehn Jahre nach ihrer Scheidung erlebt. Was für eine Verschwendung von Energie! Ich habe auch entdeckt, dass wenn man ihn gehen und beobachten, Sie feststellen werden, dass *„what comes around goes around"* und die Person zahlt wieder für ihre Missetat ohne dass Sie Ihre wertvollen Energie zu verschwenden.

Wenn nur... Ich hätte...

Verbringen Sie Ihre Zeit, die jammern, *„Wenn nur würde ich..."* oder *„Ich hätte...?"* Was für eine Verschwendung Ihres Lebens! Stattdessen konzentrieren sich auf die Gegenwart und die Zukunft - nicht der Vergangenheit.

Schuld

Wir leben in einer Gesellschaft Schuld-geritten. Andere nehmen Freude, unsere Fehler aufzuzeigen. Meine Philosophie ist, dass wenn Sie Ihr Bestes getan haben, das ist alles, was, die Sie von sich selbst erwarten können. Wenn Sie auf etwas gelingt nicht, Sie habe nicht gescheitert - Sie haben etwas gelernt.

Fühlen Sie sich schuldig, wenn Sie einen Fehler gemacht habe? Haben Sie Ihr Bestes gegeben? Wenn ja, der beste Weg für den Umgang mit Ihren eigenen Fehlern (vor allem, wenn jemand anderes sie darauf hin ist weist) zu sagen,*""Du hast Recht-ich habe einen Fehler zu machen. Es wird nicht wieder vorkommen."* Also fühlen Sie nicht schuldig, wenn Sie einen Fehler gemacht haben. Stattdessen lernen daraus und tun Sie es nicht wieder.

Hier ist ein weiteres Beispiel. Sie haben gearbeitet, sehr harten Abschluss eines Auftrags, und Sie sind stolz auf Ihre Leistung. Sie warten... und *warten* auf eine Art der Anerkennung von Ihrem Vorgesetzten. Ist es wahrscheinlich zu kommen? In vielen Fällen - keine. Du bist eher über die kleine Portion des Auftrages zu hören, was du falsch gemacht hast.

Darüber hinaus sind Sie wahrscheinlich Ihre eigenen schlimmsten Kritiker. Es gibt eine kleine Knalltüte in uns allen, die uns für immer kritisiert. Er sagt Dinge wie *„vermasselte Sie wieder! Nicht nichts richtig?"*

Lernen Sie, Kritik an sich selbst zu stoppen und starten, geben Sie sich positiven Verstärkung. Wenn Sie einen guten Job gemacht haben, klopfen Sie sich geistig auf der Rückseite mit solchen Gedanken wie, *„Ich bin wirklich stolz auf das, wie ich diesen Job gemacht habe."* Zählen Sie nicht auf andere, dies zu tun. Wenn sie dies tun, denken Sie an ihr Lob als *„Soße"* – aber brauchen Sie nicht Soße über die Kartoffeln jeden Abend tun Sie? Zuviel Lob machen Sie geschwollen geleitet. Selbst ist die Person, die Sie versuchen sollten, zu gefallen. Treten Sie nie gegen den Rekord von jemand anderem. Nur verbessern Sie Ihre eigenen Aufzeichnungen über Leistungen.

Akzeptieren Sie das nächste Mal etwas Ähnliches passiert mit Ihnen, nicht die negativen Gefühle verursacht es. Dies nimmt harte, konzentrierte Anstrengung ihrerseits. Diese Fertigkeit zu üben, bis Sie automatisch reagieren wie Sie wollen. Sie können selbst Rückfall in Ihrem alten defensiven oder Vergeltungsmaßnahmen Wege zu finden, aber halten Sie es. Wenn Sie dies tun, werden Sie in der Lage, einen kühlen Kopf öfter unter Feuer zu halten.

NEGATIVE GEFÜHLE

Wenn Sie starke negative Gefühl haben, aufhören Sie um zu prüfen, ob das Gefühl realistisch ist oder nicht. Jeden Tag werden wir mit negativen Situationen bombardiert. Untersuchen Sie die Liste unten und bestimmen, welche dieser Gefühle habt Ihr *nicht* fühlte sich im vergangenen Monat:

Wütend; peinlich berührt; stumm; zu verletzen; eingeschüchtert; verdächtige; schuldig; abgelehnt; beunruhigt; ängstlich; nervös; unruhig; deprimiert; bekümmert; angespannt; frustriert; besorgt; verärgert; ignoriert werden; aufgeregt; emotionale; enttäuscht; gedemütigt; besorgt; beschämt; nachtragend; aufgeregt; eifersüchtig; beschränkt; Reue; minderwertig; dumme; beleidigt; unsicher; traurig oder behindert?

Ist es kein Wunder, warum viele Menschen negativ denkende Menschen geworden? Also achten Sie auf die körperlichen Anzeichen (die Sie wahrscheinlich haben werden, wenn angesichts der Menschen, die versuchen, eines der vorgenannten fühlen Sie) und fragt sich, ob Sie übertrieben sind. Wenn Sie festgestellt haben, dass das Gefühl nicht realistisch ist, haben Sie überreagiert. Dies könnte zehn Minuten, nachdem die negative Situation passiert ist. Schalten Sie Ihre negative Reaktion - loslassen! Wenn Sie ständig Ihre Meinung finden zurück zu diesen negativen Situationen erinnern Sie sich, die Sie jemandem geben, die Kontrolle über Ihr Leben - und tun es nicht!

Wutanfälle.

Dies sind kindisch, unangemessen und unkontrollierte Ausdrücke des Zornes, die durch alles - ausgelöst werden können einige triviale aktuelles Ereignis oder etwas, das nahm Platz vor langer Zeit, dass die Person über jahrelang geschmort hat. Menschen, die anfällig für Wutanfälle Temperieren können Irritationen des täglichen Lebens sagen nichts zum Zeitpunkt beschäftigen, dann, wenn eine Chance Bemerkung als Auslöser wirkt, können sie in einem roten Blitz Wut ausbrechen und Peitschen heraus an die nächste Person. Diese Wut hat unglückliche folgen; die Person fühlt sich schrecklich und andere entfremdet sind. Diese Person benötigt professionelle Wut-Management.

Schmollen.

Beleidigten sind bereit zu zeigen, sie sind in einer schlechten Stimmung aber weigern zu erklären, warum. Die *„Silent Treatment"* und "handeln verletzt" sind Varianten von schmollen. Sie zeigen hartnäckig, dass sie nicht bereit sind, Fragen zu Regeln sind.

Sarkasmus.

Menschen, die auf Sarkasmus, negative Emotionen auszudrücken sind in der Regel nur ungern die Ursache für ihre schlechte Laune direkt konfrontieren.

Der positive Ansatz

Ich bin mir sicher, es gab Zeiten, wenn Sie einen schlechten Tag gehabt haben, wo alles schief gegangen ist. Sie wünschte, Du könntest zurück ins Bett (und es ist nur 10:00). Wie Sie reagieren auf diese Art des Tages oft bestimmt das Ergebnis. Die meisten Menschen reagieren mit den Worten *„Oh Boy, es wird einer jener Tage werden!"* Sie erwarten den Rest des Tages, böse zu sein, und natürlich ist es!

Nach drei oder vier Dinge falsch in den Tag gegangen, haben Sie ein Gespräch mit sich selbst. Anstatt zu sagen, *sagen, „Es wird einer jener Tage, sein," „Gottseidank habe ich , mit."* Was du tust ist selbst sagen, dass der Rest des Tages wird besser sein. Versuchen Sie zu einer positiven Einstellung zu ändern, wenn Sie einen schlechten Tag haben und sehen Sie, ob es nicht Dinge umzudrehen.

Weise Menschen beschäftigen sich mit negativen Gefühlen

Viele Menschen glauben (fälschlicherweise), dass schlechte Gefühle immer gefährlich und mächtig sind. Wenn sie diese Gefühle offen, sie sagen selbst, sie verlieren jemandes Liebe oder Wut, Langeweile oder Abneigung zu provozieren. Sie können entweder nicht akzeptieren, dass ständig von allen gemocht zu werden zu wollen ein unrealistisches Ziel ist.

Auf der anderen Seite der Skala glauben einige Leute (auch fälschlicherweise), dass es *„ungesund"* oder *„unehrlich"* zu versuchen, wie sie ihre Gefühle ausdrücken zu kontrollieren. Sie glauben, sie haben das Recht, damit die Menschen wissen, wie sie sich fühlen in irgendeiner Art und Weise sie wählen; Egal welchen Umständen- oder die Folgen.

Zusammenfassend lässt sich sagen, die meisten Menschen glauben, es gibt nur zwei Dinge, die sie tun können, mit ihren schlechten Gefühlen: (a) unterdrücken oder (b) sie in das Formular, in dem sie-negativ, d. h. erlebt, ausdrücken. Die meisten von uns ist auch bewusst, dass beide Richtungen ziemlich zerstörerisch sein können.

Logik und Emotion: der analytische Ansatz

Wenn negative Emotionen gehen, müssen sie irgendwie raus. Wir haben einige der Möglichkeiten, die instinktive gesehen, die Menschen mit ihnen umzugehen. Die meisten dieser instinktive und/oder impulsiven Reaktionen haben negative Folgen. Die Herausforderung ist es, Wege finden, um mit negativen Gefühlen konstruktiv umzugehen.

Zwei Kräfte - Logik und Emotion - sind bei der Arbeit im Laufe unseres Lebens. Oft sie schieben und ziehen Sie in entgegengesetzte Richtungen. Derjenige, der zu einem bestimmten Zeitpunkt herrscht wird bestimmen, wie wir zusammen mit anderen und beeinträchtigen unser Leistungsniveau. Wir alle wissen, es ist einfach reagieren auf Situationen mit Emotionen statt Logik, sondern reagiert logisch hilft uns konstruktiv mit schwierigen Situationen umzugehen.

11

Wenn es nicht natürlich für Sie logisch Verhalten unter Stress kommt, seien Sie nicht entmutigt. Die Fähigkeit, Logik verwenden, um Konflikte und Probleme lösen kann entwickelt werden. Der erste Schritt ist es, einige Einblicke in die Natur der Schwierigkeit. Sie können dies tun, durch eine Analyse der Situation, Ihre Gefühle und Ihr Verhalten. Bewaffnet mit Informationen aus dieser Analyse, können Sie dann lernen, Ihre Reaktionen anstatt Ihre Instinkte steuern Sie übernehmen.

Hier sind zwei Beispiele, die zeigen, wie der analytische Ansatz nützlich sein könnte.

1. Nehmen wir an, Sie aus keinem anderen Grund als deprimiert, weil es ein Montag Morgen. Telefonisch Sie krank, oder versuchen Sie, herauszufinden, was falsch ist? Wenn Sie Ihre Reaktionen analysieren, merkt man, dass Sie regelmäßig einen oberen am Freitag Nachmittag und ein Wermutstropfen am Montagmorgen. Sie können eine von 80 Prozent der Erwerbstätigen, die in den falschen Job sind. Lassen Sie Sie, dass Sie weiter drücken, oder tun Sie logisch und ernsthaft in Erwägung ziehen auf der Suche nach geeigneter Beschäftigung?

   Wenn man bedenkt, dass die meisten von uns verbringen Sie zehn Stunden am Tag, fünf Tage die Woche entweder immer bereit für Reisen, oder am Arbeitsplatz, ist es eine Schande, dass Menschen nicht mehr Energie entscheiden verbringen, was sie mit ihrem Leben tun möchten. Wenn Sie sich im falschen Job oder Beruf und nach etwas zu suchen, die Sie mehr genießen möchten, können Sie beginnen durch Kontaktaufnahme mit einem Berufsberatung Zentrum (sie sind im Telefonbuch aufgeführt).

2. Nehmen wir an, Sie stehen unter Druck, einen Job von 14:00, beenden wenn Ihnen Ihr Vorgesetzter plötzlich einen zusätzliche Batch Arbeit gibt. Weil Ihren Vorgesetzten oft dies tut, finden Sie, dass Sie regelmäßig Schwierigkeiten Ihre zugeteilte Arbeit auf Zeit haben. Das macht Sie unzulänglich fühlen. Auf der anderen Seite wollen Sie nicht zu Ihrem Vorgesetzten ärgern und am Ende auf 14:00 zu sagen: *„tut mir leid, habe nicht ich es noch nicht fertig?"* Oder wollen Sie sagen, *"ich nicht mal dies und der Jones-Bericht von 14:00 abgeschlossen haben. Welche würden Sie lieber ich tun?"*

Im ersten Fall ohnehin Ihren Vorgesetzten wütend auf Sie, weil durch nicht sprechen, Sie ihr daran gehindert, andere Vorkehrungen zu treffen für den Abschluss des Berichts. Sie beschweren sich dann, sagte: *„meine Arbeit macht mir das Gefühl, dass ich unter großem Druck stehe."*

Im zweiten Fall hat Ihre Analyse solcher Situationen merkt man, dass es Ihrem Vorgesetzten Verantwortung zu helfen, Prioritäten zu bestimmen ist. Um sicherzustellen, dass sie dies effektiv tun kann, stellen Sie sicher, dass Sie einen guten Eindruck von Ihrer derzeitigen Arbeitsauslastung haben. Vielleicht haben Sie einen Zeitmanagement Kurs, um Ihnen helfen, Ihre Prioritäten zu wählen. Sie halten "to-do-Listen, damit Sie wissen genau, wie viel Sie an einem Tag behandeln können und Sie darauf bedacht sind, Ihren Vorgesetzten über Ihre Arbeit informiert zu halten.

Analyse stress

Bestimmte körperliche und Behavioral Symptome sind mit Stress verbunden. Neben diesen Flug-oder-Kampf Symptome wie bereits erwähnt zeigt Stress seinen Druck durch:

- Erhöhte Sensibilität für Lärm
- *„Racing"* Gedanken
- Ungeduld
- Unruhe
- Plötzliche tobt
- Anfälle von Lachen oder Weinen.

In einigen Fällen möglicherweise Depression und Apathie auch Reaktionen auf stress. Nicht alle Stress ist schlecht. Die gesteigerte Emotionen und körperliche Symptome im Zusammenhang mit Stress können als Reaktion auf angenehme und spannende Ereignisse - wie gefördert oder in der Liebe auftreten. Es ist nicht Stress an sich das Problem, aber negativen Stress - ist die Art, die *dis*Tress produziert.

Die meisten Menschen angenommen, die Workaholics sind unglücklich, aber das stimmt nicht immer. Es gibt zwei grundlegende Arten von Workaholics. Es gibt diejenigen, die lieben ihre Arbeit und die Arbeit hart und lang weil sie Lust dabei erhalten. Sie sind unter Stress aber selten *dis*Tress leiden. Anderen Workaholics sind motiviert nicht durch Begeisterung, sondern durch solche Dinge wie:

- Wettbewerbsfähige Gefühle;
- Job-Druck;
- Budgetkürzungen;

- Familie oder Beziehung Probleme;
- Finanzielle Probleme.

Ihren Stress wird *dis*Tress und sie leiden, weil es. Wir alle kennen diese Menschen. Sie:

- Arbeit aller Zeiten, oft bringt Arbeit mit nach Hause in den Abendstunden und an Wochenenden - sind aber verärgert darüber;
- Nervösen Störungen leiden;
- Nicht essen oder ordnungsgemäß auszuüben;
- Nie Pause von der Arbeit wenn sie sind krank (sie sind diejenigen, die auf die Grippe-Bug, der Rest des Personals zu übergeben, weil sie hereinkommen, wenn sie nicht tun sollten);
- Selten zu verbringen Zeit mit der Familie;
- Weiß nicht, wie Sie entspannen, spielen oder einfach nichts tun. (sie verwenden oft Leistungssport *„zu entspannen."*)

Wenn Sie, dass Sie ein Workaholic sind vermuten, kann der folgende Fragebogen Ihnen weitere Einblicke in ob Ihr Werk eine Quelle von Stress positiv oder negativ ist:

Sind Sie ein Workaholic?

(Antwort ja oder Nein.)

Teil A

1. Sind Sie immer pünktlich für Termine?
2. Sind Sie bequemer, wenn man produktiver als im Leerlauf?
3. Organisieren Sie sorgfältig Ihre Hobbies?
4. Wenn Sie an Freizeitaktivitäten teilnehmen, ist es vor allem mit Arbeit Mitarbeiter?
5. Auch unter Druck, nehmen Sie in der Regel die zusätzliche Zeit, um sicherzustellen, dass Sie alle Fakten haben, bevor Sie eine Entscheidung treffen?
6. Sind die meisten Ihrer Freunde in der gleichen Zeile wie Sie?
7. Ist die meiste Ihrer Lesung arbeitsbedingten?
8. Arbeiten Sie häufiger als Ihre Altersgenossen spät?
9. Tun Sie fachsimpeln über Kaffee oder Cocktails bei gesellschaftlichen Anlässen?
10. Tun Ihrer Träume im Mittelpunkt Arbeit – oder familiären Konflikten?

11. Spielst du so hart wie Sie arbeiten?
12. Werde ich unruhig, wenn Sie im Urlaub?
13. Tun, Ihr Ehepartner und Freunde betrachten Sie als eine lockere Person?

Wenn Sie auf die ersten zwölf Fragen und nicht zu Frage 13 Ja Antworten, bist du ein Workaholic alles in Ordnung; aber denken Sie daran, dass dies nicht schlecht ist, es sei denn, es Sie *dis*tress verursacht. Um herauszufinden, ob Ihre Arbeitssucht eine Quelle von negativem Stress ist, beantworten Sie die Fragen in Teil B.

Teil B:

14. Scheinen Sie, besser zu kommunizieren, mit Ihren Mitarbeitern als Ihr Ehepartner (oder beste Freundin)?
15. Können Sie sich besser an Samstagen als am Sonntag Nachmittag entspannen?
16. Nehmen Sie Ihre Arbeit mit Ihnen ins Bett, wenn du krank bist?
17. Sind Sie in der Regel gestört, wenn andere Sie warten halten?
18. Wachen Sie in der Nacht kümmern, Geschäfts- oder Familienprobleme?
19. In Ihren Leistungssport sehen Sie gelegentlich Ihren Vorgesetzten Gesicht drauf?
20. Ist Arbeit manchmal eine Möglichkeit der Vermeidung von engen Beziehungen?
21. Planen Sie im Voraus in der Regel jeden Schritt der Route der Reise und unangenehm ist Pläne gehen schief?
22. Mögen Sie Small-Talk auf eine cocktail-Party oder einen Empfang?

Falls Sie auf Fragen 14 bis 21 und nicht auf Frage 22 Ja Antworten, sind Sie wahrscheinlich nicht Ihre langen, harten Stunden der Arbeit genießen. Wenn Ihr *dis*Tress lange genug, die fast unvermeidliche Folge hält werden ***Krankheitshäufigkeitt***. Prüfen Sie nach Anzeichen für Burnout, stellen Sie sich folgende Fragen.

I: zu tun

- Das Gefühl nach unten oder deprimiert die meiste Zeit?
- Fühlen sich müde, die meiste Zeit?
- Haben Sie Probleme beim Essen und genügend Schlaf?
- Das Gefühl, es gibt keine Hoffnung auf Besserung in meine Umstände?

15

- Ständig beschweren?
- Das Gefühl, dass niemand kümmert?
- Gefühl die meiste Zeit das verärgert, frustriert oder wütend?
- Erleben Sie Gefühle von starkem Druck und Konkurrenz am Arbeitsplatz?
- Gefühl, das nicht egal was ich tue, es wird nicht genug sein?
- Angst, dass ich unter jeden Tag jetzt gehe?

Stress wird *dis*Tress, wenn du unter Druck zu lang warst oder Belastungen im Leben überwältigend sind. Der erste Schritt im Umgang mit *dis*Tress ist, alle Quellen von Stress in Ihrem Leben zunächst bestimmen, welche Quellen sind positive und die negative, und zweiten, welche Quellen zu analysieren, was Sie tun können, etwas über, und diejenigen, die Sie nicht ändern können. Um dies zu tun, gehen Sie durch die folgende Übung so genau wie möglich. Notieren Sie Ihre Antworten. gehen Sie nicht nur geistig durch die Ausübung.

1. Auf ein Blatt Papier, Liste alles, das Sie verursacht stress. (Leerzeichen Sie zwischen jeder Stressor.) Versuchen Sie, mindestens fünf Stressoren geben.
2. Auf einer Skala von 1 bis 10 (10 ist das höchste) bestimmen das Spannungsniveau von jeder Stressor.
Festzustellen, ob der Stressor positiv ist (eine Hochzeit, eine Förderung, ein neues Baby, einen neuen Job) oder negativ (Unhöflichkeit, fahren im Berufsverkehr).
3. Legte die Gefühle, die Sie in der Stresssituation (Ärger, Frust, Freude, Angst) neben jeder Stressor haben.
4. Ermitteln, welcher Teil Ihres Lebens jeden negativen Stressor (Familie, Soziales, Business/Arbeit) am meisten betroffen ist.
5. Für jeden Stressor dann bestimmen ob:
   a. Sie *ZU TUN* haben die macht, das Problem zu beheben. Setzen Sie das Wort "Do" neben dem Element; oder:
   b. Haben Sie *NICHT* die macht, die Situation zu verändern. Es liegt außerhalb Ihrer Kontrolle - es gibt nichts, was Sie dagegen tun können. Setzen Sie das Wort "nicht" neben dem Element.

Techniken zur Reduzierung negativen Stress

Sobald Sie die negativen Quellen von Stress in Ihrem Leben erkannt haben und haben festgestellt, welche davon Sie etwas tun könnte, du bist auf dem Weg zur Erleichterung von den schlimmsten Druck erhalten.

Zwei weitere Schritte sollten dann Ihre Analyse folgen:

1. Wenn Sie *NICHT* befugt sind, tun Sie etwas über eine negative Quelle von Stress, vergessen Sie es. Mental das Problem wegwerfen und nicht verschwenden keine kostbarer Energie Thinking about it

2. Wenn Sie *ZU TUN* die Macht haben, die Situation zu ändern, überlegen Sie, was Sie dagegen tun. Einen Aktionsplan ausarbeiten.

Diese Schritte umgesetzt der *„Serenity Prayer"* (geschrieben von Reinhold Niebuhr) in die Praxis:

> *„Gott gebe mir die Gelassenheit zu akzeptieren, die Dinge, die ich nicht ändern, Mut zur Veränderung der Dinge, die ich kann, und die Weisheit, um den Unterschied zu kennen."*

Eines meiner Seminarteilnehmer identifiziert das folgende Problem, die Wut im Straßenverkehr beteiligt: *„meinem persönlichen Ärger ist Berufsverkehr. Fast jeden Tag bekomme ich in einer schlechten Stimmung beobachten die Dummheiten anderer Fahrer tun."*

Dies ist wahrscheinlich eines der Dinge in Ihrem Leben, die Sie keine Kontrolle haben. Was Sie zu tun haben die Kontrolle über ist Ihre Reaktion darauf. Defensiv fahren. Erinnern Sie sich nicht, sich aufzuregen. Verwenden Sie Ihre Lieblings-Radiosender oder spielen Sie Musik, die Sie genießen. Sie sollten erwägen, Reisen, früher oder später zu Staus zu verpassen.

DER WEG ZUM SIEG ARGUMENTE

Niemand mag ein Argument zu verlieren. Hier sind Hinweise, wie Sie Ihre nächsten zu gewinnen könnte:

1. Ask Mal um Dinge nachzudenken. Dann beide können Sie bei dieser Gelegenheit zu beruhigen.
2. Achten Sie auf die Reaktion des Körpers. Wurde der Kampf – Or – Flug Reaktion ausgelöst? Einmal tief durchatmen, Ihre Sauerstoffaufnahme um Ihr Gehirn zu erhöhen, so dass sie Ihre Situation klarer zu analysieren.
3. Nicht auf die Person zurückschnellen. Man mag bedauern, eine schnelle Retorte, die dauerhafte Auswirkungen haben kann.
4. Bestimmen, was Sie wollen, dass Sie nicht bekommen? Sollten Sie bereit sein, mehr - verhandeln, um ein wenig zu geben, so Sie

17

können beide gewinnen?

5. Wenn die andere Person "es verloren hat," nicht verhandeln, bis s / er ist beruhigt. Eine ruhigen Art und Weise ist immer der beste Ansatz.

6. Warten bis s / er ist bereit, Ihre Seite der Geschichte hören. Stellen Sie sicher, du hörst sorgfältig auf seine/ihre Seite der Geschichte.

7. Stellen Sie sicher, dass er oder sie weiß, dass du zuhörst. Verwenden Sie in regelmäßigen Abständen zu bestätigen, dass in Anlehnung an welche s / er heißt ist, was Sie hören.

8. Scheint er oder sie nicht hören, was Sie zu sagen haben. Darauf bestehen Sie, dass er/sie tut. Sagen: *„ich habe einen Punkt der aufmerksam zugehört, was Sie zu sagen haben. Zähle ich Sie auf, das gleiche für mich tun?"*

9. Fragen, *„Was willst du mir zu tun?"* Klarstellen Sie, dass Sie wissen, was er oder sie will. Hören Sie seine/ihre Antwort und bestätigen oder korrigieren.

10. Sagen, was Sie wollen, eindeutig und sequentiell. Wieder bereit zu verhandeln sein.

11. Wenn eine Einigung erzielt wird, fassen die Vereinbarung und gehen über relevante Bereiche nochmals um Ihr Verständnis zu bestätigen.

Agree to Disagree

Es gibt Zeiten, wenn Sie befinden sich in einem Gespräch mit anderen und erkennen, dass Sie auf gegenüberliegenden Seiten des Themas. Zum Beispiel: Abtreibung, Waffenbesitz, Politik, Religion und Euthanasie. Weder der Stelle Sie eines Zolls und beide Parteien werden mehr und mehr verärgert, weil die beiden Dinge aus der anderen Perspektive sehen können.

Dies ist vor allem für Menschen, die großen Respekt und Bewunderung füreinander haben versucht. Es ist wichtig zu erkennen, dass keine zwei Menschen (egal wie dicht sie sind) die gleiche Weise über jedes Thema im Leben vorstellen können. Sie sind nicht Verräter (wie jeder fühlen sich vielleicht) Wenn sie unterschiedliche Ansichten haben.

Wenn Sie sich in eine solche Situation finden sagen, *„du bist berechtigt, deine Meinung und ich auch. Es ist offensichtlich, dass wir nie zu diesem Thema, also lasst uns zustimmen, widersprechen und nicht in der Zukunft darüber sprechen Stimme."* Wenn die Person besteht weiter mit dem Argument, weigern Sie, an der Diskussion beteiligen. Wenn er oder sie das Problem später öffnet, erinnern Sie ihn/Sie daran, dass Sie Ihrer Meinung nach nicht nachgeben werden, so ist es unklug, das Thema erneut erhitzt erhalten.

Konstruktiv

Natürlich ist es manchmal notwendig, um Menschen die Fehler - mit anderen Worten zu diskutieren, zu kritisieren. Kritik kann entweder *destruktiv* - dass die Person das Gefühl wertlos- oder *konstruktiv* - konkrete Vorschläge für Verbesserungen bietet. Wenn andere kritisieren, immer richtig Verhalten der Person. Gib ihnen Labels wie dumme, dumme, faul, schlampig, unwissend oder gefühllos. Menschen wissen nicht, wie diese Dinge zu verbessern und Vergeltung in der Person, die den Kommentar bringt nur solche Begriffe verwenden.

Denken Sie an das letzte Rip Schnauben Argument hatten Sie mit jemand. Meinst Du *Label* die Person, oder haben Sie fair zu spielen und diskutieren der Person *Verhalten?*

Zum Beispiel könnte man sagen: *„John, du nicht verbringen viel Zeit bei der Vorbereitung Ihres Berichts, meinst du? Es erwies sich als nutzlos und ich musste es immer wieder tun."* Das ist sein Verhalten diskutieren und gibt ihm spezifische Informationen darüber, wie er es ändern kann.

In einem Argument wenn Sie sich jemanden Kennzeichnung, bitte entschuldige mich bei ihm oder ihr. Sagen Sie, , *„Es tut mir leid. Sie verdient nicht. Was ich sagen wollte..."* Dann besprechen Sie das Verhalten, das Sie beleidigt.

Wenn Menschen Sie beschriften, Fragen Sie aus bestimmten Gründen, warum sie euch das Label gegeben haben. Denken Sie daran, Sie haben die Wahl zu akzeptieren oder die Kritik nicht zu akzeptieren.

Wir können nicht erlauben, uns zu verletzen. Ein Kollege kann verraten uns, über uns lästern oder versuchen, uns schuldig fühlen. Es ist nicht leicht, dieses Verhalten zu vergeben. Wir können fühlen, dass wir uns lassen wenn wir anderen leichtfertig vergeben. Wir können fühlen, dass wir etwas tun, um den Riss zu Flicken warten sollte. Wir könnten versucht sein, auf die Verletzung (zu einem ungesunden Maße) wohnen wir glauben, dass sie uns getan haben.

In vielen Fällen jedoch zu vergeben ist die einzige, die heilen und heilen wird. Vergebung kann tatsächlich zu einer erneuerten Beziehung führen. Sie mögen sagen: *„das ist einfach für Sie zu sagen! Ihr Kollege nicht Klatsch hinter Ihrem Rücken und unwahre Informationen* *weitergeben."*

Hier ist was Sie tun können, um den Riss zu Flicken. Stoppen Sie vorzutäuschen, dass Sie wie die Person. Erkennen Sie sich selbst, dass Sie wütend und, warum untersuchen. Dann direkt mit der anderen Person, erzählt ihm sein oder ihr ehrlich gesagt, was hat Sie beleidigt. Denken Sie daran, jedoch, die die Person ist nur ein Mensch und, die wir alle machen Fehler. Dann machen Sie eine bewusste Entscheidung zu verzeihen und zu vergessen. (Du musst es bedeuten!) Sobald du die Person vergeben haben, bekommen Sie mit Ihrem Leben auf.

Viele Menschen einverstanden nicht mit diesem Ansatz. Sie glauben, dass Vergebung Übeltäter nur sie aus dem Schneider lässt-es zu einfach auf die Übeltäter ist. Wut und Hass verbrauchen Energie, die positiv auf die Scherben ausgegeben werden sollte.

Ich fand, dass ich mit meinem Leben bekommen konnte als ich andere für Verletzungen an mir getan vergab. Ironischerweise hatten all diese Leute in meinem Fall anschließend Probleme direkt aus ihrem eigenen verletzende Verhalten. Beispielsweise hatte einen Chef hatte ich Angst, dass ich nach seinen Job sein könnte. Er machte mir das Leben eine Hölle auf Erden für Monate, die für mich schrecklich Stress und gesundheitliche Probleme verursacht. Ich schließlich geschlagen geben musste und woanders Arbeit suchte. Dieser Mann ist jetzt von einem Job zum anderen, jeweils auf einem niedrigeren Niveau als die vorherige Prellen. Er hinterlässt eine Reihe von ehemaligen Kollegen, die ihn verachten.

Komplimente annehmen

Viele von uns haben Schwierigkeiten, die Komplimente gnädig empfangen. Wir Rabatt oder verweigern sie mit solchen Kommentaren wie *„Oh, ich hätte besser machen können",* oder *„Diese alten Lappen?"*

Wenn Sie Komplimente nicht gnädig akzeptieren, sind Sie die Person sagen, du hast das Kompliment? Sie sind damit andeuten, dass er/sie unaufrichtig ist, schlechtes Urteil hat oder noch schlimmer - liegt. Dir vergolten ein Warm fuzzy (ein gutes Gefühl) mit einen kalten, stacheligen (ein schlechtes Gefühl). Denken Sie daran, das nächste Mal, das Sie ein Kompliment Rabatt.

WAS FÜR EIN MENSCH SIND SIE?

Bevor wir mit schwierigen Menschen umgehen zu lernen, ist es wichtig, dass Sie nicht nur Ihre Persönlichkeitsstil, sondern auch Ihre schwierigen Menschen zu identifizieren. Anschließend können wir ändern, wie wir mit anderen umgehen, so dass wir auf ihre *„Wellenlänge mehr"* und ihre speziellen Kommunikationsbedürfnisse mithalten können. Wir sind eine Mischung aus diesen vier Persönlichkeitstypen, aber man sollte deutlicher als die anderen übereinstimmen. So geht's:

Wählen Sie, die angegebenen Daten (liest nur die Stärken und die Beschreibungen unterhalb jeder Art) am nächsten an Ihrem Verhaltensmuster Persönlichkeitstyp. Dies erfordert, dass Sie sich in sich selbst zu bestimmen, was Sie tatsächlich fühlen und nicht im *„richtigen Leben."*

IHRE STÄRKEN

Typ A: stärken

Direkte; ausgehende; Up-Front; anregende; qualifizierte Personen; überzeugend; risikofreudig; wettbewerbsfähig und selbstbewusst.

Diese Menschen sind spontan, oft im Vertrieb eingesetzt und Menschen - sie wollen Respekt von anderen. Andere fühlen sich sie sind aggressiv wettbewerbsfähig in ihrem Streben nach, was sie wollen. Sie mögen Menschen, die Begeisterung fehlt, halten sie warten, sind unentschlossen oder starre oder diejenigen, die durch das Buch gehen. Sie lieben Aufmerksamkeit, Erfolgserlebnisse und sehnen sich nach Anerkennung, Abenteuer und Spannung.

Typ B stärken:

Praktisch; ehrgeizige; effiziente; methodische; direkte; Ergebnis-orientierte; konventionelle; Resolute; bestimmt; organisiert und zuverlässig.

Diese Leute machen gute Unternehmer und Direktoren. Sie gerne direkt und Dinge übernehmen. Sie sind aufgabenorientiert und müssen immer gewinnen. Sie hassen emotionalen Menschen, Zweideutigkeit, Respektlosigkeit und Faulheit in anderen. Sie mögen andere sein kontrollierte, treu, ein schnelles Tempo und wie Verantwortung zu halten.

Typ C: stärken:

Team-orientiert; Warm; Gläubigen; begeisterte; Genossenschaft;

ansprechbar; Vertrauen; empfindlich; guter Zuhörer; guter Freund; gerne ändern; kontaktfreudig und Botschafter.

Diese Menschen sind oft in der Dienstleistungsbranche (Gastfreundschaft, Gesundheitswesen, Transport, soziale Dienste), denn sie haben einen starken Wunsch, anderen zu helfen. Sie halten Sie in Stress und speichern es entfernt - nur selten selbst an erster Stelle. Sie sind von der Underdog schützend, möchte, dass jeder zu lieben und sind oft passiv in ihrem Verhalten. Sie mögen nicht unempfindliche, argumentative, unaufrichtige oder egoistische Menschen. Sie wie andere, die sind warm, freundlich und fürsorglich.

Typ D: stärken:

Starre; akribische; richtig sind; gehemmt; sorgfältige; vernünftige; heitere; hohe Standards und vermeidet Risiken.

Diese sind mehr Detail-orientiert als Menschen. Sie gerne arbeiten allein, oft in Buchhaltung, technischen oder technischen Bereichen. Sie mögen Menschen, die sind Fälschungen, übermäßig durchsetzungsfähig, leichtsinnig oder arrogant. Sie mögen diejenigen, die Perfektionisten, konsequent, informiert, praktisch, gute Arbeiter und sind leicht zu bekommen zusammen mit.

Es ist jetzt Zeit zu entscheiden, welche Art passt Ihre Persönlichkeit am besten, bevor Sie mit dem nächsten Abschnitt fortfahren.

Schauen Sie nach der Auswahl Ihrer Art sich die Schwächen von Ihren gewählten Persönlichkeitstyp. Diese sind typische Schwächen für die Arten von Persönlichkeiten und machen SIE einen schwierigen Mensch zu anderen. Sie können viele dieser negativen Merkmale beseitigt, aber erkennen Sie wahrscheinlich einige, denen Sie benötigen, zu arbeiten.

IHRE SCHWÄCHEN

Typ A: Schwächen:

Browbeater; dominant; unruhig; ungeduldig; aufdringlich; manipulative; Gitter; reactive und controlling.

Typ B Schwächen:

Gefühllos (Sie erscheinen auf diese Weise an andere); kritischen sparsam; unnachgiebig; unnahbar; kompromisslose; Ferne; hartnäckig; stur; unflexibel und unzugänglich.

Typ C: Schwächen:

Auch einfühlsam; unentschlossen; unvernünftig; wehrlos; Wischiwaschi; subjektiv; zögerlich; irrational; verwundbar; Schwächling; passiv; anderen gefällt und ging auf.

Typ D: Schwächen:

Procrastinates, Perfektionist ungesellig uninteressant; brütende; blöde; passiv; hasst Veränderung und monotone.

Tun Sie alles, was Sie können, um zu versuchen, die Schwächen, die Sie haben, dass Sie eine schwierige Person an andere Stellen zu korrigieren.

UMGANG MIT IHRER SCHWIERIGEN MENSCHEN

Dann analysieren Sie die Informationen, um die Persönlichkeit von Ihrer schwierigen Menschen zu bestimmen. Dies erfordert ein hohes Maß an Empathie - du musst selbst in ihren Schuhen zu kommen mit eine genaue Analyse Ihrer schwierigen Menschen zu platzieren.

Listen Sie Ihre schwierigen Menschen. Dann bestimmen Sie jeden Persönlichkeitstyp anhand der früheren Informationen. Als nächstes bestimmen Sie, wie Sie Ihre Kommunikations-Stil anpassen konnte, so dass es mehr im Einklang mit der von Ihrer schwierigen Person ist. (Hierzu müssen Sie bereit sein, Ihren Persönlichkeitsstil um näher zu Ihnen kommen anzupassen. Merken Sie wahrscheinlich *kann nicht* ihr Verhalten ändern, aber Sie *können* Ihre Reaktion auf ihr Verhalten ändern.)

Wie arbeitet man mit anderen Persönlichkeitstypen:

Bist du in einer Arbeits- oder persönliche Beziehung mit jemandem, sind hier ein paar Dinge, die möglicherweise hilfreich zu erinnern, beim Umgang mit:

Eine Art

- Geben Sie regelmäßig Lob, Kredit- und Anerkennung.
- Werden Sie mit ihnen gesellig.
- Behandeln sie, als ob was sie tun wichtig ist.
- Ermutigen Sie, ihre kreativen Fähigkeiten zu nutzen.
- Wenn sie hyperaktiv sind, ihre Energien wieder Kanal - helfen ihnen Prioritäten zu wählen.

Typ B

- Geben Sie ihnen so viel Kontrolle wie möglich.
- Geben Sie lockere Aufsicht - viel Seil.
- Machen sie sich wichtig fühlen.
- Nutzen Sie ihre effizient, praktisch und ehrgeizige Natur.
- Verwenden Sie ihre organisatorischen Fähigkeiten.
- Respektieren Sie ihre konventionelle Werte und Methoden.
- Seien Sie flexibel in ihrer Art und Weise Dinge zu akzeptieren.

Typ C

- Ärgern Sie sich nicht mit seinem Bedürfnis, alle wie sie haben.
- Behandeln Sie andere noch mehr Recht als in ihrer Gegenwart.
- Werden Sie vorab im Umgang mit ihnen.
- Geben Sie ihnen Möglichkeiten um mit anderen zu mischen.
- Haben Sie Geduld mit ihrem unentschlossenen Verhalten.

Typ D

- Hören Sie sich ihre Ideen.
- Helfen Sie ihnen Fristen gesetzt.
- Geben Sie ihnen Raum, um die Arbeit ihren Weg machen.
- Verwenden Sie Logik und Fakten in der Diskussion.
- Zeigen Sie Respekt.

Wenn Ihre **Vorgesetzten** von einem dieser Typen ist, beachten Sie diese Richtlinien beim Umgang mit ihnen:

Eine Art

- Werden Sie mit ihnen gesellig.
- Geben sie viel Kredit.
- Helfen sie mit anderen zu interagieren.
- Helfen Sie ihnen Dinge in ein realistisches Licht zu sehen.
- Zeigen Sie Begeisterung und Aufregung.
- Werden Sie vorab in der Kommunikation.
- Ihr Ego zu füttern.
- Seien Sie offen und freundlich.
- Ausgehende, nicht schüchtern mit ihnen sein.

Typ B

- Alles zu dokumentieren.
- Ergebnisse ausgerichtet sein.
- Respektieren Sie ihre Autorität.

- Geben Sie ihnen Herausforderungen.
- Sich an Regeln und Vorschriften.
- Seien Sie pünktlich. Halten Sie auf den Punkt.
- Ein Puffer zwischen ihnen und anderen Mitarbeitern sein.
- Helfen Sie ihnen alternative Möglichkeiten, Dinge zu sehen.

Typ C

- Zeigen Sie, dass Sie Interesse an ihnen und was sie tun.
- Bieten Sie Unterstützung.
- Äußern Sie Gedanken und Ideen frei.
- Ein Teamplayer zu Kompromissen bereit sein.
- Helfen Sie, mit anderen zu kommunizieren.
- Setzen Sie eigene Ziele und vervollständigen Sie diese.

Typ D

- Geben Sie detaillierte Fakten und Daten.
- Bestätigen Sie ihre Kenntnisse.
- Seien Sie konsistent.
- Dokument-Ideen, geben Fakten gesichert werden sollen.
- Bieten Sie neue Ideen und Ansätze.

Schauen Sie sich die "Arbeit mit Typ As, Bs, Cs und Ds" und sehen, wie konntest du mit anderen besser zurecht. Es ist oft unmöglich, andere an ihre Persönlichkeit angepasst, so liegt es an uns, versuchen, sich Ihnen anzupassen.

Wie könnten Sie Ihre Kommunikation mit ihnen verbessern?

Introvertierte und extrovertierte Persönlichkeitstypen

Es ist wichtig, wo Ihre schwierige Leute passen in Bezug auf ihre Wünsche, Bedürfnisse und Wünsche zu analysieren. Analysieren Sie Ihre schwierige Person - sehen wie Sie besser mit ihrem schwierigen Verhalten durch die Auswertung reagieren können, wo sie in den folgenden drei Kategorien passen:

Extrem introvertiert: Dies ist eine äußerst sorgfältige Person, ist kontemplativ und analytische, lehnt sich in Richtung Perfektionismus und verbissen an Detailarbeit arbeiten können. Introvertierte Menschen neigen dazu, einen "zerebrale" Typ der betreffenden Person mit Angelegenheiten des Geistes und nicht viel von körperlicher Aktivität werden.

Extrem extrovertiert: Diese Person ist mehr Action-orientierte, bevorzugt, Schnelleinstieg Entscheidung über Details entlang der Weise (oder sie gänzlich zu ignorieren, denken, jemand kümmert sich von ihnen). Extrovertierte können viele Dinge begann, aber einige Details unvollendet lassen.

Kombination introvertiert/extrovertiert: Diese Person vereint einige Attribute der introvertierte und der extrovertierte und ist ein Gleichgewicht zwischen den beiden extremen. Ihre individuelle Aktionen würden Sie sagen, in welcher Phase sie zu diesem Zeitpunkt in sind.

Gemeinsame Wege extrem introvertierte fühlen und Verhalten:

- Nicht gerne Dinge an andere verleihen. Sie werden es tun, aber mit viel Zurückhaltung und Vorsicht.
- Würde eher einen Bericht schriftlich machen als es mündlich geben.
- Kann sehr stumpf und unkompliziert sein.
- Sind eher zurückhaltend in ihrem lachen oder anderen Displays von Gefühlen und Emotionen.
- Sind sehr vorsichtig mit ihren persönlichen Besitz. Suchen Sie weiter Dinge schön und in gutem Zustand.
- Sind langsam in Aktion und Entscheidungsfindung.
- Als Perfektionisten von vielen. Schreiben Sie und schreiben Sie, bis alles perfekt ist.
- Werden Sie ganz leicht peinlich.
- Sind chronische Bedenkenträger.
- Sind sehr besorgt und bewusste über die meisten routinemäßigen Entscheidungen.
- Bemerkungen über sie sehr empfindlich sind.
- Ärgern Sie autokratische Befehle von anderen.
- Extreme in Religion, Politik und anderen sozialen Fragen kann.
- Neigen dazu, allein mit Problemen zu kämpfen.
- Ganz bequem arbeiten allein, anstatt als Mitglied eines Teams.
- Genießen und brauchen Lob und Anerkennung, aber wird nicht danach fragen.
- Tendenziell Verdacht.
- Sind mehr als eine starke extrovertiert launisch.
- Genießen Sie Arbeit erfordern Präzision und Liebe zum Detail.
- Bevorzugen Sie geistigen Beschäftigungen.

- Viel träumen Sie und nachdenken Sie, was hätte sein können oder was noch kommen wird.
- Sind sehr gewissenhaft und beschimpfen sich für weniger als perfekten Leistungen.

Gemeinsame Wege extrem extrovertierte fühlen und Verhalten:

- Ohne weiteres Geld und Besitz zu verleihen.
- Fließend Schwätzer; kann Berichte besser mündlich als schriftlich geben.
- In der Regel vorsichtig nicht zu verletzen die Gefühle anderer und wollen von anderen gemocht zu werden.
- Lachen Sie leicht.
- Kümmern Sie nicht persönlichen Besitz.
- Treffen Sie Entscheidungen schnell.
- Sind schnell in ihren Handlungen. Selten schreiben Sie Briefe oder rufen Sie Liebe zum Detail.
- Schwer in Verlegenheit zu bringen.
- Sind schnell in ihren Handlungen. Selten schreiben Sie Briefe oder rufen Sie Liebe zum Detail.
- Bedenkenträger nicht.
- Sind nicht durch Details was Sie anziehen, was zu essen oder wohin Sie gehen, etc. gestört.
- Sind nicht sehr besorgt, was über sie gesagt wird.
- Nehmen Sie Aufträge als eine Selbstverständlichkeit.
- Sind meist moderat in ihrer Religion, Politik und anderen sozialen Fragen.
- Zögern Sie nicht, bitte um Hilfe, um Probleme zu lösen.
- Würden Sie eher mit anderen als alleine arbeiten.
- Machen Sie ihre eigenen Chancen für Lob.
- Nicht misstrauisch gegenüber anderen Motive.
- Sind über die gleiche Stimmung zu jeder Zeit.
- Lieber Arbeit wo Details nicht wichtig sind.
- Bevorzugen Sie Leichtathletik, Bücher und *„hohe Stirn"* Aktivitäten.
- Sind keine großen Planer - Sachen, wie sie kommen.
- Sind risikobereit und Spieler; Sie sorgen sich nur selten über die Folgen.

ANSÄTZE ZUR LÖSUNG VON KONFLIKTEN

Wir haben gesehen, dass viele Konflikte und Ressentiments entstehen, weil Menschen das Gefühl haben, sich gegen einen Angreifer zu verteidigen oder sie haben versehentlich eine zu Passive Person ausgenutzt. Die Fähigkeit, selbstbewusst und nicht aggressiv oder passiv Verhalten kann das Niveau von Konflikten und Stress in Ihrem Leben erheblich reduzieren. Konflikte können nicht jedoch gänzlich vermieden werden. Wenn sie auftreten, sind die Grundsätze der selbstbewussten Verhalten, die so effektiv für die Verhütung von Konflikten sind, auch hilfreich für sie zu lösen.

Im folgenden werden grundlegende Ansätze zur Lösung von Konflikten:

1. *Wettbewerb.* Eine Person oder Gruppe gewinnt, während die andere Gruppe verliert.
2. *Unterkunft* . Eine Person weigert sich sogar, sein Zustand oder ihr wünscht und geht einfach zusammen mit den anderen Aussagen oder Forderungen.
3. *Kompromiss/Zusammenarbeit* . Jede Person die andere Rechte anerkannt. Jeder möglicherweise müssen Sie in einigen Punkten Ausbeute, aber es wird davon ausgegangen, dass die Lösung berücksichtigt die Bedürfnisse und Wünsche beider werden muss.

Es gibt keine wettbewerbsfähige Gefühle in den letzten Ansatz. Stattdessen gibt es ein Gefühl der Zusammenarbeit sowie die Kameradschaft unter den Teilnehmern. Diese Haltung nutzt jede Person, die Talente und jede Person Rechte anerkannt.

ARTEN VON VERHALTENSWEISEN UND DEREN AUSWIRKUNGEN

Ihre Fähigkeit, *konstruktiv* mit Stress, Ärger und schwierigen Situationen umgehen hängt zu einem großen Teil den *Stil des Verhaltens*, die Sie am leichtesten zu übernehmen. Hier sind sechs grundlegende Verhaltenstendenzen und Verhaltensweisen, die mit ihnen einhergehen:

Durchsetzungsfähige Verhalten

- Achtung, selbst - Ausdruck seine Bedürfnisse und seine Rechte zu verteidigen.
- Respekt für die Bedürfnisse und Rechte der anderen Person.

Passives Verhalten

- Kein Respekt für sich selbst.
- Drückt seine Bedürfnisse nicht.
- Verteidigt seine Rechte nicht.

Aggressives Verhalten

- Achtung man ist selbst - Ausdruck seine Bedürfnisse und seine Rechte zu verteidigen.
- Kein Respekt für die Bedürfnisse und Rechte der anderen Person.

Passiver Widerstand

Dies sind passive Menschen, die versuchen, mehr Selbstbewusstsein in ihrem Verhalten werden. Sie Murmeln und viel seufzen und manipulative spielen, um ihren Weg zu spielen. Sie haben nicht gelernt, Fragen vorab nach, was sie wollen. Das folgende Szenario ist ein Beispiel:

Joey: *„Mama, mir heute zur Schule fahren Sie?"*

Seine Mutter hatte ihr morgen geplant. Es war ein schöner Tag und Joey wie gewohnt hatte herumalbern bis er spät zur Schule war.

Mutter: *„Joey, ich habe Sie Gefahren, zweimal diese Woche..."*

Joey: *„Oh Mama... bitte?"*

Mama (lässt einen großen Seufzer): *„Oh, alles in Ordnung!"*

Ihre Körpersprache und Rede sagt: *„Just Blick auf die Opfer, die ich für Sie machen. Wenn du mich mehr liebst, Sie schätzen mich mehr!"*

Indirekte Aggression

Diese Menschen sind zwischen durchsetzungsfähig und offensichtlich aggressiv. Sie verwenden subtile, hinterhältige Methoden durchsetzen, wie Sabotage, Sarkasmus, der leise Behandlung, schmollen und Klatsch. Zum Beispiel:

Don: *„Meine Frau will, dass ich den Keller dieses Wochenende reinigen. Ich bin gonna give it einen Stich, aber wird nicht reinigen sie ihre Standards. Dann vielleicht sie werden nicht erwarten, mir diesen Job wieder zu tun."* (Sabotage).

Jane: *„Ich sehe, dass Sie endlich die Entscheidung getroffen zu*

29

bekommen Ihre Haare schneiden in einem Stil, der zu Ihnen passt." (Sarkasmus).

Linda hatte nicht für vier Tage nach einem Streit mit ihrem Mann Bill gesprochen. Sie hatte nicht gelöst, dass die Ausgabe und Bill hatte versucht mehrmals zu bekommen ihr über das Problem sprechen. Sie weigerte sich. (Silent Treatment).

Jill: *„Sie hörten über Carmens Mann? Er wurde für gestern Abend betrunken am Steuer abgeholt."* (Klatsch).

Passiv-aggressiv

Diese Menschen haben eine pathologische Reaktion auf Autorität und diejenigen, die sie in den Positionen der Behörde wahrnehmen. Sie haben eine Tendenz, unerwartet, sprengen, andere aus dem Gleichgewicht zu halten, weil ihr Verhalten nicht oft das übliche Muster folgt. Normalerweise zeigt eine Person Anzeichen von Frustration, bevor sie sprengen – passiv-aggressive Menschen tun es "out of the blue." Sie gewinnen das Vertrauen der anderen und dann in den Rücken stechen. Dies bewirkt, dass die andere Person zu Vorsicht beim Umgang mit ihnen können, sie jedoch so charmant, dass sie ihren Weg in den Erhalt unserer Vertrauen wieder Wurm. Dann wiederholen sie ihre Muster. Wir müssen immer das unerwartete zu erwarten, mit diesen Leuten und auf der Hut gegen sie ihre destruktiven Verhalten zu wiederholen. Siehe Kapitel zwei für mehr Details über dieses Verhalten.

Wie passive Menschen über sich selbst fühlen

Menschen, die normalerweise passives Verhalten wahrscheinlich verwenden fühlen:

- Wütend - *sie* wissen, dass andere davon Gebrauch machen;
- Frustriert - kommen sie nur selten ihren Weg;
- Zurückgezogen - glauben sie niemand hört Ihnen;
- Unsicher und minderwertig - sie fehlt es an Selbstwertgefühl und Selbstvertrauen, ihre Fähigkeiten nicht bewusst sind und ungern neue Dinge aus Angst vor Versagen zu versuchen;
- Ängstlich - sie glauben, dass es keinen Zweck zu versuchen; Sie werden nicht bekommen, was sie sowieso wollen;
- Nicht in der Lage, Gefühle - erkennen sie Gefühle von Angst und Unzulänglichkeit zu verbergen, indem er vorgab, alles ist alles in

Ordnung;

- Verpflichtet, sich nach unten - sie haben Schwierigkeiten akzeptieren selbst die einfachsten ergänzen und unterschätzen den Wert dessen, was sie tun;
- Fehlt in der Energie - ihre Lebensfreude fehlt. Sie sind in der Regel Dinge tun, die andere von ihnen wollen was *sie* tun wollen.
- Diese Leute glauben, sie sind nicht in Ordnung, aber du bist okay.

Wie aggressive Menschen über sich selbst fühlen

Personen, die aggressives Verhalten wahrscheinlich fühlen sich in der Regel verwenden:

- Leistungsstarke (kurzfristig) - genießen sie es, Menschen huschen und Eile zu tun, was sie sagen;
- Schuldig (schließlich) - wissen sie, dass sie von anderen nutzen;
- Bedroht - lassen Sie sie ständig andere wissen, wie gut, intelligent, stark, etc. sind. Sie tun dies, weil andere lernen können, sie sind nicht wirklich so gut unterhalb ihrer Furnier.
- Sie versuchen, sich wichtig fühlen sich von anderen absetzen zu machen;
- Rechts - sind sie davon überzeugt, dass die einzige Ideen hörenswert ihre eigenen sind;
- Kritisch - sie andere Schuld, wenn etwas schief geht;
- Einsam - ihre Aggression isoliert sie von jeder um sie herum;
- Übermäßig energetische - Energie aufwenden, sie in die falsche Richtung, destruktive anstatt konstruktive Dinge zu tun.

Diese Menschen fühlen, dass sie okay sind, aber du nicht in Ordnung bist. Diejenigen, die die Außenkante des aggressiven Verhaltens (Verbrecher) getroffen glauben, dass sie nicht in Ordnung sind, aber du bist auch nicht in Ordnung.

Wie durchsetzungsfähige Menschen über sich selbst fühlen

Menschen, die selbstbewusst Verhalten wahrscheinlich fühlen sich in der Regel verwenden:

- Positiv - jede neue Aufgabe oder Idee mit einer positiven, anstatt eine negative Einstellung zu nähern;
- Ruhig - sie sind in Frieden mit sich selbst und andere;
- Begeistert - sie Aufgaben mit Elan und Gefühl, das sie bei ihnen Erfolg haben werde;

- Stolz - sie erreichen, was sie tun, ohne stehlen Ideen von anderen oder über andere klettern. Sie können die volle Punktzahl für was sie erreichen nehmen;
- Ehrlich - wenn sie ihr Wort, dass geben sie etwas zu tun, sie tun es, andere glauben in ihnen;
- Direkt - spielen sie nicht manipulative Spiele zu bekommen was sie wollen. Sie vorab in Situationen umzugehen und in der Regel bei was auch immer sie versuchen erfolgreich;
- Sicher - sie Risiken eingehen, aber kennen ihre Grenzen. Sie wissen, dass es ist okay, manchmal falsch sein und sind bereit, aus ihren Fehlern zu lernen;
- Zufrieden - wissen sie, wohin sie gehen und wie sie gehen dorthin, so dass sie in der Regel ihre Ziele erreichen;
- Kontrolle - haben sie selten Stimmungsschwankungen, die Kommunikation mit und das Verhalten gegenüber anderen beeinträchtigen;
- In der Lage, Gefühle - bestätigen sie können zu anderen erklären, was tut ihr unangenehme Verhalten zu ihnen;
- Respekt für andere - sie erkennen, dass andere Bedürfnisse und Rechte haben, wie sie es tun;
- Energetische - ihre Energie zur Erreichung ihrer Ziele gerichtet ist.

Diese Menschen fühlen, dass sie in Ordnung sind und Sie auch okay sind.

Folgen dieser Verhaltenstendenzen

Es ist hilfreich zu wissen, wie andere auf Sie reagieren, wenn Sie verschiedene Verhaltenstendenzen verwenden dürften.

Passives Verhalten

Passives Verhalten machen kann andere fühlen sich aggressiv. Menschen können jemanden meiden, die immer wieder nach ihren Wünschen nachgibt. Sie mögen nicht die Schuldigen Gefühle sie haben beim passive Menschen davon Gebrauch machen können.

Zum Beispiel war Sarah dafür verantwortlich, dass die Rezeption im Büro, Judy, hatte jemand über ihre Pflichten in den Pausen Kaffee, Mittagessen und Bad zu nehmen. Es gab vier Mitarbeiter auf der Liste, die Sarah auf die für diese Aufgabe nennen könnte. Einige von ihnen waren krank oder konnte nicht mal eine Woche ersparen, so Maria hatte diese Woche für Judy zu decken. Das machte Mary zurückfallen in ihre eigene Arbeit und musste sie zwei Tage die Woche Überstunden.

Das gleiche Problem gab es die nächsten zwei Wochen und Sarah auf Mary wieder verlassen musste. Maria arbeitete bereitwillig die zweite Woche. Sarah fühlte mich schrecklich bittet, den Beitrag der dritten Woche abdecken, aber widerwillig, Mary wieder stimmte.

Von da an jedes Mal, wenn Sarah Maria sah fühlte sie sich schuldig. Sie erkannte, dass, obwohl sie normalerweise eine durchsetzungsfähige Person war, sie fühlte sich, als ob sie Vorteil von Maria genommen hatte (hatte aggressiv gehandelt) und sie fühlte sich schuldig. Zur Bekämpfung dieser Schuldgefühle sie Mary zu vermeiden und nicht normalen Kontakt mit ihr.

Mary half Sarah, weil sie Sarah, wie sie wollte, aber endete mit einer negativen Reaktion (genau das, was sie versuchte *nicht* zu tun). Viele passive Menschen haben diese unerwartete Reaktion auf ihre "guten Taten" und Frage mich, was sie getan haben falsch ist und wie sie andere beleidigt haben können.

Umgang mit passiven Menschen machen auch andere fühlen:

- Gereizt - sie wollen Sie für sich selbst einzustehen und Ihre eigenen Entscheidungen zu treffen;
- Zurückgezogen - vermeiden sie Sie, weil Ihre ablehnende Haltung macht es schwer für ihre positive Einstellung zu bewahren;
- Superior - verlieren sie Respekt für Sie als Person, weil Sie nicht bereit sind, sich für das, was Sie glauben;
- Müde - verschwenden sie wertvolle Energie Umgang mit Ihrem unentschlossenen Haltung.

Aggressives Verhalten

Aggressives Verhalten kann andere fühlen machen:

- Wütend und drohte - ärgern sie Ihre unfairen Taktiken;
- Frustriert - verschwenden sie wertvollen Energie, die sich aus Ihrem missbräuchliche Art und Weise zu verteidigen;
- Zurückgezogen - vermeiden sie Sie, weil wenn du da bist, sie fühlen, dass sie bereit, sich zu verteidigen sein müssen;
- Ängstlich und defensiv - sie können nicht entspannen, weil sie für den nächsten Angriff vorbereiten;
- Verärgert - sie ärgern die macht, die Sie über sie zu haben scheinen;
- Verletzt - nicht sie helfen Ihre Put-Downs, betroffen, auch wenn sie wissen, dass Ihre Kommentare unverdient;

- Gedemütigt - sie nicht genießen, korrigiert oder töricht erscheinen in der Öffentlichkeit;
- Müde - verschwenden sie wertvollen Energie vorbereiten, was Sie als nächstes auf sie zu werfen.

Durchsetzungsfähige Verhalten

Durchsetzungsfähige Verhalten kann andere fühlen machen:

- Positiv - sie spüren, dass Sie zufrieden sein werden, wenn es ihnen gelingt,
- Sicher – Vertrauen sie Ihnen, weil Sie sie wissen, wo sie durch das Angebot von konstanten Feedback mit Ihnen stehen lassen;
- Genossenschaft - reagieren sie auf Ihr einfach positives Verhalten, indem wir versuchen, Ihnen zu helfen;
- Respektvoll - sie erwidern die Achtung, die Ihnen zeigen, ihre Bedürfnisse und Rechte;
- Energetische - sie sind in der Lage, ihre Energie konstruktiv nutzen, denn es kein Spiel spielen gibt.

Wer gewinnt?

Erreichen durchsetzungsfähige Menschen normalerweise ihre Ziele zu? Ja, denn ihr Ziel ist es für beide Seiten gewinnen. Sie glauben an Gleichheit und sind bereit zu verhandeln.

Erreichen passive Menschen in der Regel ihre Ziele zu? Nein, denn sie selten Ziele an erster Stelle haben. Sie erwarten, dass andere um sie kümmern.

Erreichen aggressive Menschen in der Regel ihre Ziele? Manchmal, auf kurze Sicht aber sie stoßen oft Antagonismus und Vergeltung später.

Sie sind jetzt ausgestattet mit einige grundlegende Einblicke in das menschliche Verhalten - Ihre eigene und die der anderen. Sie werden in der Lage, Ihr Abwehrmechanismus gegenüber negativen Kommentare und Aktionen von anderen auszuschalten. Das Tool, mit denen Sie zur effektiven Nutzung dieser Erkenntnisse ist Ihre Fähigkeit, gut mit den Personen kommunizieren, die Sie antreffen. In den nächsten beiden Kapiteln erfahren Sie wie man mit Manipulatoren und lernen spezifische Kommunikationsfähigkeiten benötigen Sie, beim Umgang mit schwierigen Menschen.

KAPITEL 2

Umgang mit manipulatoren

Es gibt zwei Arten von Manipulation - positive und negative. Ein Beispiel für positive Manipulation ist, wenn Sie ermutigen, dass jemand etwas tun, um ihm oder ihr den Glauben geben, den sie etwas, was sie nicht denken tun können, sie könnten tun. Aber, wie wir sie definieren verwenden viele dieser „Spiele" negative Manipulation. Sie verwenden indirekte und unklare Kommunikation. Die Person, die "das Spiel" ist oft nicht einmal bewusst, dass s / er ist dabei. Hier sind 115 Möglichkeiten Leute versuchen, andere zu manipulieren und Methoden, die Sie verwenden können, um mit dieser Verhaltensweisen umgehen:

PASSIVE MANIPULATOREN

Respektieren Sie passive Menschen sich nicht, drücken Sie ihre Bedürfnisse aus, weder verteidigen Sie ihre Rechte zu. Hier sind einige der Möglichkeiten, die sie versuchen, andere zu manipulieren:

Angst Opfer

Angst Opfer Lass Angst um ihr Leben zu kontrollieren und sind so von Angst und Furcht, die sie weckt, die dass sie die Situation und somit Durchsetzungsvermögen vermeiden regiert. Zum Beispiel: Agoraphobics. Diese Menschen haben Panikattacken, wenn sie selbst versuchen, ihre Häuser zu verlassen. Eine Studie der Universität hat gezeigt, dass der Dinge ist die Befürchtung - 40 Prozent nie passieren, 30 Prozent haben bereits geschehen, 22 Prozent sind unnötig, kleinlich oder kleine, 8 Prozent sind real, aber unterteilt: diejenigen, die Sie lösen können und die Sie nicht lösen. Zu überwinden:

1. *Geduld mit ihnen haben.*
2. *Haben sie das Schlimmste zu identifizieren, die mit ihnen geschehen konnte.*
3. *Haben sie zu identifizieren, was sind die Chancen auf das Schlimmste passieren.*
4. *Wenn ihre Angst sehr tief ist, deuten darauf hin, dass sie Beratung erhalten, ihre Ängste zu überwinden.*

„Jeder muss mich lieben" Manipulatoren

Ihr Ziel ist alle - Ehepartner Liebhaber, Kinder, Chef, Freunde,

Ladenbesitzer und auch der Mann, der kommt zur Tür Verkauf von Zeitschriften zu denken, dass sie die größten sind. Sie fühlen sich wie Fehler, wenn sie nicht alle (eine unmögliche Aufgabe) gefallen. Zu überwinden:

1. *Helfen, sie zu identifizieren, wenn andere mit ihnen.*
2. *Sie dabei unterstützen, Wege finden, um Situationen zu bewältigen, wo sind andere mit ihnen.*
3. *Loben sie, wenn sie für sich selbst einzustehen.*
4. *Ständig daran erinnern, dass sie alle nicht die ganze Zeit bitte können.*

Super-Agreeables

Sie immer Lächeln und ein freundliches Wort für dich haben. Leute wie sie sofort. Sie versprechen, dass alles, was Sie von ihnen - wollen Sie erhalten. Aber sie lassen Sie im Stich und nicht was sie versprechen. Sie sind sehr aufmerksam auf Sie als Person, aber zahlen nicht genau auf was du sagst – sie einfach nicken, wie wenn sie einverstanden sind. Zu überwinden:

1. *Lassen Sie sie wissen, dass Sie zählen auf sie zu tun, was sie zu tun versprochen haben*
2. *Für gute Arbeit zu loben.*

Kopf-Schatzvergräber

Wenn ihr Kampf oder Flucht-Reaktion einsetzt, Gefrieren sie einfach. Nicht kämpfen oder weglaufen, sondern ruhiggestellt werden - nicht in der Lage zu denken oder zu funktionieren. Sie verzichten oder bleiben Sie weg von der Arbeit, wenn wichtige Entscheidungen getroffen werden müssen, in der Hoffnung, dass jemand anders damit umgehen wird. Diese Menschen sind sehr anfällig für Lampenfieber, die sie sprachlos machen können. Zu überwinden:

1. *Sie nehmen ein Durchsetzungsvermögen Training vorschlagen .*
2. *Proben Situationen mit ihnen, die sie machen einfrieren.*
3. *Geben sie Fristen für Antworten auf Situationen, in denen sie jetzt immobilise.*

Verschämt Manipulatoren

Sie sind so scheu, dass es schmerzhaft, sie mit anderen zu interagieren zu beobachten. Die geringste Kleinigkeit veranlassen zu erröten knallrot, Schwitzen stark, ihre Worte Stammeln und leicht mit ihrer non-verbale Kommunikation zeigen, dass sie sehr peinlich sind. Sie haben Alpträume über Situationen, die sie am nächsten Tag konfrontiert werden und durch die Zeit, die Situation auftritt, sie selbst gearbeitet haben, bis sie fast bewegungsunfähig sind. Menschen reagieren, indem man extrem aufpassen, während sie, um diese Art von Person sind und einige meiden sie insgesamt wegen der Schuld, die sie fühlen, wenn sie versehentlich die andere Person verschämt Antworten machen. Diese Menschen sind anfällig für eine Menge von stärkeren Individuen Hänselei und furchtbar leiden. Zu überwinden: Folgen Sie den Schritten für "Kopf Buriers.

Indecisives

Sie haben eine schreckliche Zeit, Entscheidungen zu treffen und sind gezwungen, alle Fragen, die sie treffen, um Entscheidungen zu treffen. Sie sind bekannt für schwanken zwischen mehreren Möglichkeiten oder in ihren Kurs Aktion drei oder viermal vor auch eine vorläufige Entscheidung zu ändern. Sie suchen die perfekte Lösung und sind am Rand, wenn sie nicht finden können. Wenn sie eine Entscheidung treffen, sie entdecken einen Fehler drin und ihre Meinung wieder ändern. Sie sind Wishy-washy und unbeständig, schwankend hin und her zwischen Entscheidungen. Zu überwinden (wenn Sie ihren Chef sind):

1. *Wenn sie kommen, Sie fordern Richtung, sie zu Fragen, "Was denken Sie, dass Sie tun sollten?" Schließlich werden sie sehen, dass sie in der Lage, Entscheidungen für sich selbst sind.*
2. *Fragen Sie sich, ob diese Person in der Lage sein sollte, die beinhaltet, Entscheidungen zu treffen. Viele Menschen sind noch komfortabler mit anderen Entscheidungen für sie treffen.*
3. *Wenn sie Entscheidungen treffen, haben sie mehrere Lösungen geben vornehmen müssen, dann ermutigen, eine Entscheidung zu treffen.*
4. *Fristen zu geben, wenn Entscheidungen getroffen werden müssen.*

Schalttafelbauer

Sie stecken den Kopf in den Sand in der Hoffnung, dass, wenn sie eine Entscheidung so lange aufgeschoben, dass das Problem verschwindet oder jemand anderes für sie entscheiden wird. Sie sind sehr konstant in ihrer Unfähigkeit, eine Entscheidung treffen und gehen davon aus, dass sie nicht die richtige Wahl machen. Selbst die einfachsten Fehler senkt ihre Gefühl von Selbstwert. Hinhalte-Taktik können sie um sogar mit anderen zu bekommen. Zu überwinden:

1. *sie notieren Sie sich alle ihre Entscheidungen haben.*

2. *Geben vor- und Nachteile für jede Wahl.*
3. *Entscheiden welche Wahl am besten ist.*
4. *Schritte zu schreiben, sie nehme dafür.*

Self-beraters

Sie sind immer selbst absetzen, sondern scheinen auch andere ständig Lob - geben brauchen, ob sie oder nicht verdient wird. Alles was schief läuft - müssen ihre Schuld sein. Beruhigung von anderen zu suchen, sondern den Aufwand durch beschimpfen ihr eigenes Handeln bei jeder Bewegung zu besiegen. Sie sind sehr kritisch gegenüber ihrer Arbeit und Aktionen. Die meisten sind durchschnittliche Darsteller aber fast betteln andere zu bemängeln alles, was sie tun. Sie versuchen zu vermeiden, verletzt andere durch ihre eigenen Fehler zu identifizieren, bevor jemand anderes es für sie tun kann. Zu überwinden:

1. *Haben sie Aufgaben, die sie tun gut .*
2. *Erhalten sie über ihre Sorgen sprechen.*
3. *Erklären, die Kosten der Bettelei für Beruhigung, wie die Menschen glauben an ihre Fähigkeit verlieren.*

Push-overs

Diese Menschen können gezwungen werden, in das tun fast alles, was andere von ihnen wollen. Sie haben Schwierigkeiten, die für jeden „Nein" zu sagen, weil sie sich schuldig fühlen. Überwinden Sie:

1. *Wählen Sie eine Beziehung oder Art von Situation, wo sie "Ja" unangemessen mehrmals in den letzten drei oder vier Monaten gesagt haben.*
2. *Bestimmen Sie ihre Motivation zu sagen "Ja". Waren sie besorgt, dass "Nein" könnte die Beziehung verletzen? Sind sie besorgt über die andere Person Gefühle?*
3. *Stellen zusammen einen Aktionsplan für das nächste Mal zu verhindern. Dieser Schritt gehört bereiten sich für den Anlass - andererseits verhindert, dass der Anlass wiederkehrende.*
4. *Ermutigen, ihre neue Antwort mit jemandem zu üben, ist nicht in der Situation beteiligt und hat gutes Urteilsvermögen.*

PASSIVE BESTÄNDIG MANIPULATOREN

Dies sind passive Menschen, die versuchen, mehr Selbstbewusstsein in ihrem Verhalten werden. Sie Murmeln und viel seufzen und manipulative spielen, um ihren Weg zu spielen. Sie haben nicht gelernt zu Fragen vorab für das, was sie wollen.

Erkrankten

Betroffene bekommen was sie wollen, durch indirekte Nachrichtenversand, viele durch ihre Körpersprache. Sie können die Rolle des Märtyrers, act überarbeitet, verfolgten oder völlig abhängig. Sie viel seufzen und indirekten Beschwerden zu äußern. Sie sind schwierig zu sagen, *„Wenn Sie mich zu schätzen oder gar nicht bemerkt all die Dinge, die ich für Sie tun, würden Sie wollen, mehr zu tun für mich"* Zu überwinden:

1. *Beachten Sie, dass Sie die Wahl haben, ob Sie tun oder nicht akzeptieren, die Schuld, die sie versuchen, dir zu geben.*
2. *ihnen sagen, was Sie denken, sie versuchen, zu tun. „Ihre Kommentare zeigen mir, dass Sie versuchen, mich schuldig zu fühlen... Ist das wahr?"*
3. *Wenn es Wahrheit, ihre Aussagen, versuchen, die Situation zu bereinigen.*
4. *Reden, was ihre Körpersprache anderen sagt.*

"Unbeteiligte" Manipulatoren

Die absichtlich unbeteiligte Person ist nie falsch - aber nie entweder rechts. Sie können sagen, sie Don't care, welche Entscheidung getroffen wird, aber ihre Körpersprache zeigt anders. Zu überwinden:

1. *Darauf bestehen, dass sie klar sagen was sie wollen.*
2. *Wenn sie werden nicht ihre Meinung sagen erklären "So Sie Don't care welchen Film wir sehen?"*
3. *Erklären, wie ihre non-verbalen Kommunikation aus ihren verbalen Worten unterschiedliche ist.*

„Ich Kämpfe werden nicht" Manipulatoren

Sie scheinen sich einig, aber nicht jedermanns Ideen unterstützen, es sei denn sie geschah dasselbe wie Ihre sein. Zu überwinden: verwenden Sie die gleiche Taktik wie "Uninvolved."

Sham durchsetzungsfähig

In dieser Kategorie haben Probleme in keine, aber die meisten oberflächlichen Beziehungen. Sie mag offene, durchsetzungsfähig, warm und auch extrovertiert, aber dies deckt für einen Mangel an Ehrlichkeit. Diese Person würde erklären, *„ Wie schön zu hören, was ich gerade über Sie dachte Sie."* (Völlig falsch – Sie wissen, dass die Person verabscheut Sie). Zu überwinden:

1. *Sagen: „Ich weiß, du bist nicht mein größter Fan, also ich Ihre Bemühungen schätze um freundlich sein."*
2. *Wenn es jemand Sie, in regelmäßigen Abständen zuordnen - seien Sie höflich und zuvorkommend, aber nicht Ihre Wache Stich.*

Nörgler, Meckerer und Bellyachers

Sie sind chronische Kettenführungselemente, die über alles - öffentlich und privat zu murren. Sie sind Schrei-Babys, die anhaltenden Proteste über die unwichtigen zu äußern. Angetrieben von kindlichen Unsicherheit, beschweren sie sich wenn alles eigentlich gut geht. Sie lieben es zu übertreiben, unfaire Arbeitslasten, verspätete Berichte und Regelverletzungen - was auch immer sie auf jemand anderen beschuldigen können. Obwohl ihre Arbeit gut ist, klingen sie in der Regel über legitime Probleme nicht ab. Wenn Nörgler Sie vor Ärger warnen, ist ihre Absicht, eine Entschuldigung im Voraus eine gefürchtete scheitern zu etablieren. Zu überwinden:

1. *Wenn sie anfangen zu kneifen, erhalten die Erlaubnis, können Sie ihnen helfen, Lösungen für ihre Probleme finden. Wenn sie nicht, Ihnen erlauben zu helfen, gehen Sie zu Schritt 7. Wenn sie akzeptieren, dass Ihre Hilfe - fahren Sie mit Schritt 2.*
2. *Haben sie notieren Sie sich die* spezifische *Problem. (Dies dauert einige Zeit, um zu bestimmen.)*
3. *Bitten, notieren Sie sich alle möglichen Lösungen für das Problem. Sie können andere vorschlagen.*
4. *Haben sie die Vorteile/Nachteile (vor- und Nachteile) der jeweiligen Lösung zu identifizieren. Mit Hilfe eines Punktesystems könnte helfen. Zum Beispiel möglicherweise die Kosten zur Lösung des Problems entscheidend sein kann.*
5. *Haben **Sie** die beste Lösung zu wählen. "(Denkst sie könnten sagen: was du, dass ich tun soll?" Nehmen Sie den Köder - nicht, weil wenn Sie, die beste Lösung vorschlagen - und es funktioniert nicht-sie die ersten werden, die sagen, 'ich dir gesagt es würde nicht funktionieren!")*
6. *Haben sie die Schritte zu schreiben, nehmen sie die Lösung (mit*

Fristen) zu erreichen.
7. Weigern sich, in Zukunft über das Thema sprechen.

(Dies ist eine ideale Taktik zu verwenden, wenn *Sie* ein Nörgler, Querulant und Bellyacher geworden sind oder komplizierte Entscheidungen treffen müssen. Ich benutze diese Taktik in meinen Problemlösungs-Seminaren und die Teilnehmer feststellen, dass es ein sehr effektives Werkzeug.)

Killjoys

Diese Menschen sind negative Denker, die Einfluss auf die Moral der Menschen um sie herum. Sie sind auch Nörgler, Meckerer und Bellyachers. Sie sind Experten geben Ihnen Gründe, warum es falsch ist, das Leben genießen. Diese nasse decken wollen das Vergnügen aus dem Leben für sich und andere zu nehmen. Sie beschimpfen wer scheinen, genießen das Leben und andere dazu ermutigen, das Leben zu nehmen, "ernster." Es ist schwer für andere zu ihrer Arbeit in einer starren Umgebung genießen. Zu überwinden:

1. Feedback (siehe Kapitel 3) um zu erklären, was tut ihr Verhalten verwenden, um Menschen in ihrer Umgebung.
2. Verwenden Sie dieselben Schritte wie für Nörgler, Meckerer und Bellyachers.
3. Ermutigen, zu konzentrieren, was gut zu Leben ist, anstatt was schlecht ist.
4. Vorschlagen, sie nehmen ein Durchsetzungsvermögen Training ändern ihre Einstellung zum Leben .

Bootlickers

Sie fawn über Bosse geben Pässe zu Sportveranstaltungen und spezielle gefallen zu tun, für ihre Chefs (die nichts mit Arbeit zu tun haben). Sie putzen, bevor sie ihren Chef im Büro - geben Sie handeln herauf ihre Sakkos, schlicht-ihre Haare, ihre Haltung zu korrigieren. Einige werden das Büro Quasselstrippe. Sie sind manipulativ und wollen mit den falschen Mitteln aufzufallen. Zu überwinden: (für Bosse)

1. Beiseite zu nehmen und Ihre Abneigung gegen diese Art von Verhalten zu erklären.
2. Sehen Sie, dass Sie nicht Günstlingswirtschaft zu dieser Art des Mitarbeiters anzeigen .

3. *Wenn sie, gut getan haben - achten Sie darauf, sie loben und ermutigen sie, andere loben.*

„Yes Men"

Unaufrichtig loben Sie extravagante, damit sie Sie nutzen können. Sie glauben, wenn sie ständig Dinge, die Sie (stark Übertreibung Realität) Bitte tun Sie sagen, wie sie Fragen sollen. Sie haben Angst, dass ihr Plan, Verfahren, Politik oder Zuweisung auf seinen eigenen Verdiensten, aushalten, also sie ungerechtfertigte Lob verwenden von ihnen durchsetzen. Um zu überwinden, verwenden Sie dieselben wie für "Bootlickers."

Renegers

Sie machen Versprechungen, die sie nie die Absicht, zu halten. Sie in die Irre führen Sie durch das brechen von Versprechungen, die sie nicht geplant, in erster Linie zu halten. Zu überwinden:

1. *Haben sie eine verbale geben (in der Öffentlichkeit wenn möglich) oder Engagement für Sie geschrieben.*
2. Stellen Sie sicher, sie kennen die Folgen, wenn sie Sie in Zukunft im Stich lassen.

Übermäßige Committer

Das sind nette Leute, die nicht *"Nein"* sagen, aber sie oft, dass sie haben keine Zeit finden zu tun, was sie versprechen. Sie lieben Harmonie, hasse es, argumentieren, dies zu tun, was andere tun bitten, zu vereinbaren. Sie vermeiden Sie Konfrontationen in der Hoffnung, dass sie die Gefühle anderer nicht Schaden. Sie zuviel versprochen oder sagen, dass sie etwas tun, was sie wirklich tun wollen. Nicht in der Lage, damit umzugehen, abschrecken, sie handeln oder Entscheidungen, so brechen verspricht. Keine andere absichtlich zu verletzen, sondern oft Schwierigkeiten für andere abhängig von ihnen um Follow-Through. Zu überwinden:

1. *Sie ein Engagement für Sie, die machen sie wird_ erf[T]llen wie versprochen. Bei Bedarf - Sie treffen die Entscheidung.*
2. *Wenn sie sich verpflichten,, erklären Sie, dass Sie auf sie zählen.*

Show-offs

Sie müssen im Mittelpunkt der Aufmerksamkeit und eskalieren den

Wert was sie tun, wo sie gewesen sind und die sie kennen. Sie übertreiben ihre eigenen Wert auf Bewunderung oder Aufmerksamkeit zu gewinnen und haben die Angewohnheit brüskierend Menschen, die sie nicht, der so wichtig denken. Sie sind hochnäsig und wiederwillig überlegen. Als Leistungsträger, bringen sie sich hoch auf der Prioritätenliste. Zu überwinden:

1. *Zu sehen, dass sie keinen unverhältnismäßig großen Anteil von Krediten für Einsätze mit anderen getan nehmen.*
2. *Ihnen Lob, wo Lob verdient, und korrigieren Sie sie, wenn sie versuchen, ihre Beiträge zu übertreiben.*
3. *Verwenden Sie den Feedback-Prozess um zu erklären, was ihr Verhalten für andere tut.*

Lupen

Berge aus Maulwurfshügel zu machen. Alles ist eine Katastrophe. Sie sprengen kleinere Aufgaben unverhältnismäßig um sich selbst wichtiger erscheinen. Sie können „*nasse Decken*", die sehr negativ, werfen kaltes Wasser auf jeder neuen Idee sein. Sie vergrößern, was auch immer sie tun, machen eine sehr große Sache noch unbedeutend.

Diese Menschen sind unreif in ihrem Wunsch, andere mit unwichtigen Arbeit beeindrucken. Sie beklagen oft, dass sie Zeit für ihre wichtigen Aufgaben nicht. Sie sind zu beschäftigt, indem man jeden kleinen Auftrag alle sie haben, unabhängig davon, ob es die Mühe verdient beachtet zu erhalten versucht. Die meisten sind Perfektionisten. Zu überwinden (wenn Sie ihren Vorgesetzten sind):

1. *Helfen ihnen Prioritäten zu wählen und die Zeit voraussichtlich Aufgaben.*
2. *Entwickeln einen Farbcode für Zuordnungen die Fristen identifiziert (rot ist dringend muss sofort getan werden; Orange heute getan werden muss; grün dazu erforderlichen Stichtag).*

Steuerhinterzieher

Sie hassen Streit, also schweigen. Sie hassen Streit und Auseinandersetzung; sympathische Menschen sind, aber ihre Ideen für sich behalten. Dies schützt sie vor anderen Diskontierung ihre Ideen. Auch wenn sie verärgert oder wütend sind, weigern sie sich, zu kritisieren. Sie spüren, dass sie nicht die Kontrolle in einer konfrontativen Situation sind. (Für Bosse) zu überwinden:

1. *Sie schreiben Sie ihre Ideen in Bezug auf ein Thema, dann vereinbaren Sie einen Termin für Sie, das kontroverse Thema zu diskutieren. Erklären Sie, dass Sie erwarten, sie ehrlich und versprechen dass, dass Sie ihre Ideen hören.*
2. *Bei Ihrem treffen direkt auf den Punkt kommen-bitten, ihre vorbereitete Informationen zu sehen. Lassen Sie sich nicht verlassen, Ihr meeting, bis sie ihre Ideen oder Seite der Diskussion zum Ausdruck gebracht haben.*

Lachen

Sie schweigen, anstatt nicht einverstanden sind. Wenn die verschlimmert, reagieren sie mit einem Grinsen, die ist eher eine Grimasse. Ihre nervöse Gesten signalisieren ihre wahren Gefühle, obwohl sie wütend oder verletzt fühlen können. Passiv halten sie ihre Gefühle für sich. Egal was passiert – Grinsen sie. Diese zweideutige Satz von Signalen verwirrt Menschen instinktiv das Gefühl, dass etwas nicht stimmt. Zu überwinden:

1. *Nutzen Feedback um zu erklären, dass Sie ihren Unmut kennen.*
2. *Ask offene Fragen. "Ich sehe, dass Sie nicht einverstanden sind und freuen uns über Ihre Anregungen. Wie sehen Sie uns dieses Problem lösen?'*
3. *Warten auf ihre Antwort. Lassen sie sich ihre Meinung abschütteln.*

Bedenkenträger

Diese Leute Flasche ihre negativen Gefühle, nur die dunkle Seite von jeder Ausgabe zu sehen. Sie sind chronische Bedenkenträger - das Schlimmste erwarten. Sie zu voreiligen Schlüsse ziehen und Annahmen zu machen anstatt bitten Sie um Klärung über die wahre Situation. Diese Sorge-Warzen Mull über die Situation, bis sie sich davon überzeugen, dass Dinge **wird** schief gehen. Einige sorgen für den Staat, wo sie sind an ihre Grenzen gestresst und kommen überhaupt nicht zurecht. (Für Bosse) zu überwinden:

1. *Davon ausgehen, dass die Rücknahme von ihnen unausgesprochenen Schmerz zeigt.*
2. *Konstante Feedback über ihre Leistung geben. Stellen Sie sicher, sie wissen genau, was Sie von ihnen wollen.*
3. *Diese Menschen brauchen sehr detaillierte Stellenbeschreibungen mit Standards der Leistung (Qualität, Menge und Zeit zu identifizieren), das beschreibt genau das, was Sie von ihnen wollen.*

Märtyrer

sie sich beschweren, wie sie für dich geopfert habe was sie für Sie getan haben. Sie sehnen sich ständige Lob für ihre Arbeit. Viele sind Workaholics, die beschweren sich über alles, was sie tun müssen - wird nicht noch jemand um Hilfe bitten. Auf diese Weise hoffen sie, dass andere ihnen abhängig werden und zeigen Anerkennung für ihre Bemühungen. Ihre Arbeitssucht kann Probleme in ihrem persönlichen oder sozialen Leben zu verbergen. Wenn etwas schief geht, sind sie nie Verschulden trifft, so dass sie bei Abwälzung groß. Sie beschweren sich über die Menge an Arbeit, die sie haben, aber ihre Hektik setzt einen Standard, den andere fast unmöglich zu finden. Zu überwinden:

1. *Lernen, „Nein" zu sagen, wenn sie freiwillig zu viel zu tun.*
2. *Vorschlagen, sie halten "to-do-list."*
3. *Stellen sicher, dass sie eine aktuelle Stellenbeschreibung mit Standards von Leistung und stellen Sie sicher, sie tun **nur** ihre eigenen Aufgaben.*

„Faulen Krankheit" Manipulatoren

Diese Menschen verwenden Krankheit (faulen oder real), um Aufmerksamkeit von anderen zu bekommen. Viele haben diese Taktik als Kinder gelernt, bei ihren Müttern ihnen viel mehr Aufmerksamkeit während ihrer Krankheit gaben. Sie sehnen sich nach Aufmerksamkeit, aber sie sind nicht erreichen, der Menge, die sie benötigen. Einige werden sogar Hypochonder - denken, dass jede Krankheit tödlich sein könnte. Zu überwinden:

1. *Geben ihnen die Aufmerksamkeit, die sie begehren .*
2. *Halten sie Dingen beschäftigt, die sie gerne tun und sind gut auf*

Kindisch

Sie spielen auf andere; mit kindlicher Possen zu unterbrechen. Sie können die "Klassenclown"-Mentalität haben, wo sie die Aufmerksamkeit anderer suchen, indem herumalbern. Bekommen sie Aufgaben kann eine schwere Aufgabe sein. Zu überwinden:

1. *Vereinbaren Sie einen Termin, um Ihren Unmut zu besprechen.*
2. *Zeigen Sie Ihre Unterstützung wenn sie verbessern .*
3. *Wenn sie an den Sitzungen - handeln sie beiseite nehmen.*
4. *Eine klar definierte Stellenbeschreibung, die Maßstäbe der Leistung auf, wie sie Aufgaben enthält helfen sollten.*

5. *Wenn Verhalten weiterhin auftritt, beginnen disziplinarische Schritte mit schriftliche Verwarnungen.*

INDIREKTE AGGRESSIVE MANIPULATOREN

Diese Menschen sind zwischen durchsetzungsfähig und offensichtlich aggressiv in das Verhalten, die, das Sie darzustellen. Sie verwenden subtile, hinterhältige Art und Weise wie Sabotage, Sarkasmus, leise Behandlung und Klatsch, um ihren Weg zu bekommen.

Saboteur

Ein Beispiel dafür ist der Support-Mitarbeiter, die nicht, dass er oder sie sollte machen müssen Kaffee glauben-also einmal die Hälfte ein Pakets verwendet wird und die nächste ein Paket und eine halbe bei den Kaffee. (Für Bosse) zu überwinden:

1. *Erhalten Beweis, die sie in der Tat sabotiert haben.*
2. *Fragen sie, warum sie das taten, was sie taten.*
3. *Erklären Ihre Erwartungen. Dies würde auf ihre genaue aktuelle Stellenbeschreibung.*
4. *Geben sie die Folgen, ob etwas ähnliches in der Zukunft geschieht.*
5. *Wenn ernst genug- und Sie haben den Beweis - ihr Verhalten zu dokumentieren und Kündigung des Mitarbeiters zu initiieren.*

Sarkastisch

Diese Art von Sarkasmus ist in Form von grausamer, Abstell-Widerhaken, die Gespräche über andere Mängel. Informationen Sie weitere zu diesem Thema in Kapitel fünf.

„Silent Treatment" Manipulatoren

Sie sind nicht mehr reagiert und sich weigern, Ihnen zu sagen, warum sie stumm sind. Sie drücken schweigend ihre Wut durch feste, feindselige Blicke beim Rückzug in sich selbst. Ihr Schweigen ist manchmal einschüchternd, da Sie nicht wissen, was es bedeutet, wie man damit umgehen oder was du getan hast, um ein solches Verhalten zu rechtfertigen. Dies wird auch in Kapitel 5 behandelt.

Sticky-iffies

Dies sind zweifelhaftes Kompliment. Sie loben Sie starten und landen mit einer Qualifikation herabgewürdigt. Diese Linkshänder Komplimente fangen Sie unvorbereitet zum ersten Mal. Sie fühlen sich so gut über das Lob, das Sie nicht erst später erkennen, dass gab es eine versteckte negative Implikation an sie gebunden. Ein wenig später, Fragen Sie, wenn Sie nur die Ohrfeige - vorstellen, oder wenn es wirklich beabsichtigt war. Die zweiseitige Bemerkung war als Widerhaken gedacht. Ich möchte keine Anzeichen von gestochen, fühlt man sich selbst Lächeln und hören Sie sich Dank, sputter während zu wissen, dass ist nicht so, wie Sie reagieren sollten. Dann lehnen Sie sich für dass bedankte sich bei jemandem, der gerade Weg mit Ihnen absetzen. Beispiele hierfür sind:

- *„Sie können eine Menge Gewicht für jemanden so klein heben."*
- *„Du bist gut in Form für eine Person Ihr Alter."*
- *„Du bist fast so schlau wie deine Schwester."*
- *„Sie machen eine Menge Geld für eine Frau."*
- *„Du bist wirklich agil für eine Person Ihre Größe."*

Zu überwinden:

1. *Teilen die Bemerkung in zwei Teile - Lob und herabgewürdigt.*
2. *Antwort auf die Person, „Ich weiß nicht, wie Sie erwarten, dass mir Ihre letzte Bemerkung reagieren. Auf der einen Seite, das du mir ein Kompliment gegeben habe, und dann Sie haben zog den Teppich unter mir indem er mir eine herabgewürdigt. Welchen Weg haben Sie die Absicht mich zu empfangen?" (Dadurch wird die Person wissen, dass Sie auf ihr Spiel zu spielen.)*

Klatsch

Sie sind verbreitern, die ungeprüfte oder erweiterte Geschichten verbreiten. Ihre Absicht ist es, Aufmerksamkeit für sich zu gewinnen, durch unwahre oder teilweise richtig Botschaften zu verbreiten. Sie sticken oft die Geschichte, füllen Sie die Lücken zu erscheinen wichtiger oder glaubhaft machen, oder wie sie denken, dass es sein "sollte". Sie vergessen nur lebendige Teile erinnern und die Verzerrung der Tatsachen durch den Verzicht auf wichtige Informationen. Zu überwinden:

1. *Schneiden von kurzen Gesprächen, dass offensichtlich bedeutungslos und gehässige Klatsch.*
2. *Ask eine Menge Fragen. (sie müssen nicht wahrscheinlich antworten oder wird "malen sich in eine Ecke" mit ihren Verzierungen.)*
3. *Überprüfen Sie die Fakten vor reagieren.*

Snitchers

Snitchers kindlich tattle auf ihre Mitarbeiter und Klatsch zu verbreiten. Dies kann auftreten, wegen Eifersucht oder andere zurück zu zahlen für einige falsch wahrgenommen. Sie versuchen, andere zu diskreditieren, so dass sie ihren Vorgesetzten besser aussehen. Zu überwinden:

1. *Feedback nutzen, um Ihren Unmut über diese Art von Verhalten zu erklären.*
2. *Sicherstellen, dass Sie sie für ihre Leistungen loben.*
3. *Festzustellen, ob euch diese Art von Verhalten durch Ihre Aktionen ermutigt haben.*

Scharfschützen

Sie treffen Sie, wenn Sie nicht mit Stacheldraht Worten und Anspielungen suchen. Ihre Angriffe können subtil sein, oder ihre "sniping" hinter sarkastischen Bemerkungen oder grausame Witze ausgeblendet werden kann. Die schädlichsten Angriffe können vielleicht bei einem Treffen in der Öffentlichkeit - auftreten. Sie wirken oft die „Klassenclown" Persona und ihre unfreundliche Jabs könnte für Humor verwechselt werden. Andere mögen vielleicht lachen, aber die meisten sind nicht komfortabel mit der Grausamkeit gezeigt. Sie können spüren, dass es eine versteckte Agenda hinter der Sniper Worten könnte. Auch wenn das Opfer rächt sich, ist die Sniper erreicht sein Ziel - die erniedrigende Sie in der Öffentlichkeit. (Für Bosse) zu überwinden:

1. *Die Scharfschützen im privaten, wenn möglich, in der Öffentlichkeit zu konfrontieren, wenn nötig.*
2. *Finden Sie Informationen zum Umgang mit Sarkasmus in Kapitel fünf.*
3. *Konsequenzen geben, wenn sich das Verhalten wiederholt und achten Sie darauf, um Follow-Through.*

Envious/eifersüchtig Manipulatoren

Diese Menschen leiden unter Eifersucht und Missgunst und können nicht akzeptieren, dass Sie verdient haben, was Anerkennung oder Status, die Sie im Leben erreicht haben. Sie fühlen, dass Ihre Leistungen durch "Glück" gewonnen wurden und dass sie beraubt sind, weil Leben nicht so nett zu ihnen war. Um Sie legte (und machen sich wichtiger fühlen) versuchen sie, Ihre Leistungen zu diskreditieren. Sie wollen Rache und auch wenn der Angriff grundlos ist, können sie ihre

Frustration auf Sie mit feindseligen Handlungen zu entlüften. Zu überwinden:

1. *Verwendung Feedback für ihre Handlungen zu identifizieren und sie zu bitten, Konto für sie. Wiederholen Sie den zukünftigen Gespräche auf einem freundlichen Niveau zu halten.*
2. *Ermutigen und loben für authentische Handlungen.*
3. *Zeigen ein Interesse an ihnen - ihre Ziele, Ziele und Erfolge, aber ihre wahrgenommenen Ausfälle herunterzuspielen.*

„Stehlen Rampenlicht" Manipulatoren

Sie mögen die Arbeit - aber sie irgendwie einen Weg finden, den Kredit zu nehmen. Sie kann sehr hinterhältig und schwer zu erkennen oder zu schützen. Zu überwinden:

1. *Neue Ideen mit ihnen diskutieren nicht, es sei denn, jemand vor der Zeit weiß oder es in schriftlicher Form, eventuell in einer E-mail (vor allem neue Ideen ist).*
2. *Wichtige Fragen, die sie möglicherweise Kredite für Sitzungen oder in der Gesellschaft von glaubwürdigen Zeugen nehmen bringen.*
3. *Privat zu konfrontieren und Sie bitten, ihre Handlungen zu erklären. Man könnte sagen, „Dies ist die gleiche Ausgabe I BroUght, bei unserem letzten treffen. Warum wollen Sie für diese Idee anrechnen?"*

Betrüger

Sie behaupten, sie sind etwas nicht - überbetonen alles, was sie tun als größer und besser als alle anderen tun könnte. Wenn Sie einen Preis gewinnen, herunterzuspielen anstatt Lob Ihre Leistung diese Menschen seine Bedeutung durch ihre eigenen Leistungen prahlen. Zu überwinden:

1. *Bitte um Fakten, um ihre Ansprüche zu sichern.*
2. *Fragen sie, warum sie Ihre Leistung herabsetzen sind.*

Zwei-konfrontier

Sie reden *„aus beiden Seiten ihrer Münder."* Sie sind Heuchler, die Doppel-andere absichtliche Täuschung oder Betrug Deal. Auf Ihr Gesicht sie so tun, als dein Freund sein, aber Sie können herausfinden, die harte Tour, dass sie nicht. Sie können Sie täuschen, zu glauben, dass die Daten, die sie Ihnen mündlich für die Aufnahme in Ihrem Bericht geben stimmt, wenn in der Tat es nicht ist. Der gesamte Bericht ist daher nutzlos. machen Sie aussehen (nicht sie) schlecht. Zur Überwindung

1. *Fragen direkte Antworten erfordern.*
2. *Haben sie die Informationen schriftlich, damit sie die Angaben bestreiten können nicht.*
3. *Schützen Sie sich in Zukunft durch die Überprüfung jedes Element, um sicherzustellen, dass die von ihnen gegebenen Informationen sachlich ist.*

Mehrdeutige Manipulatoren

Sie verwenden gespaltener Zunge absichtlich Sie zweideutige, widersprüchliche Nachrichten senden. Umgang mit ihnen ist extrem frustrierend, weil sie Sie aus dem Gleichgewicht halten. Sie reagieren nicht wie Menschen erwarten, daher viele die Situation unter Kontrolle einfach weil andere nicht, was wissen sie Vorhaben. Die Zeit, die sie es raus - Figur ist es zu spät. Zu überwinden:

1. *Lasse deine Wut. Dann mit Feedback zu erklären, was ihr Verhalten ist tun, um Sie und andere. Versuchen, Ihren Vortrag zu halten, freundlich und unpersönlich - keinen Angriff.*
2. *Schritte für „zwei Gesichter" Arten.*

Bluffer

Sie behaupten, haben beträchtliches Wissen und sind so überzeugend, dass andere ihre Lügen glauben. Annahmen werden als Fakten weitergegeben. Sie vermitteln den Eindruck, dass sie fast eine Aufgabe abgeschlossen haben, wenn sie es noch nicht begonnen haben, weil sie nicht sicher sind, was getan werden muss und ob sie den Job machen können. Wenn sie wissen, sind sie in über ihre Köpfe hinweg, die sie zu verschleppen. Sie sind Experten ins Stocken geraten und glauben, dass wenn sie lange genug warten, wird jemand anderes die Arbeit tun. (Für Bosse) zu überwinden:

1. *Stellen Sie sicher, dass sie wissen klar, was Sie wollen, von ihnen - wenn möglich schriftlich.*
2. *Über ihre Fortschritte mit Zuordnungen in regelmäßigen Abständen zu überprüfen.*
3. *Lassen Sie sie wissen, dass Sie auf sie zählen.*

Camouflagers

Diese Menschen handeln begünstigt mit anderen - *"Ich mache das für Sie, wenn Sie das für mich tun"* , aber sie sind nicht ehrlich in ihren Teil der Abmachung. Durch ihre freundliche Haltung glauben Sie, dass Sie eine ehrlichere Handel gemacht habe. Aber sie haben versteckte Tagesordnungen und sind anfällig für geben Halbwahrheiten oder entscheidende Details weglassen. Sie sind nicht ehrlich mit Ihnen - immer versteckt den wahre Grund für ihre Anfragen. Sie ständig zu manövrieren und zu manipulieren. Sie sind so beschäftigt, dass Handel begünstigt; Sie sind kaum in der Lage, etwas zu erledigen. Sie tun als sie Fragen und sich enttäuscht und frustriert finden, weil sie nicht bis zu ihrem Ende eines Abkommens Leben. Zu überwinden, sehen die Verhalten von Camouflagers:

1. *Alles schriftlich bekommen, möglicherweise durch E-mails, mit denen Sie zu bitten, Fragen zu beantworten und zu euch zurückkehren zu können. Dann es in schriftlicher Form ist und ihre Verpflichtungen können sie nicht leugnen.*
2. *Stellen, die sie an die Fakten halten - die Forschung hinter ihre Erkenntnisse zeigen.*
3. *Handeln Sie nicht gefallen mit dieser Art von Person, es sei denn, man kann Ihre Zustimmung schriftlich.*
4. *Wenn Sie ihren Chef, lassen Sie sie Weg mit dieser Art von Verhalten nicht. Follow-up in regelmäßigen Abständen, um sicherzustellen, dass sie tun, was sie sagten, sie würden.*

Schuld-Geber

Wir leben in einer Gesellschaft Schuld-geritten. Nicht nur machen wir uns schuldig fühlen, aber wir akzeptieren auch noch ungerechtfertigter Schuld von anderen um uns herum. Manche Menschen sind Experten in der Schuld zu geben und Liebe schwelgen in Selbstmitleid. Der Kunde, man Unternehmensregeln für sie zu brechen will, versucht, damit Sie sich schuldig fühlen, wenn Sie nicht. Ihre Eltern jammert, *"Wenn Sie mich mehr liebte - Sie würde kommen, mich öfter zu sehen."* Oft Schuld-Geber fühlen sich schuldig, etwas sie taten, aber weigern, die Verantwortung zu übernehmen und versuchen, die Schuld an andere weiterzugeben. Die Verhalten von Schuld-Geber zu überwinden:

1. *Weigern sich, die Schuld zu akzeptieren. Bitten Sie sie, „Sie versuchen, mich schuldig zu fühlen...?"*

*2. Erkennen, dass dies **ihr** Problem - nicht verkaufen.*

Ein-Uppe

Sie sind ähnlich wie Show-offs, sondern gehen auf sie aggressiver. Egal wie viel Sie wissen; Sie wissen mehr. Sie sind pompös, prätentiös, irreführend und können mit solcher Sicherheit reden, du bist absolut überzeugt, dass sie Evangelium sprechen. Sie können die harte Tour lernen, dass sie völlig unfähig sind. Sie wiederholen ihre eigenen Lügen über ihre Kompetenz, sie täuschen sich, so wie Sie fähig sind; zu glauben, dass sie die Experten sind sie vorgeben zu sein. Sie verschönern die Daten, die Sie haben und es zu verstärken. Zu überwinden:

1. Presse für Fakten und Details über ihre mutmaßliche .
2. Haben sie die Dinge in schreiben, so Sie etwas Konkretes zu Frage haben.
3. Wenn sie fortfahren, Feedback um zu konfrontieren sie mit Ihren Ergebnissen verwenden.

Skeptiker

Sie sind misstrauisch und vorsichtig sein, anderen zu vertrauen. Sie haben wahrscheinlich schon im Stich gelassen von anderen, so sind die Motive der neuen Menschen sehr skeptisch. Sie forschen, bis sie dann anderer zu wissen über das Thema Fragen und jedes Detail haben. Das macht sie gute Detail-Leute, die eine Bereicherung für ein Unternehmen kann, aber fahren andere Ablenkung mit ihrer Liebe zum Detail. Sie analysieren Informationen zum Tode und sind nicht zufrieden, bis sie jedes kleine Detail haben. Umgang mit ihnen kann sehr irritierend für die durchschnittliche Person, die das Laufwerk oder die Zeit für eine solche Analyse der Daten noch nicht. Zu überwinden:

1. Haben Sie immer Ihre Daten für sie bereit. Bist du derjenige der Informationen anfordern, stellen Sie sicher, lassen Sie sie wissen genau, was Sie von ihnen - nicht Unmengen von unnötigen Informationen wollen.
2. Gib ihnen Aufgaben, die ermöglicht es ihnen, ihre Talente für Analyse und Abrufen von Daten verwenden .
3. Wissen, dass es dauern wird, ihr Vertrauen zu gewinnen.

Buck-passers

Probleme sind nie ihre Schuld, sondern jemand anderes. Sie verlagern die Schuld auf andere für ihre eigenen Fehler. Verwenden sie

Ausdrücke wie *„Sie immer..."* oder, *„Sie nie..."* sie können stark betont werden wenn sie denken, sie könnten nicht. Wenn sie, dass es möglicherweise ein Problem erkennen bei Abschluss eines Auftrags, tun sie alles, was sie, um die Problem-Zuordnung zu anderen geben können. Sie haben Schwierigkeiten akzeptieren Schuld und Kritik, so verantwortlich gemacht werden könnten. Sie sind gehört um zu sagen: *„Ich wusste nicht, dass ich dafür verantwortlich war!"* Oder *„Du hast mir nicht gesagt, dass Sie das heute nötig!"* (Für Bosse) zu überwinden:

1. *Beim Aufgaben delegieren, stellen Sie sicher, sie wissen, dass sie für die Aufgabe verantwortlich sind.*
2. *Förderung um Hilfe zu bitten, wenn sie auf Schwierigkeiten stoßen. Helfen ihnen eine Lösung zu finden, aber das Problem als Sie akzeptieren keine.*
3. *Ermutigen, Verantwortung für ihr eigenes Handeln -, dass es alles in Ordnung, einen Fehler- aber nicht alles in Ordnung, andere für ihre Fehler verantwortlich zu machen.*

AGGRESSIVE MANIPULATOREN

Aggressive Menschen haben wenig Respekt vor anderen Menschen Bedürfnisse und Rechte. Die Dinge gehen ihren Wegs oder gar nicht. Sie Eisenbahn, Planieren und schieben ihre Ideen und Wünsche auf andere mit Hartnäckigkeit, Zwang und sogar Drohungen. Sie unterscheiden sich von anderen Manipulatoren, weil sie offensichtlich sind. Sie wissen sie sind um Sie zu erhalten.

Feindlichen

Diese gewöhnlichen kriegerische Leute nehmen ihre Wut auf Sie. Sie sind so niedergedrückt durch Eifersucht, Wut oder Ressentiments, die nur von anderen Steinen bewerfen sie erhalten den Lift, die sie benötigen, zu gehen. Dies bewirkt, dass andere um sich zu verteidigen oder zu rächen. Zu überwinden:

1. *Warten, bis sie haben beruhigt. Lassen Sie sich nicht diese Köder Sie in Äußerungen nicht machen möchten (die Versuchung zu vergelten wird stark sein.)*
2. *Über die Angelegenheit mit ihnen in einer ruhigen Art und Weise sprechen.*
3. *Stimme auf wie du gehst um fortzufahren.*
4. *Ermutigen erhalten Sie Hilfe im Umgang mit ihrer Wut.*

5. Entfernt sie bei Bedarf zu sagen, „Sie verwenden inakzeptables Verhalten. Wenn Sie nach unten beruhigt haben, können wir besprechen, dies."

ihr Bestes tun, bleiben frei von Situationen, wo sie für einen Fehler

Schläger

Schläger verwenden Angst, Grausamkeit und Drohungen, um andere zu kontrollieren. Obwohl sie oft andere Narr zu glauben, dass sie hohes Selbstwertgefühl haben, das Gegenteil ist wahr. Thats, warum sie gehen nach diejenigen, die schwach und passiv erscheinen. Das Haar auf der Rückseite des Halses wird steigen, wenn diese Menschen den Raum betreten. Statt unterwürfig Verhalten, um sie herum, Ihren Boden zu stehen. Zu überwinden:

1. Lassen Sie sie vollständig entlüften ihre Wut ohne Vergeltungsmaßnahmen, daran erinnernd, dass Sie steuern, ob Sie ihre Wut akzeptieren oder sind nicht betroffen durch it.
2. Bestätigen, dass Sie ihre Seite des Problems verstehen (mit Anlehnung an -Siehe Kapitel 3).
3. Wenn sie Sie in der Öffentlichkeit - bully sofort mit ihnen umgehen - nicht warten, bis Sie einen privaten Moment haben, wie bei anderen weniger aggressiven Menschen.
4. Ermutigen erhalten Sie Hilfe im Umgang mit ihrer Wut.
5. Siehe Kapitel 5 für weitere Informationen zu Mobbing am Arbeitsplatz.

Besserwisser

Sie sind "intelligente Alecks", die dreist behaupten, wissen viel mehr Fragen, als sie es tun. Sie sind sachkundige Personen, aber die meisten ihrer Informationen basieren auf Annahmen, nicht Fakten. Sie sind zuversichtlich, extrovertierte, die auf die Förderung selbst Experten sind. Sie können Rammböcke geworden, wenn Sie versuchen, andere zu akzeptieren, ihre Ideen zu bekommen. Sie rebellieren gegen tut nichts neues wenn es jemand anderes Weg, also heruntergefahren, wenn andere Informationen übermitteln. Aber wenn es ihre Idee ist, werde sie Dachs und andere zu zwingen, bis sie frustriert aufgeben. Sie hören Sie nicht auf andere und neigen dazu, andere zu unterbrechen, wenn sind sie mitten im Satz, ein völlig neues Gespräch zu beginnen. Zu überwinden:

1. *Darauf bestehen, dass sie Ihnen Fakten zu ihren Ideen sichern,.*
2. *Stellen sicher, dass der Alleswisser gibt Ihnen, den eine Chance, Ihren eigenen Beitrag leisten. Fragen Sie: "Gibt es mehr Informationen brauche ich, bevor ich meine Ideen geben?" Dies zwingt die Person zuzuhören, Ihre Seite des Problems.*
3. *Wenn sie, erklären Sie unterbrechen, "Ich bin noch nicht fertig. Ich habe Ihnen reichlich Gelegenheit, Ihre Gedanken zu äußern, nun ich Sie möchte, um von mir zu hören.'*

„Immer Recht" Manipulatoren

Sie bringen Aufmerksamkeit auf sich durch die Verteidigung ihrer Seite Diskussionen in kleinlichen, laut und Böse Wege, die oft andere in Verlegenheit bringen. Unangemessen Erwartungen anderer Abkommen und handeln aus ihren festen Glauben, dass sie nicht wahr *sind* . Wenn Sie damit nicht einverstanden sind, werden sie Sie Dachs, bis Sie nachgeben. Sie sind sehr engstirnig, mit absoluter Gewissheit, dass sie, die einzige Möglichkeit wissen, mit dem Thema befassen und nicht aufhören, bis sie Sie tun ihren Weg überzeugt haben. Sie werden nicht einmal betrachten anderer Ideen umzusetzen. Diese Personen haben ihren Wert. Sie zwingen andere Gruppenmitglieder um sicherzustellen, dass ihre Ideen nicht nur arbeiten, sondern dass sie erhalten bleiben, bis ihre eigenen Ideen akzeptiert werden. Die Verhalten von diese Manipulatoren zu überwinden:

1. *Wenn zwei oder mehr Ideen präsentiert werden, stellen Sie sicher, dass jede Idee vor- und Nachteile klar identifiziert werden. Sie können ein Punktesystem verwenden, um die Relevanz der einzelnen Idee bestimmen.*
2. *Ideen mit Fakten, nicht Annahmen gesichert werden müssen.*
3. *Wenn Sie die Darstellung der Idee sind, verwenden Sie die fest-Record-Technik (am Ende dieses Kapitels beschrieben) um sicherzustellen, dass Ihre Ideen zu hören sind.*

Criticizers/browbeaters

Sie verwenden Spitzen Humor zu provozieren und provozieren Sie und versuchen, eine Situation zu kontrollieren, ohne Rechenschaft gezogen. Sie brauchen ein Publikum wie der Rest der Mitarbeiter oder Kunden. Wenn andere ihre Possen protestieren, behaupten sie, ihre Kommentare lustig sein sollten. Zu überwinden:

1. *Wiederholt um Klärung bitten.*
2. *ihre Aufmerksamkeit auf Produktivität zu verlagern.*

3. *Privat mit ihnen sprechen, wenn Verhalten weiter.*

Nitpicker

Nitpicker bemängeln alles. Diese sind sehr negativ denkende Menschen, die rachsüchtige Sarkasmus verwenden können, um die Abwehr in anderen zu provozieren. Sie kleinlich und belanglose Dinge bemängeln und bestehen auf Perfektion für Aufgaben, die nicht wichtig sind. Lassen Sie sie nicht vergessen, vorbei an Übertretungen und Harfe auf sie bei jeder Gelegenheit. Falls Probleme auftreten, sind sie nie Verschulden. Sie können Workaholics, die das Delegieren von Aufgaben an andere Probleme haben. Wenn sie eine Aufgabe delegieren, prüft sie ständig über die Arbeit abgeschlossen wird. (Für Bosse) zu überwinden:

1. *Ihre Besorgnis über ihre negativ denkende Haltung zu identifizieren und sie bitten, gemeinsam mit Ihnen ihre destruktiven Verhalten korrigieren.*
2. *Ermutigen, mehr positiv denkende Menschen zu sein, indem er sie konzentrieren sich auf die Anzahl der Wiederholungen, die sie mit anderen nicht einverstanden und beginnen Sie Sätze mit dem Wort "Aber".*
3. *Leiten Ihre Energie in produktive Aufgaben.*
4. *Helfen ihnen festzustellen, wenn Perfektion und ist nicht erforderlich.*

Dominanten Typen/Tyrannen

Jeder Konflikt ist ein Machtkampf. Nur die starken überleben, so dass Sie kämpfen müssen, um Ihre Hackordnung - halten sich auf der obersten Ebene. Sie sind zäh, wettbewerbsfähig und aggressive Menschen, die andere um zu bekommen, wo sie hinwollen. Alles in ihrem Leben geht es um macht. Sie behandeln andere mit einer High-handed, hart und diktatorischen Art und Weise. Diese führen zu anderen, die Haare auf ihrem Nacken aufstehen, wenn sie den Raum betreten. Zu überwinden:

1. *Haben eine Begegnung mit ihnen und Feedback um zu erklären, wie ihr Handeln beeinflussen Sie und andere nutzen. (Gibt es Beispiele wie ihr Verhalten negativ andere beeinflusst).*
2. *Erklären, dass andere wäre weitaus kooperativer, wenn sie gebeten wurden, Dinge zu tun, anstatt um zu tun befohlen.*
3. *Wenn sie weiterhin mit dieser Art von Verhalten, erinnern Sie sie mit der Feststellung, "Du machst es wieder!"*

Controller

Sie müssen verantwortlich für alles, es sein bei der Arbeit oder planen ein Picknick für ihre Familien. Wenn alles läuft richtig gemacht werden, sie müssen von ihnen durchgeführt werden - alle anderen wird es nicht falsch tun. Einsatz zu überwinden Schritte gleich so dominante Typen.

Laufspielzüge

Diese Menschen angreifen in der Öffentlichkeit während scheinbar auf ihrer Seite ein Problem zu verteidigen. Sie sind so entschlossen, Punkte zu sammeln, sie zu blockieren, was Sie werfen heraus für die Prüfung und Sie anstatt das Problem anzugehen. Sie können Sie stolpern; verdrehen, was Sie sagen, dass eine andere Bedeutung. Sie greifen mit einer Rache und Sie wissen, sie sind, nachdem Sie, ohne Tabus. Ihre Glaubwürdigkeit wird an jeder Ecke in Frage gestellt und sie können gewaltige Gegner. Zu überwinden:

1. *Wenn sie dich angreifen persönlich - Schubs sie zurück zum Thema, nicht Sie. Lassen sie Sie zu vorschnellen Äußerungen oder Handlungen provozieren. („Wir diskutierten...")*
2. *sie privat zu konfrontieren, wenn sie fortfahren, Sie zu bekämpfen.*
3. *Konzentrieren sich auf Ihren Job gut, aber bereit sein, sollte diese Person wieder angreifen.*

Hitzköpfige Manipulatoren

Andere sind gezwungen, "auf Eiern laufen" Wenn um diese Individuen. Sie beginnen Argumente über alles und jedes. Sie sind echte Nahkämpfer, die Sie in einer High-handed, hart und diktatorischen Art und Weise zu behandeln. Sie sind beleidigend, abrasive und Fresser für macht. Sie Schwein Kontrolle und selten zu delegieren. Eine beliebte Taktik ist, unterbrechen Sie in der Mitte, was du sagst. Sie sind anfällig für deinen Charakter (mit Etiketten) zu ermorden, wie sie Ihre Bemerkungen zerreißen. Zu überwinden:

1. *Wenn sie unerwartet, sprengen sie Fragen, warum sie so wütend sind. Sie werden nicht erwarten, diesen Antrag und oft können Sie ein Problem lösen, ohne Vergeltungsmaßnahmen.*
2. *Wenn sie Sie sagen unterbrechen: „Ich habe nicht zu Ende gesprochen. Wie ich schon sagte..."*

3. , *Wenn sie dich, in der Öffentlichkeit angreifen, da mit ihnen umgehen. Verteidigen Sie sich mit Fakten zum Sichern Ihrer Seite ein Problem (nicht Emotionen).*
4. *Ermutigen erhalten Sie Hilfe im Umgang mit ihrer Wut.*
5. *Bist du ihr Manager, lassen Sie sie wissen, dass dies ist ein inakzeptables Verhalten und Sie müssen eine schriftliche Warnung auf ihre Datei, wenn das Verhalten weiterhin.*

Rammböcke

Sie planieren andere, ihre wahrgenommene Feinde vernichten und Druck auf die anderen, ihre Ideen zu akzeptieren. Egal wie viel es kostet bestehen sie darauf, dass ihr Weg ist der bessere Weg. Andere in den Weg stellen sollte, sind sie gestoppt. Sie sind nicht zufrieden, bleiben in ihrer eigenen Liga, aber Eindringen des anderen Gebiet sowie und erwarten ihre Ideen akzeptiert werden. Zu überwinden:

1. *Setzen Sie Ihren Fuß nach unten, wenn jemand versucht, alle über Sie zu Fuß. Lassen Sie sie wissen, wann sie ihre Grenzen überschritten haben.*
2. *Wenn der Fehler zumindest teilweise ihre ist - zugeben it.*
3. *Versuchen nicht zu sperren Hörner. Erklären, "Ich bin bereit, auf Ihre Seite des Themas, zuzuhören, wenn Sie bereit sind, mir zuzuhören. Es sei denn, Sie mir diese Zusicherung geben, gibt es nicht viel Sinn in uns diese Diskussion.'*

Herrisch Manipulatoren

Sie herumkommandieren andere ohne die Autorität zu tun. Sie Hintern, in dem sie kein Recht haben, und Beobachter würde denken, dass sie der Chef, anstatt die Co-worker waren. Sie sind sehr kritisch gegenüber anderen und ihrer Co-workers Territorium einzudringen. Sie sind gute Arbeiter, aber sie werden nicht dulden, wer arbeitet in einem langsameren Tempo oder nehmen Sie sich Zeit, Entscheidungen zu treffen. Ihre Co-workers sind von ihr herablassend Verhalten und ständige Kritik an ihrer Arbeit abschrecken. Zu überwinden:

1. *Achten Sie darauf, ihnen Anerkennung zu geben, wenn er fällig ist.*
2. *Feedback um zu erklären, was ihr Handeln für andere tun zu nutzen.*
3. *Ermutigen, einen Kommunikationskurs zu nehmen, damit sie weniger stumpf und mehr taktvoll in ihrer Wechselwirkung mit anderen sein können.*

4. *Wenn Sie ein Manager und habe versucht mehrmals erfolglos ihr Verhalten korrigieren, erklären Sie, dass sie ihr Verhalten ändern müssen oder du musst Disziplinarmaßnahmen einzuleiten.*

Slave-Treiber

Sie fühlen sich Druck vom Top-Management, mehr zu tun, so müssen diese Belastungen an ihre Mitarbeiter weitergeben. Viele dieser Bosse sind Workaholics, einige sind Perfektionisten, aber die meisten haben ein hohes Energieniveau. Sie setzen ein Arbeitstempo, das fast unmöglich für die Mitarbeiter zu erfüllen. Auch Auszubildende sollen arbeiten auf Hochtouren, auch wenn sie noch noch nicht vollständig ausgebildet worden. Dieser Boss ist zu beschäftigt, um Fragen zu beantworten und das Gegenteil zu der Politik der offenen Tür. Sie sind große Arbeitgeber und einige lehnen Sie sich zurück und beobachten ihre "busy Bee"-Mitarbeiter die Arbeit zu tun. Zu überwinden:

1. *Bestimmen Sie ob Sie wirklich überarbeitet wird sind. Überprüfen Sie Ihre Stellenbeschreibung um festzustellen, die Leistungsstandards setzen für Ihre Aufgaben. Wenn eine Stellenbeschreibung mit Standards der Leistung nicht verfügbar ist, Fragen Sie für einen, so dass Sie wissen genau was von Ihnen erwartet wird.*
2. *Objekt, wenn Sie die Leistungsstandards zu finden sind unvernünftig.*
3. *Lassen Sie Ihren Chef wissen, wann Sie in über dem Kopf. Zu diesem Zweck halten "to-do-Listen mit Zeit erforderlich, um jeden Auftrag abzuschließen.*

Regel-Bieger

Diese Menschen schwelgen in Regeln zu brechen. Sie schneiden Ecken und die einfache Möglichkeit, Aufgaben zu finden. Sie brechen Regeln wie kontinuierlich spät kommen zum Beispiel oder sagen, dass sie krank sind (wenn sie auf dem Golfplatz sind) und in der Regel sich ihrer Verantwortung zu entziehen. Sie haben ihre Vorteile, weil sie schneller, ersinnen können bessere Möglichkeiten Aufgaben zu vollenden und scheinen, Doppelarbeit in Business-Systeme zu identifizieren. Zu überwinden:

1. *Anweisungen, wie die Aufgaben sollen abgeschlossen werden, aber achten Sie darauf, ihre Arbeit oder Zeit sparende Methoden untersuchen klären.*
2. *Erläutern die Konsequenzen sollten sie versuchen, die Regeln beugen.*

3. *Bei Regel-Biege Aufwandskonten, es sei denn, die Ausnahme nachgewiesen werden kann, der Arbeitnehmer zahlt für die zusätzlichen selbst Aufwendungen.*

Ridiculers

Sie sind unempfindlich, rücksichtslose Menschen Sie missbilligen mit Zwischenrufen Wörter, die ihre wahre Bedeutung zu verstecken. Einige verwenden Sarkasmus, äußern ihre Kritik zu glauben, dass diese Art von Humor für Sie einfacher zu akzeptieren sein wird. Viele ihrer Erniedrigung und persönliche Angriffe statt in der Öffentlichkeit so andere deutlich sehen können, haben sie eine geringe Meinung von Ihnen und Ihren Fähigkeiten. Zu überwinden:

1. *Haben eine Begegnung mit ihnen und Sie bitten, zu erklären, was sie mit ihren Äußerungen gemeint.*
2. *Wenn es Ihr Chef war, die Sie in öffentlichen, staatlichen kritisieren war „Ich habe ein Problem und ich brauche Ihre Hilfe, es zu lösen. Zweimal in dieser Woche haben Sie mich in der Öffentlichkeit - einmal vor meinen Kollegen, die andere vor ein Kunde kritisiert. Ich war sehr aufgeregt, als Sie dies taten. In Zukunft könnte ich bitte Sie zu warten, bis wir etwas Privatsphäre um solche Themen zu diskutieren haben?"*

Patronisers

Sie sind herablassend und machen es offensichtlich für andere in der Art, wie, die Sie mit dir reden. Ihre verzerrten hohe Meinung von sich selbst ermutigt sie zu erniedrigen und anderen abzuwerten. Sie geben Ihnen das Gefühl, das Sie mit Lizenzgebühren zu tun und sie haben die Erlaubnis Sie in ihrer Gegenwart zu sein. Dann ignorieren Ihre Ideen, Sie zu unterbrechen oder zappen Sie mit Put-Downs, wie sie Ihre Vorschläge herunterzuspielen. Sie sind beleidigt, wenn die Delegierten Aufgaben, die *„Dies ist ein einfacher Job. PAM verträgt it."* Zu überwinden:

1. *Erinnern Sie sich, wie gut Sie wirklich sind.*
2. *Wenn es Ihr Chef ist, bieten eine Erinnerung daran, dass Sie eine wichtige Rolle, in welchen s spielen / er ist vollbringen.*
3. *Wenn es ein Kollege ist, verwenden Sie Feedback, um was das bevormundend Verhalten unternimmt, um Sie zu identifizieren.*

Unterbrecher

Sie unsanft unterbrechen Sie mitten im Satz, oft um ein neues Thema zu starten. Sie stören Sie, während Sie versuchen, zu arbeiten. Stück für Stück, zerfressen sie zu Ihrer Zeit halten Sie Ihre Aufgaben nicht abschließen. Sie fallen durch Ihrer Workstation und erwarten, dass Sie diskutieren, was sie am Wochenende gemacht haben. Wenn sie verlassen, ist es schwer, Ihren Schwung nach der Unterbrechung wieder zu erlangen. Sie verschwenden wertvolle Zeit in Sitzungen, indem er Nebengespräche mit anderen oder durch irrelevante Fragen während der Präsentation. Wenn es ihre Umdrehung ist, neigen sie, auf Wanderung. Zu überwinden:

1. *Wenn Sie, sagen wir, unterbrochen werden „Ich war meine Aussage nicht fertig, bevor Sie mich unterbrochen. Wie ich schon sagte..."*
2. *Die Rambler mit scharf fokussierte Kommentare und Fragen zu stoppen.*
3. *Wenn sie Ihre Arbeit unterbrechen, erklären, warum Sie zu diesem Zeitpunkt unterbrochen werden kann.*
4. *Entmutigen Schaltröhren von herein und bleiben in Ihrem Büro. Vereinbaren, dass Sitzungen in einem Sitzungssaal, damit Sie lassen können, wenn Sie fertig sind.*
5. *Wenn die Unterbrechung ist es, persönliche Angelegenheiten zu diskutieren, sag ihnen, dass Sie sprechen zu Ihnen später bei Kaffee oder Mittagspause.*

Schnüffelt

Sie lasen Korrespondenz auf Ihrem Schreibtisch, Ihre Gespräche belauschen und brauchen in der Regel wissen jedes bisschen „Schmutz," so dass sie es weitergeben können. Sie sind extrem neugierig, Eindringen in Angelegenheiten, die nicht ihre Sache. Die meisten erkennen nicht, wie beleidigend ihre Handlungen wahrgenommen werden. Diese Qualität kann eine Bereicherung sein, wenn sie sind ein Thema recherchieren, aber sie stellen sehr persönliche Fragen, die Grenzen in der Regel erlaubt, andere treten. Ob es in Ihrem Hause oder im Büro ist, ist jedes Blatt Papier abgeholt und lesen, als ob es ihre eigenen Korrespondenz war. Sie schauen über die Schulter, wenn Sie den Computer verwenden und in der Regel ihre Nasen in jeder Spalt Ihres Lebens stecken. Zu überwinden:

1. *Feedback um zu erklären, wie ihr Verhalten stören, nicht nur Ihnen, sondern auch für andere nutzen.*
2. *Denken Sie daran, dass nur weil jemand eine Frage stellt, müssen Sie nicht zu beantworten. Etwas sagen wie, „Ich würde lieber nicht reden über mein Privatleben."*
3. *Nicht lassen Sie verschwenden Zeit mit Klatsch verleiten.*

Reich-Erbauer

Sie verwenden eine hinterhältige Taktik zur Verfügung stehen, die andere, um ihr Ziel der Weg an die Spitze erreichen umgehen kann. Sie haben wenig Interesse an jemand anders die Fortschritte, wenn sie als eine Bedrohung für sie angesehen werden. Sie werden Weg zu erschrecken, einzuschüchtern oder zerstören Wer betritt, was sie wahrnehmen, als ihr „Territorium." Team zu spielen ist ihnen fremd wegen ihrer Notwendigkeit, Aufmerksamkeit zu erhalten und sein 'Top Dog'. Ihre einzige Loyalität zu einem Unternehmen bezieht sich auf das Prestige gibt ihnen ihre Position. Sobald diese Änderungen; Sie bewegen sich auf. Ihre eigenen Bedürfnisse immer im Vordergrund. (Für Bosse) zu überwinden:

1. *Ein Gespräch mit Reich-Erbauer, damit sie wissen, dass Sie ein solches Verhalten nicht tolerieren.*
2. *Disziplinarmaßnahmen einleiten wenn der Reich-Erbauer seine oder ihre Grenzen überschreitet nutzt die Vorteile der anderen oder über andere zu treten scheint.*
3. *Sicherstellen, dass alle Mitglieder des Teams eingegeben haben und den Kredit für ihre Teile der Zuweisungen erhalten.*

„Zu beschäftigt" Manipulatoren

Sie sind immer zu beschäftigt, um Fragen zu beantworten oder zu liefern, was Sie brauchen. Zu überwinden:

1. *Die Probleme, die auftreten, wenn in diesem Fall klar zu definieren.*
2. *Wenn es Ihr Manager, die zu beschäftigt sind ist, erinnern sie, dass ihre Hauptfunktion ist, machen es Ihnen leicht, sie gut aussehen zu lassen.*
3. *Wenn es ein Kollege ist, erklären, dass sie einen zu Ihrer Fähigkeit Engpass haben, Ihr eigenes Werk zu vollenden.*
4. *Wenn sie mit Problemen nähern, mindestens zwei mögliche Lösungen zu liefern.*
5. *Wenn sie Mitarbeiter sind, helfen Sie ihnen Prioritäten mit rot (sehr wichtig), orange (sollte heute geschehen) und grün (kann später erfolgen) tag-System für Zuordnungen.*

Hartnäckige Manipulatoren

Diese Menschen werden nicht nachgeben, egal wie überzeugend Ihr Argument. Sie haben Recht, du irrst dich und nichts wird machen sie etwas anderes zu glauben. Sie werden sogar die Tatsachen bestreiten präsentieren Sie Ihnen als geändert wird. Hartnäckige Manipulatoren müssen Ereignisse steuern und wenn Sie damit nicht einverstanden sind, Graben sie in noch mehr kleben hartnäckig auf ihre eigene Art und Weise Dinge zu tun. Zu überwinden:

1. *Wenn dies Ihre Chefs waren, wissen wo sie herkommen.*
2. *Die gegenseitigen Nutzen der Zusammenarbeit zu erklären.*
3. *Als Ersatz für ihren Plan, identifizieren die vor- und Nachteile Ihrer Idee zu präsentieren und haben sie das gleiche tun mit eigenen.*
4. *Verhalten, als ob Sie Akzeptanz erwarten.*
5. *Wenn sie rührte sich wird nicht, holen Sie es schriftlich.*

Don Juans

Sie sind überzeugt, dass die Welt denkt, dass sie der weltweit attraktivsten Mensch bist. Sie stolzieren und zur Schau stellen ihre Sexualität für alle glauben, dass sie durch ihre Schönheit oder Schönheit angezogen sind. Zu überwinden:

1. *Geben ihnen Anerkennung, wem gebührt.*
2. *Achten Sie auf Möglichkeiten zu erklären, wie lästig, andere finden dieses Merkmals.*
3. *Haben sie begründen, warum sie denken, sie sind so anziehend.*

Wettbewerber/Herausforderer

In allen Facetten ihres Lebens sie konkurrieren mit allen und allem, was jede Situation in einen Wettbewerb. Sie müssen gewinnen, so dass sie überlegen fühlen können und alles, was sie haben geben, um sie geschehen. Sie suchen und erwarten eine Art öffentlichen Ankündigung, wenn sie gewinnen und sucht Rache an denen, die es Ihnen verweigern. Wenn jemand nicht, ihre Ideen akzeptieren, fühlen sie sich wie wenn sie es versäumt haben, dass sie persönlich abgelehnt wurden. Zu überwinden:

1. *Mit Feedback, erklären, was für Sie und andere ihre Handlungen tun.*
2. *Erklären, wie sie lernen können, wirklich die Ideen der anderen hören und darauf aufbauend.*
3. *Ermutigen, ihre Kreativität zu nutzen, zur Verbesserung der bestehenden Möglichkeiten, Dinge zu tun.*
4. *Sicherstellen, dass man Ihnen Lob, wenn Lob fällig ist.*

Urteilssprüche

Ihre Self-centred und ausbeuterischen Natur ermöglichen es ihnen, ihre Wünsche und nutzen die Vorteile der anderen. Urteilssprüche versprechen, sie haben nicht die Absicht zu bleiben. Sie konnten Academy Awards für ihre Schauspielerei verdienen, denn sie die Fähigkeit haben, andere zu überzeugen, dass sie hilflos und konnte nicht ohne fremde Hilfe überleben. Es ist schwer, Nein zu sagen, weil sie so überzeugend sind. Zu überwinden:

1. *Üben, "Nein" zu sagen, bis es automatische wird.*
2. *Stahl selbst, seinen Antrag zu widerstehen, mehr und mehr Eingang.*
3. *Erklären, was ihre Handlungen zu tun, um Menschen in ihrer Umgebung und das Sie Einwände gegen die von ihnen verwendet wird.*

Voreingenommen Manipulatoren

Sie machen Witze auf andere einige sehr offen, andere Kosten offen. Dieses Vorurteil kann gegen diejenigen einer anderen Rasse, Farbe, jemand Fett oder hässlich, kurz hoch, wegen der Sprache sie sprechen oder die Kleidung sie tragen. Zu überwinden:

1. *Diese Art von "Witze" sollte gestoppt werden, sobald jemand anfängt, „hast du gehört, die über die..."*
2. *Verwenden solche Erinnerungen wie z. B.: „Ich glaube nicht, das war lustig."*
3. *Haben eine private Session mit dem Täter, wenn nötig.*
4. *Wenn Sie seiner/ihrer Vorgesetzten und er oder sie setzt sich mit diesem Verhalten, erklären Sie, dass das nächste Mal in diesem Fall musst du eine schriftliche Verwarnung auf seine/ihre Personalakte legen.*

Anhaltende Manipulatoren

Sie belästigen andere, bis sie sie zermürben und erhalten Sie ihre Weise. Anhaltende Manipulatoren sind festgestellt, dass sie ihren Weg; um jeden Preis. Zu überwinden:

1. *Verwendung der stecken Rekord-Technik* (siehe Kapitel 3).
2. *Wenn Sie nicht was sie tun möchten, Alternativen vorschlagen.*
3. *Wenn sie fortbestehen, Fragen sie, warum sind sie so hartnäckig (Dies ist aggressives Verhalten und Sie haben das Recht, Nein zu sagen und sich zu verteidigen),.*

Diebe

In diesem Fall werden wir konzentrieren uns auf diejenigen Mitarbeiter, die Firma liefert von der Arbeit nach Hause nehmen. Dies kann alles so klein wie ein paar Bleistifte zu sehr teuren Geräten sein. In einigen Fällen ist es getan, um zurück zu Management erhalten. Einige von ihnen stehlen Mengen weit über das hinaus, was sie jemals verwenden können. In gewisser Weise ist es ihr Weg, um rund um die Regeln und zurück zur Behörde. Einige können passiv/aggressive Tendenzen haben. Zu überwinden:

1. *Jemand verantwortlich für Lieferungen zu platzieren.*
2. *Abteilungsleiter Lieferungen überwachen und einspringen, wenn etwas nicht in Ordnung scheint.*
3. *Unternehmen Richtlinien und Verfahren Handbücher Umriss, was die Strafe sein wird, wenn ein Mitarbeiter Firmeneigentum ohne Erlaubnis entfernt.*
4. *, Wenn ein Arbeitnehmer am Arbeitsplatz Unternehmensausstattung herausnimmt, müssen sie ein signiertes Dokument, indem Sie ihnen die Erlaubnis dazu haben. Diese Berechtigung kann für 24 Stunden oder so lange, wie der Mitarbeiter für das Unternehmen arbeitet.*

Name-callers/Etikettiermaschinen

Wenn andere kritisieren, die Sie nennen sie Namen oder beschriften Sie sie mit solchen Ausdrücken wie dumme, blöde, verrückt, faul, schlecht oder umständlich. Ihr Verhalten zu überwinden:

1. *Bist du der Empfänger der unfaire Kritik, Fragen sie genauer über Ihr Verhalten. „Was genau habe ich das war falsch tun?"*
2. *Feedback um zu beschreiben, wie Sie sich fühlen, wenn sie beschriften Sie oder rufen Sie Namen verwenden.*

PASSIV-AGGRESSIVE MANIPULATOREN

Diese Menschen können sehr gefährlich sein. Sie haben eine pathologische Reaktion auf Autorität und diejenigen, die sie wahrnehmen, in Führungspositionen sind. Sie ihre Aggressionen in passives Verhalten durch Verlangsamung Bemühungen anderer Kanal und stonewall Fortschritte. Sie sind sehr schwer zu erkennen und andere oft frustriert, wenn der Umgang mit ihnen aber nicht immer verstehen, warum.

Wie die meisten von uns aufwachsen, sind wir mit Einschränkungen konfrontiert, die normal und notwendig sind. Menschen mit dieser Tendenz haben oft übermäßig, gesteuert, so dass die Person lernt, andere ohne Konfrontation zu kontrollieren. Sie lieben den Nervenkitzel der Befehlsverweigerung und manchmal egal, ob sie gewinnen, so lange, wie es scheint, dass ihre Gegner verlieren. Sie lieben es zu spielen Win-lose-Spiele und legte etwas über andere.

Verwenden sie Ausreden wie: *„Es ist nicht meine Schuld, dass dies nicht funktioniert hat; es ist deins."* Sie zeigen häufigen Zeichen der Hilflosigkeit - der einfachste Weg ihre unbegreiflich scheint. Sie provozieren ein Gefühl der Abwehr, wenn andere mit ihnen beschäftigen. Die meisten Aufgaben sind spät oder überhaupt nicht durchgeführt. Wenn stieß sie werden argumentative. Sie sind Backstabbers, Schwätzer und sind oft so gut, dass andere ihre Lügen glauben.

Die meisten Menschen zeigen die oben genannten Anzeichen auf einmal oder andere. Wenn dies entwickelt sich in ihr normales Verhalten zu sein, diese Menschen dürften jedoch passiv-aggressiv und andere müssen auf der Hut zu bleiben, beim Umgang mit ihnen. Konfrontieren sie mit Fakten, wenn Sie "sie fangen in der Tat." Stellen Sie sicher, dass sie verstehen, die Folgen ihres Handelns, *„Wenn dies wieder passiert, ich muss..."*

Einige ernsthafte passiv-Aggressives haben kriminelle Tendenzen. Diese Menschen bekommen einen Nervenkitzel aus Beschleunigung - trinken und fahren - und immer Weg mit ihm. In einigen, hält diese Tendenz beschleunigt, weil sie erfordern höhere Gefahr, Nervenkitzel und Spannung zu halten beschwichtigt.

Wutanfall-Werfer

Erwachsenen Wutanfälle sind entworfen, um mit Gefühlen von Angst, Hilflosigkeit und Frustration. Ein Kind sind Wutanfälle ein großer ausgleichenden Mechanismus. So störendes Verhalten weiter bis ins Erwachsenenalter funktioniert die Ausbrüche immer noch. Jedoch produzieren Wutanfälle eine größere Rückspülung von Wut und Widerstand als irgendwelche der anderen schwierigen Verhaltensweisen. Umgang mit einer Person, die einen Wutanfall ist vor allem eine Frage des Helfens sie Selbstbeherrschung wiederzugewinnen. Zu überwinden;

1. *ihnen Zeit zur heruntergekommen und Selbstbeherrschung*

66

wiederzugewinnen.

2. *Da Wutanfälle verwendet werden, um Aufmerksamkeit zu bekommen, geben sie das Gegenteil sagen, „Ich gebe Ihnen eine Chance zu beruhigen und dann können wir dies rational diskutieren." Dann gehen Sie weg von ihnen. Wutanfälle, ist eine Form von Mobbing.*

3. *Wenn sie dieses Verhalten fortsetzen, erklären Sie, dass ihr Verhalten inakzeptabel ist und Sie werden nicht das Problem mit ihnen besprechen, bis sie sich beruhigen.*

4. *Ermutigen erhalten Sie Hilfe im Umgang mit ihrer Wut.*

Intimidators

Wenn sie nicht bekommen, was sie wollen, verwenden sie versteckte Wege zu bedrohen, zwingen, zu verletzen oder andere in Verlegenheit bringen. Mitarbeiter fühlen sich machtlos, wenn der Intimidator ihr Chef ist. Sie sind bekannt für *„stechen"* anderen in den Rücken, also nicht Ihre Wache fallen und seien Sie bereit für einen Angriff. Zu überwinden:

1. *Bereiten Sie sich für Ihre nächste Begegnung psychologisch.*

2. *Proben, wie Sie die nächste reagiert Mal, wenn sie versuchen, Sie einzuschüchtern.*

3. *Gehen weg von ihnen erklärt, das ihre Taktik nicht auf Sie nicht mehr arbeiten gehen.*

4. *Ist dies Ihr Chef anrufen in Verstärkungen durch das sprechen mit jemandem in der Personalabteilung, Vermittler, Mitarbeiter und Öffentlichkeitsarbeit oder als letztes Mittel gehen über Ihren Chef Kopf zu seinem Vorgesetzten. Stellen Sie sicher, dass Sie Fakten - nicht Annahmen und Anspielungen mitbringen. Zum Beispiel „am Montag, sagte mein Chef..." „Am Dienstag hat er oder sie..."*

5. *Obere Führungsebene wird dir nicht helfen, schreiben Sie einen Brief der Resignation Gliederung im Detail, Ihre Gründe für das verlassen, wenn eine Beschwerde der Schikanen gegen Ihren Chef und das Unternehmen.*

Zeitbomben

Diese Art von Person greift der Person nicht ihre Ideen, oft mit Etiketten, damit sie wissen, dass ihre Gegner dumme, dumme oder fehleranfällig ist. Wenn andere mit ihren eigenen Ideen nicht einverstanden, was, die Sie, dass sie auf einer persönlichen Ebene kritisiert sind sind glauben, so ist ihr Angriff mit einer Rache. Sie haben keine Bedenken, Angriff auf andere in der Öffentlichkeit und der Sieger erscheinen mag. Jedoch, wie diese Person die meisten Beobachter selbst in Angriff genommen hat, sind sie selten von Verhalten der Person aufgenommen. Zu überwinden:

1. *Nicht lassen Sie in vorschnellen Äußerungen oder überreagieren anzustacheln. Bleiben Sie Cool, mit Fakten, um Ihre Ideen zu verteidigen.*
2. *Privat zu konfrontieren, warnte sie, dass bei sie fahren fort, Sie in der Öffentlichkeit zu schmälern, die Sie werden gezwungen, zu rächen.*
3. *Ermutigen erhalten Sie Hilfe im Umgang mit ihrer Wut.*

Sadisten

Sie genießen jeden Fehler und Fehler, den Sie kleine Fehler unverhältnismäßig weht machen, hingewiesen. Sie fühlen sich mächtigsten, wenn sie andere minderwertig fühlen, indem sie vor anderen zu kritisieren machen. Je größer das Publikum, desto besser wird es sein. Sie haben eine mittlere rachsüchtige Ader in sich. Zu überwinden:

1. *Konfrontieren Sadisten, ließ sie wissen, Sie werden nicht ihre manipulative Verhalten tolerieren.*
2. *Feedback, damit sie wissen, was ihr Verhalten unternimmt, um Sie und andere nutzen.*
3. *Wenn diese Person Ihr Chef ist und sein Verhalten kontinuierliche ist und obere Management wird nicht, das Verhalten aufhören, schreiben Sie einen Brief der Resignation Gliederung im Detail, Ihre Gründe für das verlassen, dann eine Beschwerde von Schikanen gegen Ihren Chef und das Unternehmen.*

Revengers

Sie nehmen alles persönlich und sicherstellen, dass andere "für jede wahrgenommene Misshandlung zurückgezahlt werden". Sie ärgern sich über tief wie Sie habe sie misshandelt und betrogen oder vernachlässigt fühlen. Ihre Groll können jahrelang weiter wertvolle Zeit und Energie zu verschwenden. Einige nie verzeihen Sie anderen und sterben noch Plotten Rache an ihren Feinden oft imaginäre. Zu überwinden:

1. *Wenn Sie etwas über das Thema sofort, nicht loslassen. Das Sprichwort "was herum, geht um" gilt in diesem Fall.*
2. *Vertrauen, dass die oben genannten auftreten. Nur stand zurück und*

beobachten Sie es geschehen mit keine Verschwendung von Energie auf Ihrer Seite. Unabhängig davon, ob Sie etwas oder nicht tun, zu wissen, dass irgendwie sie wieder für ihre Übertretung zurückerstattet werden.

3. *Wenn Sie Ihre Gefühle der Rache nicht entfernen können, Wut-Management-Training erhalten.*

Berserker

Sie sind Extremisten, die haben einen sehr einseitigen Überblick darüber, was richtig und falsch ist. Sie verpflichten sich eifrig, ohne alle Fakten zu wiegen. Sie sind herrisch, arrogante Menschen, die ihre Vorurteile, deren Sinn für Vernunft in den Schatten stellen zu lassen. Sie sehen ein Problem, steckten die Köpfe nach unten und gehen voll auf die Probleme zu lösen, ohne die Konsequenzen wiegen trug. Sie können von einer Klippe laufen, weil sie nicht zu visualisieren, was passieren wird, nachdem sie ihr Problem lösen. Oft ist ihre Lösung mehr Probleme verursacht und kann gravierende Folgen haben. Zu überwinden:

1. *Vor Beginn der Projekte, erfragen sie ihren Planungsstrategie, die umfasst alle Etappen mit Fakten zu sichern, was sie erwarten, zu erreichen.*
2. *Drücken sie für Details wie wie ihre Ideen mit anderen zu vergleichen (vor- und Nachteile).*

Rücken-stabbers

Das sind zwei Personen, die Sie in den Rücken Messer und wirkt gleichzeitig als dein Freund, dein Gesicht. Ein Großteil ihrer Arbeit geschieht hinter Ihrem Rücken und ohne Ihr wissen. Sollten Sie Vertrauen sie mit vertraulichen Informationen, sie verraten, dass das Vertrauen. Dies geschieht, so sie Kontrolle über Sie und haben um im Leben voranzukommen. Sie können sehr einsame Menschen sein, weil andere lernen, ihr Vertrauen in ihnen zurückzuziehen. Zu überwinden:

1. *Erwarten, dass sie dieses Verhalten verwenden und für ihre Tätigkeit vorbereitet werden.*
2. *Sich ihnen stellen, wenn Sie sie in der Tat zu ertappen.*
3. *Achtet auf euren Rücken und nicht diskutieren Sie würde nicht wollen, wiederholter.*

Geschäftemachern

Diese foxy, schlauen, listigen, Menschen versuchen, andere in irgendeiner Weise zu überlisten. Sie sind clever, weil sie nicht offen aggressiv sind. Einige haben bekanntermaßen Probleme verursachen, so dass sie den Vorteil, das Lob, die was dazugehört ernten können, die Lösung. Mit hinterhältigen Mitteln, sie manipulieren andere Dinge zu tun, sie hatten nicht die Absicht, dies zu tun. Viele sind körperlich attraktiv und ihren Sexappeal zu ihrem Vorteil nutzen. Um zu überwinden, die gleichen Schritte wie bei *„Back-Stabbers."*

„Richten Sie zum Scheitern verurteilt" Manipulatoren

Sie versprechen, aber selten zu liefern, so dass Sie halten des Beutels. Sie sind die Engpässe, die zurückhalten wichtiger Informationen die Sie benötigen und Aufträge erledigen. Dies ist nicht geschehen, weil sie zu verschleppen, sondern weil sie wissen, wie wichtig die Informationen für Ihren Erfolg oder Misserfolg ist. Sie wollen Sie nicht. Die meisten davon stehen in direktem Wettbewerb mit Ihnen für eine Promotion und werden alles tun, um zu sehen, dass sie, nicht Sie, die Position ermitteln. Sie sehen nur selten ihren Verrat, bis die Tat vollbracht ist. Ihren Angriff kann ein Rücken-Messerstecher, ernster, weil es schwieriger ist, ihren Angriff rechtzeitig kommen sehen, sich zu verteidigen. Zu überwinden:

1. *In Zukunft alles schriftlich gestellt, beim Umgang mit dieser Art von Person.*
2. *Wissen lassen, dass du auf sie bist. Mit Fakten, zu identifizieren, wie ihr Verhalten beeinflusst das Ergebnis der Aufgabe oder des Projekts.*
3. *Egal, wie reizend sie sind, Ihre Wache halten und sehen Sie Ihren Rücken!*

Anstifter

Das sind echte Rührwerke sind Experten am Verdrehen der Wahrheit und andere zu provozieren. Sie machen hasserfüllte Kommentare, Anstiftung zu Konflikten und Moral Probleme. Einige sind überqualifiziert für ihre Arbeit und durch Langeweile, Ärger. Sie sind diejenigen, die anstiften Unionsaktion gegen Management in anderen Kündigungsschutzklagen Gebühren erheben zu helfen, oder kämpfen die Tatsache, dass jemand die Förderung nicht, was, die Sie erwartet. Sie machen Wellen und alles, was Ärger schüren wird. Zu überwinden:

1. *Halten sie beschäftigt - verwenden Sie ihre hohe Energie zu produktiven enden.*
2. *Warnen sie ihre inakzeptables Verhalten - die Folgen zu erklären, sollten sie es wieder tun.*
3. *Diejenigen, die für ihren Arbeitsplatz - überqualifiziert sind erklären, dass durch ihre schlechte Leistung in ihrem bestehenden Job, sie halten sich zurück von erhalten eine Förderung, die sie qualifiziert sind, um zu behandeln.*

Connivers

Sie implizieren ihre Zustimmung und Sie dann die Schuld, wenn ihre unrechtmäßige Handlung nach hinten los. Ein Risiko bedeutet eine Situation als außerhalb Ihrer Kontrolle zu akzeptieren und Manipulatoren Kontrolle haben müssen. Sie wollen, dass jeder zu glauben, dass sie hatte keine Ahnung von was schief gelaufen ist. Sie sind in der Regel vorsichtig nicht zu verlassen, verräterischen Fingerabdrücke oder Hinweise, die zu ihnen zurück verweisen könnte. Zu überwinden:

1. Schriftliche Weisungen *zu erhalten. Wenn sie mündlich gegeben, machen Sie sich Notizen, und bestätigen Sie dann mit dem Chef, dass dies ist, wie er oder sie will die Zuordnung abgeschlossen.*
2. *Alles schriftlich. Senden Sie E-mails mit Fragen, die Sie benötigen, mit Räume für sie zum Ausfüllen der Antworten beantwortet. Dann Sie es schriftlich haben.*
3. *Stellen Sie sicher, Sie haben eine genaue aktuelle Stellenbeschreibung Standards der Leistung, so dass Sie wissen, was von Ihnen erwartet wird.*

Dieben

Sie Bock Autoritätspersonen, Ungehorsam oder gegen keine geltenden Richtlinien oder Verfahren. Sie erfüllen jeden Auftrag mit Konfrontation, Widerstand und Herausforderung und traust du dich, etwas über ihren Widerstand zu tun. Schließlich die Arbeit erledigt, aber Sie sind aus der Schlacht getragen. Zu überwinden:

1. *Überprüfen Sie Ihre eigene Haltung zu bestimmen, ob Sie sich wirklich besser ist.*
2. *Lassen die trotzigen Arbeiter steigen die meckern Sie ihre Truhen.*
3. *Richtlinien, über eine detaillierte und aktuelle Stellenbeschreibung mit Leistungsstandards setzen.*
4. *Entscheiden, wie Sie mit dem Mitarbeiter umgehen, wenn sie Sie*

wieder trotzen.

5. *Verwenden die gleichen Schritte wie bei „richten Sie zum Scheitern verurteilt."*

Primadonnen

Sie sind ähnlich wie bei "Don Juan" Persönlichkeiten. Sie sind temperamentvoll, launisch, anspruchsvolle, kurze verschmolzen Personen erwarten, Sie dass ihnen besondere Behandlung geben. Oft eingebildet und eitel Darsteller, haben sie eine Möglichkeit der Einschüchterung und Manipulation anderer zu glauben, die sie nicht ohne sie auskommen. Sie haben eine hohe Wertschätzung für ihre Fähigkeiten und Fähigkeiten und versuchen, andere zu manipulieren, glauben, dass sie unverzichtbar sind. Sie wurden wahrscheinlich als Kinder verwöhnt und haben gelernt wie Sie bekommen, was sie im Leben wollen und andere ihre Arbeit für sie zu tun bekommen.

Sie sind nicht faul, aber klug. Diese vorsichtigen Personen verwenden viele Tricks wie die Ausstellung Ultimaten, um besondere Aufmerksamkeit zu bekommen. Als Gegenleistung für bestimmte Forderungen baumeln sie Preise, die Sie für lange. In der Regel sie sind launisch und haben kurze Sicherungen. Die Gefahr besteht, dass sie Ihren Widerstand zermürben können. Als Kunde oder als Client - fahren sie Ablenkung mit ihre hohen Erwartungen an besonderen Service Unternehmen. Zu überwinden:

1. *Wenn sie sind Mitarbeiter, nennen ihren Bluff. Erfahren Sie, wie zu sagen „Nein", wenn nötig.*
2. *Feedback nutzen, um ihnen zu zeigen, was Sie fühlen, wenn sie ein solches Verhalten nutzen.*
3. *Erwarten, dass sie zur Erfüllung ihrer Verpflichtungen mit keine Sonderbehandlung.*
4. *Wenn sie Kunden - geben sie nur das, was sie verdienen und sagen „Nein" Wenn zutreffend.*
5. *Verwenden Sie dieselben Schritte wie für „Richten Sie zum Scheitern verurteilt" Manipulatoren.*

Brain-Pickers

Sie sind ausbeuterischen Individuen, die Ideen anderer zu stehlen und nehmen Kredite für sie. Sie benutz dein Hirn unter der Russe, der sie Ihre Freunde, bis sie die Informationen erhalten, die sie suchten; dann hören nicht Sie von ihnen wieder, bis Sie erfahren, dass sie Ihre Ideen gestohlen haben. Zu überwinden:

1. *Auf der Hut sein. Geben Sie nicht alles, was Sie denken, sie werden zu ihrem Vorteil oder gegen dich verwenden.*
2. *Entziehen Small-Talk mit Brain-pickers.*
3. *Setzen Sie Ihre Ideen auf Papier und sicherstellen, dass jemand in Behörde ist über neue Ideen, die Sie untersuchen.*

Super-empfindlichen Manipulatoren

Diese Persönlichkeiten machen andere „*Spaziergang auf den Eiern,"* weil andere nie wissen, wann diese Person beleidigt oder ausbrechen könnte. Sie sind extrem empfindlich und nehmen jeden Kommentar als eine persönliche Beleidigung. Viele greifen auf Wutanfälle zu ihrer Seite zu hören bekommen. Sie kein Vertrauen in sich selbst oder für andere minderwertig fühlen und sie sind verletzt, viel zu leicht. Zu überwinden:

1. *Helfen ihnen beim Aufbau von Selbstvertrauen.*
2. *Helfen sie wiederzuerkennen, wenn sie Überreaktion sind.*
3. *Helfen ihnen ihre Gefühle auszubalancieren.*
4. *Vorschlagen, sie erhalten Anger Management Beratung.*

Unethisch Manipulatoren

Egal was es kostet ethischen oder auf andere Weise, müssen sie ihren Weg erhalten. Sie betrügen ihre Einkommensteuer kaufen Radarwarner, illegale Fernsehgeräten usw. verwenden. Sie bekommen eine Ladung aus anderen betrügt und immer Weg mit ihm. Sie verbringen einen Großteil ihrer Zeit vor Gericht kämpfen juristische Auseinandersetzungen. Viele der Gegner werfen die Hände in der Luft wegen all der Zeit und Mühe, die es braucht, um vor Gericht zu stellen, die nur diese Art von Person spornt an, es wieder tun. Zu überwinden:

1. *Zeigen ihnen Ethik-Kodex des Unternehmens.*
2. *Darauf hinweisen, was die Folgen werden, wenn sie wiederholen ihre""Fehler."*
3. *Wenn sie das Gesetz gebrochen haben, beharren sie Wiedergutmachung.*
4. *Wenn die Verletzung schwerwiegend genug ist, Strafanzeigen zu legen und die Mitarbeiter sofort zu beenden.*

ANDERE MANIPULATOREN

Diese Leute passen nicht wirklich in keine der anderen Kategorien. Ihre

Persönlichkeiten können nicht vorab Individuum zu einem, die überwiegend unter Umständen manipuliert wo sie fühlen, sie sind nicht in verschieben Kontrolle. Wir haben alle in diese Kategorien von Zeit zu Zeit gefallen, aber wir nutzten noch Manipulation.

Zauderer

Diese Menschen haben immer Ausreden, warum kein Job getan. Sie sagen: *"Ich werde es morgen tun"* , die kann oder auch nicht kommen, übergeben. Leute können sagen, dass Zaudern immer ein Problem, ist wenn sie etwas wichtiges haben zu tun, nicht viel Zeit zu tun es in, sondern finden sich auf der Suche nach anderen Dingen zu tun, statt. Oder sie Fristen gesetzt und nicht erfüllen; Sie ständig wichtige Entscheidungen verzögern oder wütend in letzter Minute zum entscheidenden Aufgaben arbeiten. Zu überwinden:

1. *Die unangenehmen Aufgaben zuerst dazu ermutigen.*
2. *Slot-diese Art von Aktivitäten in den energiereichen Teil ihres Tages.*
3. *Helfen ihnen Fristen gesetzt und durchzusetzen.*
4. *Achten Sie darauf, die Folgen zu skizzieren, wenn diese Praxis in der Zukunft weiter.*

Unpünktlich Manipulatoren

Sie sind spät dran für Veranstaltungen, die Sie nicht teilnehmen möchten oder nicht bereit sind, als andere sind. Sie stören, Meetings, gesellschaftliche Veranstaltungen, Konzerte und fehlen in der Regel aus Rücksicht auf andere wertvolle Zeit. Zu überwinden:

1. *Erklären Sie deutlich, wie beleidigend ist dieses Verhalten für Sie und andere -, die Leute glauben, dass ihre späten Verhalten bedeutet, dass andere Zeit wertlos ist; die nur ihre Zeit ist wichtig.*
2. *Helfen, diese Situationen zu erkennen, wo die Verspätung schwerwiegende Auswirkungen hatte.*

Dawdlers

Ihrem Bericht ist sicher bereit, aber es dauerte so lange, bis es, bereiten Sie fühlte sich der Chef für sie übernehmen. Diese sind niedrig-Energie-Menschen, die scheinen zu existieren "setzen in Zeit" -, anstatt zu leben, in der Regel in Jobs, die sie nicht mögen. Sie fahren organisierten Menschen Ablenkung durch zu spät zur Arbeit, Besprechungen und Termine. Sie fühlen sich unsicher über ihre

Fähigkeiten und versuchen, die Ergebnisse durch die Verspätung zu verhindern. Zeitverlust über unbedeutende Angelegenheiten, sie bummeln und Verweilen ein. Sie sind große Zaun Sitter, weil sie Entscheidungen nicht erreichen können. Es ist besser, sie selbst, um *alle* zu sammeln die Fakten sprechen und hören von jeder, bevor Sie beginnen. Oder sie bewegen sich von einer Aufgabe zur anderen, nie etwas ausfüllen. Zu überwinden:

1. *Wenn Sie ihren Vorgesetzten sind, stellen sicher, dass sie Stellenbeschreibungen, die eindeutig ihre Zuständigkeitsbereiche identifizieren.*
2. *Cover-up für die frühen nicht. Erklären, wie Sie sich fühlen, wenn sie Sie warten halten.*
3. *Lehren Dawdlers pünktlich sein.*
4. *Wenn Sie sind, treffen sie zum Mittagessen - warten sie 10 Minuten, dann Mittagessen bestellen.*
5. *Haben Sie sie abholen, warten Sie fünf Minuten - wenn sie nicht bereit, ohne sie gehen.*

Schlampig oder unvorsichtige Manipulatoren

Die Arbeit ist so schlecht, das jemand anderes wieder die Mühe, das dauert oft länger als die ursprüngliche Aufgabe zu tun. Sie sind unbekümmert, dass andere ihre Nachlässigkeit beeinträchtigen könnten. Diese sind Personen, die in der Lage, die Aufgabe zu tun, aber aus irgendeinem Grund nicht durchführen möchten. Zu überwinden:

1. *Zeigen Interesse an ihnen als Individuen, mit Feedback um zu erklären, was ihre Handlungen tun, um ihre Arbeit Produktion untergraben.*
2. *Bist du in einem Team mit ihnen, stellen Sie sicher, es ist eindeutig geregelt, dass sie für ihren Anteil des Auftrages verantwortlich sind.*
3. *Decken nicht für sie, wenn sie nicht durchführen.*

Vergesslich oder fahrlässigen Manipulatoren

Ihre übliche Kommentar ist, *"Ich vergessen."* Sie erwarten, dass andere daran erinnern, was, die Sie tun sollten, die Fristen sind sie gerecht zu werden, wer für was verantwortlich ist. *"Oh, dachte, Sie waren auf der Suche danach!"* Zu überwinden:

1. *Schriftlich Informationen zu Arbeitsaufträgen.*
2. *Bei treffen, wenn sie versprechen, etwas zu tun, haben eine Zusammenfassung am Ende des Treffens, wo jeder, was bestätigt, sie*

sind, vor der nächsten Sitzung zu tun. Diese Art und Weise treffen mit Mitgliedern kann nicht sagen, sie waren nicht verantwortlich für deren part.

Impulsive Manipulatoren

Sie können nicht einfach warten. Sie verwenden den „*Lauffeuer"* Ansatz zur Lösung von Problemen mit non-Stop-Action. Allerdings oft direkt ins Feuer stürzen oder Kraftstoff hinzufügen, anstatt sie heraus. Wenn sie Probleme - sie zuerst denken und Handeln später. Nachdem sie sind gut in das Problem zu lösen, halten sie, um Dinge herauszufinden. Das ist, wenn sie merken, dass sie das falsche Problem anzugehen sind und verschwenden viel Zeit und Mühe Rückverfolgung ihrer Schritte. Beobachter ihrer Tätigkeit sehen, einen Wirbelwind der Aktion aber nicht sicher sind, was sie versuchen zu erreichen, daher nicht ihre Aktivitäten einzustellen oder leiten sie in die richtige Richtung. Ihre Problemlösung oft nicht und kann dazu führen, zwei Probleme eher als eine. Zu überwinden:

1. *Bitten sie um einen schriftlichen Plan.*
2. *Ermutigen, Schritt für Schritt aufzuführen, wie sie gehen, um jede Aufgabe zu erfüllen.*
3. *Bitten, Hindernisse zu identifizieren, sie möglicherweise stoßen.*
4. *Stellen Sie sicher, dass sie alle erforderliche Informationen haben, bevor sie ihre Entscheidungen treffen.*

Clanspeople

Diese Persönlichkeiten suchen Unterstützung in Zahlen. Sie finden Kraft durch banding zusammen in einer Clique. Wir reden nicht über Menschen, die gerne an Treffen mit einander sitzen oder gehen zum Mittagessen zusammen. Diese sind nicht einfach Freunde oder Kollegen, die finden, dass sie viel gemeinsam haben, aber Arbeitnehmer, die aneinander kleben, Ärger und Geld Behörde.

Clanspeople sind Arbeitnehmer, die Herde zusammen zu Rüschen Federn und versuchen, die Befehlskette zu untergraben. Sie haben einen Führer, der meisten Entscheidungen für sie macht und sie folgen blind. Drücken sie für was sie wollen (oder was der Führer ihrer Band sagt ihnen, dass sie wollen) nicht auf das Verdienst des Themas, sondern auf die Kraft, die sie wahrnehmen, dass sie ausüben können. Ihre schiere Anzahl kann überwältigen und einzuschüchtern, die im Befehl. Wenn sie glauben, sie beeinflussen oder gefährden Ihre Entscheidungen durch das schiere Gewicht ihrer Zahlen können, werden sie auf dich Bande. (Für Bosse) zu überwinden:

1. *Bemühen uns, die Rädelsführer zu gewinnen. Holen Sie sie auf Ihrer Seite durch die Vorteile, sie arbeiten mit Ihnen und nicht gegen Sie zu erklären, .*
2. *Aufzulösen droht Gruppen ohne zu erwähnen, durch Verschieben von Straftätern und entmutigend Beisammensein.*
3. *Cliquen auf Projekte, die gemeinsam von mehreren Personen, die gut zusammenarbeiten zu nutzen.*

Perfektionisten

Alles, egal wie trivial, muss perfekt gemacht werden. Sie sind Bedenkenträger, die erwarten zu viel von sich selbst und halten Sie ihre Polierarbeiten um ihre zu hohen Erwartungen zu erfüllen. Sie halten Abschluss Zuordnungen ablegen. Je mehr sie machen sich sorgen, je weniger sie produzieren. Wenn sie Bosse sind, leider erwarten einige das gleiche Perfektionist Verhalten von ihren Mitarbeitern. Zu überwinden:

1. *Feedback, mit Hilfe der Perfektionisten, die mit der Realität umzugehen.*
2. *Versichern sie, dass nicht alles perfekt sein muss.*
3. *Mit Zeitmanagement helfen.*

Rambler

Sie Wandern auf, jedermanns wertvolle Zeit. Diese Menschen selten die Zeit nehmen, denken, bevor sie sprechen, so dass ihr Gespräch springt von einer Sache zur anderen, so dass die Zuhörer abgestimmt oder Fragen, was ihr Punkt ist. Sie rezitieren im Leerlauf Geschwätz, Geschichten von geringem Interesse für Sie oder andere. Da Menschen von ihnen ausgeführt werden, können sie sehr einsame Menschen nicht begreifen, dass ihre Redseligkeit ist was macht andere meiden ihres Unternehmens sein. Sie wollen Ihre Bewunderung sehr viel und davon ausgehen, dass Sie ihre Interessen und Erfahrungen austauschen möchten. Zu überwinden:

1. *Person auf Ihr Gespräch vorbereiten, indem Ideen auf Papier absetzen haben.*
2. *Während Ihres Gesprächs mit ihnen nutzen in Anlehnung an um ihre*

Aussagen zu bestätigen .
*3. Wenn sie nicht auf Feedback über ihr Verhalten reagieren, erinnern
sie taktvoll mit den Worten: „Wir sind immer aus der Bahn. Wir
diskutierten..."*

Gesellig Manipulatoren

Diese Menschen glänzen bei cocktail-Partys und exzellente
Netzwerker, aber sie Schreibtisch-Hop und persönlichen telefonieren
statt ihre Arbeit zu erledigen. Genießern, Arbeit ernst zu nehmen
scheinen nicht, Spaß haben, so besuchen Sie Kolleginnen und Kollegen
für lange Gespräche und Zeit Unternehmen Planung soziale
Zusammenkünfte gewidmet. Sie haben Schwierigkeiten, die immer zur
Geschäfts- und geben der Eindruck, dass das Leben verschwendet wird,
wenn man Spaß hat. Sie sind sehr freundlich und sympathisch also sind
begeistert, wenn Sie sie bitten, Büro soziales planen. Jedoch sie
verschleppen und unterbrechen Sie die Arbeit der anderen anstatt
Schnalle und ihre eigenen zu tun. Ihr Verhalten (für Bosse) zu
überwinden:

1. *Stellen Sie sicher, sie haben eine genaue aktuelle
   Stellenbeschreibung Standards der Leistung, so dass sie genau
   wissen was von ihnen erwartet wird.*
2. *Entmutigen Schreibtisch-hopping und Ausgaben Unternehmen Geld
   auf nicht-arbeitsrelevanten Angelegenheiten. Alarm und ein solches
   Verhalten zu korrigieren sein wie es geschieht.*
3. *Disziplinarmaßnahmen einzuleiten, wenn ihr Verhalten weiter.*

Engpässe

Sie bummeln und Zeit zu verschwenden, während Sie für ihre Arbeit
warten, so dass Sie Ihre eigenen abschließen können. Sie abschrecken
bittet um Hilfe sie benötigen und daher verzögern alle anderen.
Engpässe auftreten, wenn Menschen nicht zu wichtig zu handeln, sei es
aufgrund von Unentschlossenheit, Faulheit, verwechselt, Prioritäten,
Sturheit, Übermüdung oder einfach weil sie zu verschleppen. Zu
überwinden:

1. *Stellen Sie sicher, sie wissen, dass die Arten von Problemen, die
   auftreten werden, weil sie ihre Füße ziehen.*
2. *Geben ihnen genügend Vorlaufzeit vor Terminen.*
3. *Wenn ihre Untätigkeit weiterhin auftritt, gehen Sie zu einer höheren
   Autorität oder Disziplinarmaßnahmen zu starten, wenn Sie ihren
   Vorgesetzten sind.*

Clock-Watchers

05:00 - kommen Sie und sie sind Weg. Diese Menschen können versuchen, entfernt ohne zu arbeiten - habe die Haltung *„das ist nicht mein Job."* Oder mit den Worten: *„Das ist nicht in meiner Stellenbeschreibung."* Sie spielen Truant und finden keine Ausrede, nicht um zu arbeiten oder an Sitzungen teilnehmen. In der Regel sie hassen ihre Arbeit, aber wird nicht Maßnahmen ergreifen, um das Problem zu beheben. Oft schimpfen, ihr Unternehmen und ihre Produkte und sagen Sie allen, wie sehr sie ihre Arbeit hassen. Ihre Gleichgültigkeit ergibt sich oft aus einem Mangel an stolz im Produkt oder eine Dienstleistung des Unternehmens oder in ihrem bestimmten Teil in seiner Herstellung. Einige sind gelangweilt, unangefochten und ausgeschöpft, so absichtlich verzögern kann in ihre Arbeit, nur um ein wenig Aufregung gehen zu drehen. Sie können nicht warten, ihren Arbeitstag vorbei zu sein, so dass sie gehen können, bowling, Golf spielen oder etwas anderes, die sie anregt. Zu überwinden:

1. *Erklären, was ihre Handlungen, ihre Werbemöglichkeiten tun.*
2. *Deuten darauf hin, dass sie erhalten, Berufsberatung, bestimmen die Art der Arbeit, sie tun sollten.*
3. *Wenn sie übernachten möchten, erstellen Sie weitere Herausforderungen, Begeisterung und stolz auf ihre Arbeit.*

Ungesellig Eisberge

Sie sind zurückgezogen, introvertiert, zurückhaltend und desinteressiert an andere. Kann scheinen Eisberge und gefühllos, geben, *„Ich will alleine sein"* Eindruck. Einige benutzen diese Haltung bewusst versuchen, Sie einzuschüchtern, aber die meisten sind nicht darauf aus, alarm, erschrecken, zu unterwerfen oder Sie erobern. Sie sind nicht besorgt über Sie oder auch nicht an dich zu denken, aber nur zurückhaltend, abweisend sind. Sie sind lediglich reserviert, zurückhaltend, geheimnisvollen Menschen, die sich entschieden haben, ihre Lippen zu drücken. Eisberge will nicht anderer Eingang, nicht ihre Pläne zu teilen oder um Sie zu rechtfertigen. Sie sind nicht Argumente interessiert, weil sie schon ihre Gedanken gemacht haben. Sie sind viel bequemer, allein zu arbeiten und sind aufgeregt, wenn sie gezwungen sind, mit anderen zusammenarbeiten. Die meisten sind sehr Detail-orientierte Menschen, nicht den Menschen. Zu überwinden:

1. *Denken Sie daran, dies ist ihr Problem - nicht verkaufen. Sie*

bedeuten nicht normalerweise zu beleidigen .
2. *Bist du der Chef, stellen Sie sicher, dass sie einen Job, die ihnen erlaubt haben, allein zu arbeiten.*
3. *Sicherzustellen, dass sie wenig Interaktion mit Kunden.*

Workaholics

Sie verstecken sich von ihren Problemen durch Eintauchen in Arbeit. Andere werden Workaholics aus der Not heraus. Die Verhalten von Workaholics zu überwinden:

1. *Entscheiden ob sie eine Persönlichkeit haben, die ganze Zeit beschäftigt sein muss. Wenn ja, ärgern Sie sich nicht - das ist genau so wie sie es sein.*
2. *Ermutigen, mehr, delegieren, wenn die Arbeit zu überwältigend ist.*
3. *Ermutigen, ihre Arbeit zu priorisieren und zu "to-do-list."*
4. *Für eine Woche, bitten, aufzuführen, was sie mit ihrer Zeit (auf und Weg von der Arbeit) und Anpassungen vornehmen.*

Negativists

Sie sind diejenigen, die ständig verwenden Sie Sätze wie „*Das wird nicht funktionieren,*" oder „*Es nützt nichts, versucht,*" oder „*Wir haben das schon versucht und es hat nicht funktioniert.*" Die Tasse ist immer halb leer, nicht halb voll. Die Verhalten von Negativists zu überwinden:

1. *Helfen ihnen ihre Haltung ändern.*
2. *Bevor Sie versuchen etwas neues, ermutigen, zwei Fragen stellen: "Was habe ich zu gewinnen?" und "Was habe ich zu verlieren?"*
3. *Fragen sie, ob sie um andere negativ denkende Menschen wie.*

„Lucky "Manipulatoren

Sie gehen davon aus, dass Sie, was Sie haben, haben weil du bist Glück, nicht, weil harte Arbeit Sie getan haben. Sie spielen und erwarten, dass wenn sie Glück haben, sie bekommen, was sie vom Leben wollen. Um zu überwinden, die gleichen Schritte wie bei Langeweile Manipulatoren, mit Ausnahme von Schritt 4.

Gelangweilt Manipulatoren

Sie sind in einer Furche und die Absicht zu bleiben drin. Aber sie verbringen einen Großteil ihrer Zeit beschweren sich über die kleinen Dinge im Leben, die sie reizen. Sie sind neidisch auf andere, die im Leben weiterkommen, aber nicht scheinen, um die notwendigen

Werkzeuge oder Energie, dasselbe für sich selbst tun zu finden. Zu überwinden:

1. *Ermutigen, ihre Lebensdauer persönliche und berufliche Ziele aufzuschreiben.*
2. *Fragen sie, ob sie die Arbeit wie sie tun. Wenn sie dies nicht tun, sie zu Fragen, was sie lieber tun würde.*
3. *Helfen, diese Ziele zu verwirklichen.*
4. *Siehe „Nörgler, Meckerer und Bellyachers" (früher).*

Mumblers

Sie wissen nicht, wie ein r t ich c u l t e ihre Worte so, dass jedes Wort eigenständig verstanden wird. Alles, was sie sagen läuft zusammen, zwingt andere zu bitten sie, sich selbst - wiederholen oder sie sind einfach missverstanden. Zu überwinden:

1. *Ermutigen Rede Ausbildung oder Stimme, Unterricht zu nehmen.*
2. *Erklären, wie frustrierend es ist, so hart zu hören, was sie sagen.*
3. *Wenn ihre Stimme weich ist, ermutigen, ihre Stimmen zu projizieren.*

Vage Manipulatoren

Sie sind das Gegenteil von Analysten (siehe Seite 87). Wenn Einzelheiten gedrückt, sind sie nicht in der Lage, sie zu versorgen. Sie sprechen in Allgemeinheiten statt Besonderheiten. Zu überwinden:

1. *Lehren, wie man ein Thema Forschung, so dass sie mit ihren Informationen präzisieren können.*
2. *Haben sie die Schritte sie nehmen Aufgaben aufzuführen.*
3. *Haben sie eine Beschreibung der Geschehnisse auf Ihrer letzten Tagung zu schreiben dann Kritik und Fragen Sie nach Einzelheiten der beschriebenen Elemente.*

Territorialisten

Diese Menschen sind fanatisch, was sie glauben, ihr Territorium. Sie kämpfen jemand, der versucht, in ihrem Hoheitsgebiet einzudringen oder zeigt keine Hommage an ihr Eigentum. Dieses Gebiet schließt ihre Autos, ihr Büro, ihren Schreibtisch, ihre Kleidung und sogar ihre Stifte. Zu überwinden:

1. *Erkennen, die die Person fühlt sich bedroht - das ist, warum sie fühlen sich so defensiv.*
2. *Sie wahrscheinlich das Gefühl, als ob Sie überfallen haben ihren "Raum."*

3. *Verschiedene Kulturen haben unterschiedliche Vorstellungen über persönlichen Körperraum.*

4. *Der Person zu beruhigen, dass Sie keine Absicht von eindringenden ihren Platz haben und entschuldigen uns, falls Sie dies in der Vergangenheit getan haben.*

Monotone Manipulatoren

Diese Menschen haben nie viel zu sagen. Fragen sie, *"Was ist neu?"* und ihre unvermeidliche Antwort: *"Nichts."* Sie machen alle sprechen, selten Fragen oder zur Unterhaltung beitragen. Diese sind nicht schüchtern, aber Menschen, die an Tag für Tag das gleiche tun jeden Tag trotten. Zu überwinden:

1. *Laden sie zu einem spannenden Event.*
2. *In Arbeit einzubeziehen.*
3. *Haben sie ihrerseits arrangieren eine spannende Aktivität für abends oder am Wochenende zu nehmen.*
4. *In anderen zu helfen, die sie aus ihrer Schale bekommen könnte engagieren.*

Traumtänzer

Wir alle träumen, aber manche tun es zum Exzess - bis zu einem Punkt wo es mit Arbeit oder Produktivität stört. Es ist nicht immer fair zu den Sündenbock für Tagträume auf sie. Ihre Arbeit oder ihr Leben ist so langweilig, dass sie nicht ihren Köpfen besetzt halten können. Maschine-ähnliche Funktionen neigen dazu, Möglichkeiten zum Träumen zu schaffen. Zu überwinden:

1. *Design und Dekor für ihren Arbeitsbereich zu überprüfen.*
2. *Ein Job Rotation System überlegen.*
3. *Geben Mitarbeiter mehr Eingaben in wie sie ihre Aufgaben erledigen.*

Chaotisch Manipulatoren

Scheinbar chaotisch, Sie möglicherweise nicht für andere. Könntest du das Problem sein, weil du ein Perfektionist bist? Oder sind sie *wirklich* chaotisch? Mit einigen ihre Mütter immer nach ihnen abgeholt oder sie wuchs in einem unordentlichen Haus. Dieses Chaos stört nicht sie überhaupt, so dass sie überrascht sein vielleicht, wenn Sie sie hinweisen darauf. Zu überwinden:

1. *Mit gutem Beispiel vorangehen.*
2. *Die Probleme ihrer Unordnung verursacht hat.*
3. *Haben eine schriftliche Checkliste Hauswirtschaft Aktivitäten. Stellen Sie sicher, ihren Arbeitsbereich sauber am Ende des Tages bleibt.*

Hyperaktiv

Diese Wirbelstürme tragen alle, nur in Aktion beobachten. Sie sind immer noch selten, eine Meile pro Minute zu sprechen und haben ihre Finger in mindestens zehn Kuchen auf einmal. Ihre nervöse Energie für alle anderen weitergegeben werden kann und jedermanns Stresspegel erhöhen kann. Zu überwinden:

1. *Erinnern die hyperaktive Person um sich zu entspannen.*
2. *Erklären, wie ihre konstante Aktivität jeder nervös macht.*
3. *Halten sie beschäftigt. Nutzen Sie ihre Energie sinnvoll, in Tätigkeiten, die ihre Energien positiv lenken werden.*

Analysten

Sie analysieren und auseinander nehmen alles in ihrem Weg. In einem Gespräch müssen sie jedes kleinste Detail kennen. Für diese Person existieren keine oberflächliche Gespräche. Andere fühlen sich als ob sie sind gegrillt wird. Zu überwinden:

1. *Fragen sie, warum sie so viele Details brauchen.*
2. *Erklären, wie ärgerlich es ist, wenn sie zu viel Information erwarten.*
3. *ihre analytischen Fähigkeiten zu nutzen, indem man ihnen Forschungsaufträge.*

Tightwads

Diese Person ist so besitzergreifend ihre Zeit, ihr Geld, ihre Besitztümer und Vermögenswerte, die sie es sehr schwierig finden, mit einem von ihnen zu trennen. Viele kommen aus einem Umfeld, wo sie hatten wenig Geld, also ohne Ersatz zu tun hatte. Daher, sie horten und halten ihre Habseligkeiten, anstatt sie teilen. Sie sind oft als "Tightwads" wegen ihrer sparsamen Natur gekennzeichnet. Zu überwinden:

1. *Ermutigen, ihren Weg zu zahlen.*
2. *Akribisch zu sein, wenn gemeinsame Rechnungen absetzen, weil sie wahrscheinlich für weniger als ihren Anteil zahlt.*

Wenn Sie, dass Sie diese manipulativen Tricks verwenden feststellen, stoppen Sie und herauszufinden Sie, wie Sie in eine direkte und ehrliche Art und Weise mit dem Thema befassen könnte.

KAPITEL 3

Kommunikationstraining für

Umgang mit schwierigen menschen

Es gibt viele Fähigkeiten, die Ihnen den Umgang mit schwierigen Menschen hilft. Wenn Sie feststellen, dass Sie oft missverstanden sind oder dass Sie andere allzu oft missverstehen, ist die folgende Fähigkeit ein muss für Sie zu üben und zu verwenden.

IN ANLEHNUNG AN

In Anlehnung an ist, d. h. mit anderen Worten auszudrücken; zu formulieren; um eine Nachricht in einer anderen Form zu geben oder um eine Nachricht zu verstärken.

Normalerweise verwenden wir in Anlehnung an für solche einfachen Dinge wie Telefonnummern zu wiederholen, wenn Sie eine Nachricht. Wenn Sie einfach die Person Nachricht wiederholen, ist das nachplappern. Wenn Sie sich, was die Person bedeutet Fragen, nach einer Bestätigung von Ihrem Verständnis ihrer Botschaft fragt ist, dass in Anlehnung an. Der beiden Methoden ist die Umschreibung viel effektiver.

Die Verwendung von paraphrasieren ist unerlässlich, wenn zwei Menschen zu jeder Zeit im Gespräch sind. Leider, wenn Informationen nicht klar für uns ist, machen wir oft Annahmen. Bestätigen wir nicht mit anderen Menschen, was wir *dachten* sie sagten war, was sie wirklich bedeutet zu verstehen.

Beispielsweise erhalten Sie Anweisungen, wie man zu jemandem zu Hause. Sie vernachlässigt zu verwenden in Anlehnung an, um zu bestätigen, dass Sie die Anweisungen verstanden haben und Sie am Ende völlig verloren. Klingt das vertraut?

Hier ist ein Beispiel für zwei Personen sprechen aber einander nicht verstehen:

Bill: *„Jim habe diesen Job wollte er nicht bekommen."*

Jennie: *„Er nicht die Arbeit, die er wollte bekommen?"*

Bill: *„Ja und er ist wirklich verärgert darüber. "*

In diesem Gespräch dachte Jennie benutzte sie in Anlehnung an, aber alles, was sie Tat war nachplappern, was Bill sagte. Stattdessen sollten sich welche Rechnung Aussage *bedeutete* , ihr fragte sie haben. Einige ihrer Annahmen hätte sein können:

1. Jim bat um zu viel Geld.

2. War er für die Stelle überqualifiziert.

3. War er für die Position qualifiziert.

4. Er blies das Interview.

5. Jemand anderes war besser als er.

6. Er ist wohl besser geeignet, um einen anderen Beruf.

Wenn sie entschlossen hatte, was die Aussage bedeutete (Jim blies das Interview) und benutzt hatte, in Anlehnung an die früheren Gespräch hätte eher so.

Bill: *„Jim nicht erhalten den Auftrag, den er wollte. "*

Jennie: *„Du meinst, er blies das Interview? "*

Bill: *„Oh Nein, er erfuhr, dass sie bereits jemand anderes für die Position gewählt hatte bevor er aufgebracht. "*

Jennie: *„Ich bin leid das zu hören. "*

Bill: *„Ja und er ist wirklich verärgert darüber. "*

Sie sehen den Unterschied zwischen diesen beiden Gruppen von Gesprächen. Im ersten Gespräch bestätigen Bill und Jennie nicht ihre persönlichen Überzeugungen mit einander. Bill glaubt, dass Jennie, dass Jim den Job nicht bekommen weiß, weil sie jemand anderes für die Position gewählt hatten. Jennie, auf der anderen Seite glaubt, dass Bill ihre Überzeugung bestätigt hat, dass Jim das Interview blies. Deshalb später Probleme aufgetreten sind. In einem Gespräch mit einem anderen Freund erklärt Jennie, dass sie und Bill vereinbart, dass Jim das Interview geblasen hatte. Sie glaubte ehrlich, dass sie zu ihrer Freundin die Wahrheit sprach.

Diese Art von Problem taucht in vielen Gesprächen. Fragen Sie für weitere Informationen, wenn Sie nicht sicher sind, was bedeutet, dass die Person oder Verwendung paraphrasieren, um Diskrepanzen zu erzielen. Sie verwenden diese Technik bereits wahrscheinlich aber noch nicht bewusst gewesen. Wenn Sie jemals ausgerufen haben, *„Nein, das ist nicht das, was ich meinte,"* Sie in Anlehnung an bereits verwendet haben und vielleicht noch nicht wissen es! Verwende es oft; Es mindert Kommunikationsprobleme.

In Anlehnung an ist auch ein ausgezeichnetes Werkzeug zu verwenden, wenn Kunden sich an etwas ärgern. Wenn Sie Details der Situation, die Sie korrigieren möchten notieren, sind Sie weniger wahrscheinlich zu verbringen Ihre Energie selbst zu verteidigen. Wenn der Kunde, alle Informationen, die Sie benötigen gegeben hat, um das Problem zu lösen, verwenden Sie in Anlehnung an, um sicherzustellen, dass er oder sie weiß, Sie zu verstehen. Der Kunde wird wahrscheinlich beruhigen und geben Ihnen die Möglichkeit zu helfen.

Paraphrasing verwenden, wenn Sie andere trainieren

Wenn Sie die Verantwortung der anderen Ausbildung hatten, hatten Sie wahrscheinlich mehr als einmal erklären, wie etwas zu tun. In Anlehnung an ist ein sehr effektives Werkzeug zu verwenden, wenn andere, Ausbildung, vor allem, wenn sie faul Hörer sind. Um ihnen zu helfen ihre Ausbildung erhalten, gehen Sie folgendermaßen vor:

1. Kurze, sequentielle Anweisungen geben.

2. Staat, *„Stellen Sie sicher, dass ich in meinen Anweisungen war, könntest du bitte erklären was wirst du tun?"*

3. Wenn der Auszubildende nicht in der Lage, die Schritte zu rezitieren ist, wiederholen Sie die Anweisungen.

4. Wieder Fragen der Praktikant die Schritte zu rezitieren, wird er oder sie zum Abschließen des Vorgangs nehmen.

Sie werden feststellen, dass der Auszubildenden Hörverständnis unermesslich verbessern werden bei der Verwendung dieser Technik. Sie wissen, dass, wann Sie sie trainieren, um etwas Neues zu tun, es wird ein Test, um festzustellen, ob sie richtig zugehört habe und Sie feststellen werden, dass die Erteilung von Weisungen in Zukunft viel einfacher sein.

Jedoch tun, denken Sie daran, dass die Beweislast auf Sie, Ihre Anweisungen klar zu machen. Vermeiden Sie solche Fragen wie:

- *„Verstehst du?"* (Menschen können nur mit Ja beantworten diese. Möchten Sie überprüfen, indem sie die Anweisungen, um Sie zurück zu wiederholen.)

- *„Erklären, was ich will dich zu tun"* (Dies ist zu aufdringlich. Es wird nur der Menschen setzen sichert).

- *„Haben Sie gefangen?"* (Das klingt wie ein herabgewürdigt. Leute ärgern die Implikation, dass sie dumme sind.)

Wenn Sie, dass Menschen könnten Sie richtig verstanden habe denken, ist es viel besser, dem Problem ihr zu bilden. Sie können dies erreichen, indem etwas sagen wie: *„Mal sehen, ob ich in meinen Anweisungen Ihnen deutlich gemacht habe."* Sie könnten dann Fragen, wenn sie irgendwelche Fragen haben.

Unterschiedliche Auslegungen der Worte

Viele Worte bedeuten verschiedene Dinge für verschiedene Menschen. Zum Beispiel, wenn ich Sie zu mir nach Hause zum Abendessen morgen eingeladen, wann kommen Sie? Am Mittag oder 01:00, oder fünf, sechs, sieben oder 08:00 wäre das?

Manche Menschen haben am Mittag *Abendessen* (die wichtigste Mahlzeit des Tages); andere am Abend.

Wenn ich die Leute von Queensland und in der Antarktis zu beschreiben, einen Schneesturm gefragt, denken Sie, dass ihre Beschreibungen wäre das gleiche? Natürlich nicht - hat jeder Mensch eine andere Erfahrung dessen, was dieses Wort bedeutet. (Und ein Teenager kann einen Schneesturm beschreiben, als eine Eis-Leckerbissen, den Sie essen!)

Die folgenden Elemente sind alle Teil des Kommunikationsprozesses:

- Was will ich sagen/denken, dass ich sage.

- Was ich eigentlich sagen.

- Was andere denken, dass sie hören.

- Was andere wollen Antwort/denken, dass sie Antworten.

- Was andere tatsächlich Antworten.

- Was ich denke, höre ich sie sagen.

Sensorische Sprache

Wenn wir sagen, dass zwei Menschen „Rapport" meinen wir in der Regel ihre Beziehung ist harmonisch - wir vernetzen mit fremden Welt. Wir können diese Beziehung durch Bestimmung ihrer primären sensorischen Sprache verbessern.

Menschen verarbeiten Informationen auf unterschiedliche Weise. Sie sind vor allem visuelle, auditive und kinästhetische (Muskelbewegung) in der Weise, die sie Informationen verarbeiten. Die meisten Menschen sind eine Mischung aus allen drei, aber in der Regel hebt sich als ihre primäre sensorische Sprache. Jeder verwendet markante Wörter, die ihre Vorliebe zu reflektieren. Um Beziehung zu Menschen zu erstellen, sie um herauszufinden, ihre primären Modus und dann spiegeln ihre Sprache anhören. Hier finden Sie Beispiele für jede Art von primären sensorischen Sprache:

Die visuelle Person könnte sagen:

> *„Ich bekomme das Bild."*

> *„Ich sehe was du meinst."*

> *„Lassen Sie mich sehen, wie der Auftrag aussieht."* Oder,

> *„Meine Wahrnehmung ist..."*

Die auditive Person nutzt Wendungen wie:

> *„Das klingt gut für mich."*

> *„Ich höre was du sagst."*

> *„Die klingelt."*

> *„Ich höre Sie laut und deutlich."*

> *„Sie ist nicht im Einklang mit mir."* Oder;

> *„Lassen Sie mich erklären, wie das funktioniert."*

Typische Phrasen für kinästhetische wäre:

> *„Zeig mir wie Sie dies tun."*

> *„Das nicht fühlen."*

> *„Festhalten Sie."*

„Ich bin wohl dabei."

„Ich werde Sie eine Gefühl dafür geben."

„Ich begreifen, was du sagst."

„Das ist eine grobe Problem." Oder,

„Sie haben eine schwere Aufgabe."

Nun, gehen Sie wie folgt:

1. Bestimmen Ihre sensorischen Primärsprache.

2. Bestimmen die primäre sensorische Sprache des Volkes, Sie befassen sich mit.

3. Welche Veränderungen können vorgenommen werden, auf der Wellenlänge von Ihrer schwierigen Menschen zu kommunizieren?

Diejenigen, die verantwortlich für die Ausbildung haben andere wahrscheinlich ihre Hände in die Luft zeitweise geworfen. Ihre Informationen scheint auf einem Ohr und zum anderen mit einige Schüler gehen. Viele Menschen benötigen ständigen Wiederholung von Anweisungen. Diese Art von Person möglicherweise eine schlechte Zuhörer.

Informationen hat eine bessere Chance als "eingesperrt" beim Trainer verschiedener Trainingsmethoden anhand. Dazu gehören Sehhilfen wie Whiteboards, PowerPoint-Präsentationen, Schulungsfilme oder Folien. Auszubildenden weiter "die Ausbildung in sperren' sie sollten verwenden, um das Training so schnell wie möglich. Denken Sie daran, die Auszubildenden zu behalten:

- 10 Prozent von dem, was sie gelesen (Handouts, Handbücher);

- 20 Prozent von dem, was sie hören habe (ihnen erklärt);

- 30 Prozent von dem, was sie sehen getan (Demonstrationen);

- 40 Prozent dessen, was sie lesen und hören;

- 50 Prozent von was sie lesen, hören und sehen unter Beweis gestellt;

- 70 Prozent von dem, was sie lesen, hören, sehen, zeigte und Auszubildende erklärt, was sie tun werden;

- 90 Prozent von dem, was sie lesen, hören, sehen, demonstrierte, erklären, was sie tun und zeigen, wie sie es tun werden.

Damit Sie sehen können, die mehr sensorischen Sprache-Methoden zu verwenden, wird die bessere Ausbildung beibehalten.

Menschen durchlaufen vier eindeutige Stadien, wenn Sie etwas Neues lernen. Diese Phasen sind:

1. *Unbewusste Inkompetenz* - sie sind gar nicht bewusst, dass ihnen die Fähigkeit fehlt. Zum Beispiel, sie nicht selbst gekannt haben, dass die Fähigkeit, in Anlehnung an existierte.

2. *Bewusste Inkompetenz* - Sind sie sich bewusst, dass ihnen die Fähigkeit fehlt. Zum Beispiel bevor sie gelernt, wie man einen Computer benutzen, sie wussten sie keinen Computer nutzen konnte.

3. *Bewusste Kompetenz* - sie kennen die Techniken der Fertigkeit aber innezuhalten und nachzudenken, bevor sie reagieren müssen. (*„Setze ich die Festplatte zuerst oder schalten Sie den Computer zuerst? "*)

4. *Unbewusste Kompetenz* - Die Fähigkeit ist jetzt gut etabliert und automatische. Sie wahrscheinlich nicht einmal darüber nachdenken was sie tun, wenn sie den Computer verwenden - sie sind auf *„Autopilot."*

Dauert es sechs Wochen, *„binden"* wie etwas Neues tun und bis zu drei Monaten zu *„Sperren"* etwas zu tun, einen anderen Weg, als Sie es zu tun pflegte.

Männliche und weibliche Interpretationen

Leider kann der einfache Akt des miteinander verwirrt oder Nachrichten, die als völlig verfehlt. Dies gilt insbesondere, wenn es um Kommunikation zwischen Männern und Frauen geht. Es ist kein Wunder, es ist Konflikt, wenn sie das gleiche Gespräch auf unterschiedliche Weise interpretieren. Dies ist wegen der Konversation Stilrichtungen von Männern und Frauen.

Viele Beispiele werden männliche und weibliche Antworten Stereotyp. Es gibt viele Ausnahmen zu den Situationen, die ich identifiziert haben. Analysieren Sie, wie Sie sich fühlen oder auf Situationen zu reagieren;

zu den beschriebenen zu vergleichen Sie und entscheiden Sie, ob Sie etwas in Ihrem Kommunikationsstil ändern müssen.

Wenn Frauen werden älter, ist die Rede der Thread aus dem Beziehungen gewebt sind. Sie entwickeln und Freundschaften zu pflegen, durch den Austausch von Geheimnissen und sprechen als Eckpfeiler der Freundschaften zu betrachten. Männer binden so intensiv wie Frauen, aber ihre Freundschaften basieren mehr auf die Dinge zusammen und sprechen Sie mit Zement Beziehungen erfordern keine. Männer unterhalten um Status zu verhandeln. Frauen unterhalten, um Rapport zu erstellen. Männer sind wohl Menschen sagt, was zu tun. Frauen wollen nicht Rang zu ziehen, dies beantragen, anstatt verlangen (was führt die Menschen zu glauben, sie haben das Recht zu akzeptieren oder abzulehnen die Frau Anfrage).

Wenn im Gespräch, stehen Frauen einander direkt mit den Augen auf einander ins Gesicht verankert. Männer sitzen im Winkel zueinander und woanders im Raum, in regelmäßigen Abständen mit einem Blick auf einander und spiegeln oft gegenseitig ihre Körperbewegungen. Men es tendenziell weg von ihnen zu Gesicht, wenn im Gespräch, gibt den Frauen den Eindruck, dass die Männer sind nicht ihm, zuhören, wenn sie in der Tat sind. Das einzige Mal Männer sieht wirklich für längere Zeit die Person, die spricht sind:

- Wenn sie versuchen zu beurteilen, ob die Lautsprecher oder nicht lügt;

- Die Person ist feindlich und sie möglicherweise defensive Maßnahmen zu ergreifen; oder,

- Sie sind eine attraktive Frau bewerten.

Letzteres werden sie über den Körper der Frau einen Blick in ihre Kommentare anhören. Dies ist sehr störend auf die Sprecherin, da seine Augen, die er nicht wirklich hören spiegeln, was sie sagen ist, sondern vielmehr Einschätzung ihr als Frau.

Eine andere Angewohnheit, die Frauen gibt, die den Eindruck Männer hören sind nicht ist, dass sie Themen öfter wechseln. Frauen neigen dazu, über ein Thema ausführlich zu sprechen - Männer neigen dazu, von Thema zu Thema springen. Wenn eine Frau ihre Meinung ausdrückt, drückt ihre weibliche Zuhörer in der Regel Zustimmung und Unterstützung, während Männer auf die andere Seite des Problems hinweisen. Frauen sehen dies als Untreue und Verweigerung der Unterstützung, um ihre Ideen zu bieten. Frauen bevorzugen andere Standpunkte als Anregungen und Anfragen nicht als direkte Herausforderungen oder Argumente. Männer sind noch komfortabler mit einem oppositionellen Stil.

Männer erwarten Stille Aufmerksamkeit und ständiger Hörer Lärm als Zeichen der Ungeduld seitens des Zuhörers zu interpretieren. Wenn Männer nicht hören Geräusche machen, können Frauen davon ausgehen, dass sie sie nicht hören. Frauen stellen mehr hören Geräusche wie „UN-huh..." die andere Person zu fördern. Männer glauben oft, dass diese Geräusche bedeuten, dass die Frau mit ihm, erklärt sich damit einverstanden, wenn sie ihn überhaupt nicht zustimmen kann. Weil Männer nicht so viele hören Geräusche machen, übernehmen die Frauen, dass sie nicht wirklich hören. Männer sind weniger wahrscheinlich zu non-verbalen Zeichen des Hörens sowie und viele auch weiterhin tun, was sie taten, bevor das Gespräch begann. Frauen sind eher mehr ihren Kopf nicken, direkten Blickkontakt zu geben und zu stoppen, was auch immer sie getan haben können als das Gespräch begann.

Frauen oft überschneiden und gegenseitig ihre Sätze zu beenden (normalerweise ist weder beleidigt). Männer Muscheln oder defensiv zu reagieren, wenn Frauen dies tun mit Ihnen, weil sie glauben, die Frau versucht das Gespräch übernehmen. Männer fühlen sich, es ist unhöflich, die Kommentare zu beenden und zeigt Mangel an Aufmerksamkeit, was sie sagen, aber auf der anderen Seite, sind sie wahrscheinlicher, einen Lautsprecher mit negativen Kommentaren zu unterbrechen.

FEEDBACK

Feedback ist nützlich bei der positiven und negativen Kontexten. Positives Feedback könnte Beispiele geben Anerkennung für gute Arbeit, oder jemand ein aufrichtiges Kompliment. In diesem Abschnitt konzentrieren wir uns auf die Verwendung von Feedback im Umgang mit negativen oder schwierigen Situationen.

Feedback zu verwenden, wenn Sie wütend schon oder verärgert durch etwas jemand getan hat. Sie erkennen, was sie tun, das Sie stört und geben ihnen die Möglichkeit, etwas dagegen zu tun. Wir sind ungerecht zu anderen, wenn wir nicht diese Fragen mit ihnen kommunizieren.

Betrachten Sie die folgende Abfolge von Ereignissen:

- Wenn eine Person etwas, das sie stört tut, tritt ein kleiner Ausrutscher auf ihre *„Bildschirm des Ärgers."* Denn es ist nur ein kleiner Ausrutscher, beschließen sie, nichts zu sagen.

- Die Person tut etwas anderes, was sie ärgert, und eine andere, größere Ausrutscher Auftritt auf ihrem Bildschirm des Ärgers.

- Die Lichtpunkte bald sammeln und sie haben eine große Blow-up mit der Person.

Die banalste letzten Vorfall kann diese Reaktion auslösen. Es ist viel besser, jede Blip sofort verarbeiten und sie davon abhalten, auf ihrem Bildschirm des Ärgers aufgezeichnet.

Es gibt viele verschiedene Situationen wenn es angemessen ist, verwenden Sie den Feedback-Prozess. Beispielsweise sollten Sie andere wissen, wenn Sie:

- Verstehe nicht, was sie gesagt habe;

- Wie etwas haben sie gesagt oder getan;

- Nicht mit ihnen;

- Denken Sie, sie haben das Thema gewechselt oder sind im Kreise herum;

- Sind genervt zu werden;

- Fühlen Sie verletzt oder peinlich berührt.

Feedback hilft auch Sie in Kontakt mit Ihren Reaktionen zu halten, so dass Sie mit ihnen umgehen können, bevor sie zu schwerwiegenden negativen Gefühle von Frustration, Wut, Schmerz, Niederlage, Angst, Depression, Abhängigkeit, Schwäche oder Wehrlosigkeit.

Die meisten Frauen sind wohl sagen, dass sie solche Gefühle, aber Männer haben um zu glauben, dass es eine Schwäche, sie anzuerkennen ist sozialisiert worden. Dies schränkt ihre Möglichkeiten für ihre Gefühle auszudrücken. Viele reagieren, als ob sie wütend - sind eine akzeptable Reaktion bei Männern – wenn in Wirklichkeit verletzt, wehrlos oder Angst empfinden können. Ihr zweideutig Verhalten verwirrt Frauen und weitet die Kommunikationslücke zwischen Männern und Frauen. Wann erscheint ein Mann aufgeregt, oft eine Frau fragt, *„Was ist falsch?"* Der Mann reagiert oft, *„Nichts"* oder *„Ich will* *nicht darüber sprechen"* Dies macht die Frau das Gefühl, dass sie ausgesperrt oder abgelehnt hat. Diese Kommunikationslücke reduziert werden, wenn Männer zu stoppen und zu analysieren, was sie wirklich fühlen bevor sie reagieren.

Seien Sie wählerisch, wenn Sie Feedback zu verwenden. Fragen Sie sich immer zuerst *„bin ich überreagiert? Meine Reaktion ist, unfair oder kleinlich?"* Feedback muss unmittelbar und spezifisch - nicht Beschwerden sparen und nicht zu viele Dinge auf eine Person auf einmal ausgeben. Darüber hinaus muss etwas tun kann der Empfänger des Feedback über das Problem.

Um wirksam zu sein, außerdem muss ein Fundament des Vertrauens zwischen Sender und Empfänger des Feedbacks. Andernfalls könnte das Feedback als ein persönlicher Angriff fehlinterpretiert werden. Der Empfänger kann nur die wichtigen Dinge zu hören und defensiv reagieren anstatt zu hören, was Sie zu sagen haben.

Hier sind einige allgemeinen Richtlinien für Feedback zu geben:

1. *Achten Sie darauf, dass der Empfänger bereit ist.* Geben das Feedback nur dann, wenn es klare Hinweise darauf, dass der Empfänger bereit gibt, um ihn anzuhören. Wenn nicht, der Empfänger nicht, es hören oder wird voraussichtlich Ihre Kommentare missverstehen.

2. *Stützen Ihre Kommentare auf Fakten, nicht Emotionen.*

3. *Seien Sie spezifisch.* Geben Zitate und Beispiele für genau das, was Sie sich beziehen,.

4. *Geben Feedback im Nachhinein so bald wie möglich.* Je näher Sie Feedback geben, die Zeit, die das Ereignis stattgefunden hat, desto besser. Wenn Sie sofort Feedback geben, ist der Empfänger eher zu verstehen, was genau gemeint ist. Die Gefühle begleiten die Veranstaltung noch vorhanden, so kann dies auch, helfen.

5. *Wählen Sie eine passende Zeit.* Wird Feedback gegeben, wenn es gibt eine gute Chance, dass die Person anhören wird. Es kann nicht hilfreich sein, wenn der Empfänger fühlt gibt es bereits andere Angelegenheiten, die seine/ihre Aufmerksamkeit erfordern.

6. *Wählen Sie einen privaten Ort.* Kritische Feedbacks vor anderen werden eher schädlich als hilfreich und ist eine Form von Mobbing.

7. *Darauf konzentrieren, was geändert werden kann.* Feedback sollte

über Dinge, die geändert werden, kann, der Empfänger wählen sollten, um so zu tun

8. *Zusammenarbeit beantragen.* Der Empfänger können überlegen, ob er oder sie eine Veränderung auf der Grundlage Ihrer Feedback-Informationen zu versuchen will. Vielleicht möchten Sie gehören, dass Sie bestimmte Änderungen sehen möchten. Sie wahrscheinlich nicht erfolgreich sein, wenn Sie den Eindruck von sagte: *„Ich habe dir gesagt, was ist los mit dir, jetzt ändern!"*

9. *Konzentrieren sich auf eine Sache zu einer Zeit.* Beim Erlernen des Feedback zu geben, können wir es manchmal übertreiben. Es ist als ob wir den Empfänger erzählen *„Ich bin nur zufällig auf eine Liste von Reaktionen hier. Lassen Sie mich ihnen ablesen möchten."* Der Empfänger würde natürlich lieber Zeit, um jedes Element zu betrachten und können auf Ihre überwältigende Erwartungen sträuben.

10. *Hilfreich sein.* Immer betrachten Ihre eigenen Motive für Ihre Meinungen. Versuchen Sie hilfreich sein, den Empfänger oder sind Sie einige Ihrer eigenen Gefühle entladen? Nutzen Sie die Gelegenheit, um zu versuchen, den Empfänger, etwas zu tun, von dem nur Sie profitieren? Zum Beispiel, wenn Sie wütend und möchte es zum Ausdruck bringen, sagen Sie – jedoch eine Beschreibung des Verhaltens, die Ihren Ärger verursacht.

11. *Den Empfänger, Feedback zu geben, im Gegenzug zu fördern.* Geben Rückmeldungen werden "Nasenlänge" voraus. Weil der Geber auf die Person, die Potenzial für Verbesserungen konzentriert hat, geht der Empfänger entfernt fühlen, als ob er oder sie ist "nicht so gut." Der Austausch wird besser ausbalanciert werden, wenn der Empfänger eine Chance, seine oder ihre eigenen Gefühle und sorgen gehören hat.

Hier sind einige Richtlinien für Feedback zu erhalten:

1. *Sagen, was Sie wollen Feedback über.* Den Geber nützliche Reaktionen zu bieten, bitten Sie um Feedback über bestimmte Dinge helfen.

2. *Schauen Sie, was Sie gehört haben.* Verwenden in Anlehnung an, um sicherzugehen, dass Sie verstehen, dass der Geber Nachricht.

3. *Teilen Ihre Reaktionen auf das Feedback.* Wie Ihre eigenen Gefühle

zu engagieren, können Sie vergessen, Ihre Reaktionen auf das Feedback zu teilen, Sie erhalten haben. Zu wissen, was war und war nicht hilfsbereit, hilft den Geber seine oder ihre Fähigkeit, nützliches Feedback zu verbessern. Wenn der Geber Ihre Reaktionen unsicher ist, kann er oder sie weniger geneigt, Risikoteilung in der Zukunft werden.

Hier ist ein Beispiel wie man Feedback zu verwenden:

Eine Angestellte an der Rezeption hatte ein Problem, das sie nicht wissen, wie zu handhaben. Sie nehmen würde Nachrichten für alle an der Rezeption (sie offensichtlich nicht Voicemail haben). Ein bestimmter Client (George Samuels) rief in wiederholt bitten, zu ihrem Vorgesetzten zu sprechen. Sie starb sofort auf seine Nachrichten. Zum vierten Mal, wenn, das er aufgerufen, das warf der Kunde ihr nicht seine Botschaften an ihren Chef weiterzugeben. Sie fragte sich, wie sie mit dieser Situation umgehen soll, wie es wahrscheinlich wieder passieren wollte. Was würden Sie vorschlagen, erzählt George Samuels, rief er, das nächste Mal?

Haben Sie bemerkt, dass sie versuchte, das falsche Problem bewältigen? Ihr Vorgesetzter war das Problem, nicht auf dem Client. Als ich sie fragte, ob sie schon einmal darüber nachgedacht hatte Gespräch mit ihrem Vorgesetzten über das Problem, antwortete sie, *„Oh, ich konnte nicht das tun!"*

Dann fragte ich, *„ wie die Situation wird sich ändern, wenn er weiß, was sein Verhalten für Sie tut? Du gibst ihm nicht einmal die Möglichkeit, dieses Dilemma zu lösen."*

Es gibt drei Schritte in den Prozess der Rückmeldungen.

PROZESS DER FEEDBACK

a) Beschreiben Sie das Problem oder die Situation der Person, die die Schwierigkeiten verursacht.

b) Definieren Sie, welche Gefühle oder Reaktionen (Ärger, Traurigkeit, Angst, Schmerzen oder Not) das Problemverhalten verursacht.

c) eine Lösung vorschlagen oder die Person bitten, eine Lösung zu erbringen.

Bei der Rezeption könnte sie gefühlt, haben wie gesagt, *„Sie Idioten, Sie nie zurückkehren Ihre telefonische Nachrichten!"* Aber diese Art der Anschuldigung würde nur ihr Vorgesetzter sichern. Stattdessen sollten sie versuchen, seine Mitarbeit bei der Lösung des Problems zu gewinnen. Sie soll sagen, *„Ich habe ein Problem und ich brauche Ihre Hilfe, es zu lösen. Herr Samuels rief vier Mal und er ist wirklich sauer auf mich, weil Sie seine Anrufe zurück noch nicht. Dies stört mich. Was raten Sie, sage ich ihm das nächste Mal, er nennt?"*

In dieser Transaktion Folgendes Feedback wurden Schritte unternommen:

Das Problem - er ist nicht seine Anrufe zurück.

ihre Gefühle oder Reaktionen – *„Dies stört mich."*

Die Lösung - sie fragt ihr Vorgesetzter ein.

Hier ist ein weiteres Beispiel:

Margo ist ein Kollege immer Sie mit Small Talk, unterbrechen die Konzentration stört. Sie sind mit ihr immer verärgert. Ihre erste Reaktion wäre, sie zu sprengen, mit einer Aussage wie *„Margo, werden Sie den Mund halten und lassen Sie mich meine Arbeit zu erledigen!"* Verwenden Sie stattdessen Rückmeldung und sagen, *„Margot, arbeite ich an einem wichtigen Projekt. Ich bin sicher, du bist nicht bewusst, aber jedes Mal, wenn Sie mich unterbrechen, ich verliere mein Gedankengang. Können wir reden später bei Kaffeepause?"*

Das Problem - sie ist Ihre Arbeit zu unterbrechen.

ihre Gefühle oder Reaktionen - Sie verlieren Ihren Gedankengang.

Die Lösung - Sie vorschlagen, später bei Kaffeepause sprechen.

Angenommen, Margo unterbricht Sie wieder ein paar Stunden später. Was sollten Sie ihr sagen? (Denken Sie daran, dies könnte eine Gewohnheit mit Margo und sie haben es ohne nachzudenken getan.) Was sollte Ihre Antwort sein?
Wiederholen Sie Ihre ursprünglichen Kommentare: *„wie ich bereits erwähnt, arbeite ich an einem wichtigen Projekt. Jedes Mal, wenn Sie mich unterbrechen, verliere ich mein Gedankengang. Können wir reden später bei Kaffeepause?"*

Mal am nächsten Morgen, ratet, was passiert ist? Sie ist es wieder. Was sollten Sie jetzt tun? Viele würde vorschlagen, dass Sie ihre Kommentare zu ignorieren.

Stattdessen sollten Sie sagen, *„Margo, zweimal gestern erwähnte ich, dass ich an einem wichtigen Projekt arbeite und Ihre Unterbrechungen meine Konzentration beeinflusst. Können Sie mir sagen, warum Sie dies immer noch tun?"*

Was du tust ist Margo-Konto für ihr aggressiven Vorgehen machen. (Ja, ist sie aggressiv, wobei da She jetzt *weiß* sie dich stört).

Erklären Sie, dass wenn es wieder passiert, müsst ihr mit Jim, Ihren Vorgesetzten zu sprechen. Dies ist der Schritt, den meisten Menschen vermissen. Es wird eindeutig erklärt, dass die Folgen, mit denen, die Margo konfrontiert wird, wenn sie es wieder tut. Margo verspricht, dass sie es nicht wieder tun.

Ein weiterer Tag vergeht, und Margo ist es wieder! Was sollten Sie tun, das vierte Mal? Sagen Sie nicht nur, du wirst etwas zu tun - folgen durch und sprechen Sie mit Ihrem Vorgesetzten. Anstatt den Eindruck, die Sie auf Ihr Kollege *„tattle"* gehst, lassen Sie Ihrem Vorgesetzten beraten. Sagen, *„Jim, ich habe ein Problem und ich brauche Ihre Hilfe, es zu lösen. Am Dienstag, ich sprach mit Margo und bat sie..."* Erklären alles, was Sie getan haben bis zu diesem Punkt, ihr negatives Verhalten zu stoppen. Dann Fragen Sie: *„Was tun Sie vor, dass ich das nächste Mal tun, das Sie mich unterbricht?"*

Normalerweise wird er mit Margo selbst sprechen, weil Margo ist seine Kostenstellenbudget und letztlich das Unternehmen Geld verschwenden. Als Margo an Jim berichtet, er ist letztlich verantwortlich für das, was sie tut – und sie macht ihn schlecht aussehen.

Du fragst dich, *„Willen Margo wie ich nachdem ich mit meinem Vorgesetzten gesprochen habe?"* Wen kümmert es? Sie geht um zu verursachen Sie Probleme, egal, ob Sie mit Ihrem Vorgesetzten oder nicht.

Verwenden Sie die Formulierung, *„Ich habe ein Problem und brauche deine Hilfe bei der Lösung,"* wann immer jemand Ihnen Kummer bereitet. Dies ist besonders wirksam, wenn auf die Person verwendet, die das Problem verursacht! Du bist nicht schütteln Ihren Finger auf sie und erzählen sie Sie für ihr Verhalten. Fragen Sie ihre Hilfe bei dem

Versuch, es zu lösen. Wer auf die Margo Situation hätte sein sollen? Ihr Vorgesetzter hätte sein müssen. Was du getan hast ist angesichts des Problems, die er für ihn zu lösen - behandelt haben soll, aber du hast es geschafft, so schön, dass er sich verpflichtet fühlen, es zu lösen.

Dieser Ansatz wird oft die Ergebnisse, die, denen du suchst, wenn andere Methoden versagen. Verwenden Sie diese Feedback-Technik, wann immer eine Person, die Stift-Klick, Kaugummi kauen, Stuhl-Quietschen oder lauter Stimme wirkt sich auf Ihre Leistung am Arbeitsplatz. Verwenden Sie es, wenn Menschen spät mit ihren Berichten oder sind wenn ihre Handlungen verhindern Sie machen Ihren Job richtig.

Um die nachfolgenden Schritte bei der Rückmeldung zu rekapitulieren:

FEEDBACK-SCHRITTE

1. Folgen einer), (b) und (c) Schritte aus dem Prozess Feedback.

   a. Beschreiben das Problem oder die Situation der Person, die die Schwierigkeit verursacht.

   b. Definieren, welche Gefühle oder Reaktionen Sie das Problemverhalten verursacht.

   c. Deuten auf eine Lösung oder bitten Sie die Person, eine Lösung anzubieten.

2. Wiederholen #1.

3. a. bitten Sie die Person zu erklären, warum s / er ist noch etwas, die er oder sie weiß, Sie ärgert.

   b. erklären Sie, die folgen sollten das Verhalten oder Situation passiert wieder.

4. durch die Konsequenzen folgen.

Gehen Sie direkt zu Schritt 3, wenn eine Person vor, der sich weigert, zusammenzuarbeiten.

Verwendung von Feedback mit sehr schwierigen Menschen

Zu der breiten Palette von Menschentypen gibt es immer ein paar Leute, die schwieriger zu behandeln als andere sind. Ein sehr schwieriger Mensch ist nicht nur jemand, der hat eines schlechten Tages oder mit denen Sie haben einen Persönlichkeit Konflikt. Eine sehr schwierige Person ist schwierig, oft und mit den meisten Menschen.

Sie *können* nutzen Feedback für den Umgang mit solchen Leuten. Jedoch weil die Risiken, die Ihr Versuch nach hinten losgehen wird größer sind, müssen Sie extra bereiten sorgfältig bevor Sie zugehen.

Gründliche, erweiterte Vorbereitung ist besonders wertvoll, wenn Sie wie Ihr Vorgesetzter, ein Elternteil oder eine ältere Person mit denen in einer Machtposition, Probleme haben.

1. ***Das Problem zu bestimmen.*** Identifizieren die spezifischen Verhalten das ist inakzeptabel, wer ist betroffen von dem Verhalten und wie häufig es auftritt. Konzentrieren sich auf das Verhalten der Person etwas tun kann. Tritt das Problem nur mit einer Person, ist es wahrscheinlich schwierig Verhalten, anstatt eine Persönlichkeit Konflikt.

2. ***Beziehungen zu untersuchen.*** Werden Hinweise auf die möglichen Ursachen für das negative Verhalten gefunden werden, indem Sie untersuchen, wie die schwierige Person interagiert mit anderen um sie herum. Bestimmung, warum das Verhalten auftritt und warum ist es ärgerlich, Sie hilft, Lösungen zu finden.

3. ***Bestimmen die Kosten für das Problemverhalten.*** Ob es die Produktivität, allgemeines Unwohlsein oder niedrigere Moral verloren hat, trägt schwer Verhalten immer kostenpflichtig. Das Verhalten sollte ignoriert werden, wenn Sie irgendwelche Kosten ermitteln können.

4. ***Für die Konfrontation vorzubereiten.*** , Wenn Sie festgestellt haben, dass die Kosten zu hoch sind, ist es jetzt Zeit für den Täter sprechen. Welche besondere Bedenken haben Sie über das Problem? Welche Schwierigkeiten können in der Diskussion auftreten? Wie werden Sie diese Probleme umgehen? Seien Sie bereit für die meisten Situationen, in denen, die Sie konfrontiert werden könnten. Bestimmen, was Sie erreichen wollen und richten Sie dann ein Treffen wo Sie Privatsphäre und genug Zeit, um die Situation zu besprechen haben.

5. ***Gründlich einzustudieren.*** Proben die versucht Situation vorher mit einem Freund. Ihr Freund sollte so viel Kenntnis der Situation wie

möglich haben. Auf diese Weise kann er oder sie gute Argumente zu formulieren und werden in der Lage zu antizipieren, was der andere Person Einwände oder Reaktionen sein könnte. Hier arbeitet das Sprichwort, das Übung macht den Meister. Denken Sie daran, dass die Person, die du schließlich wirst zu behandeln nicht die Gelegenheit zum üben hatte.

6. *Eine Lösung zu finden.* In gewissem Sinne nicht anklagend, erklären, warum das Problem Sie betrifft. Geben Sie konkrete Fakten. Versuchen Sie nicht, Ihre Meinung darüber, warum das Problem existiert bieten. Stellen Sie Fragen an Ihr Verständnis zu überprüfen. Identifizieren Sie die Veränderung des Verhaltens, die Sie suchen. Seien Sie offen für Ihre Lösung zu ändern, wenn es ungeeignet ist. Hören Sie sich die schwierige Person Vorstellungen, wie er oder sie das Problem lösen können. Vertrauen in die Fähigkeit der Person ändern aussprechen.

7. *Stimme auf einen Aktionsplan.* Bemühungen um eine Lösung für beide Seiten akzeptabel.

8. *Verpflichtung.* Get Einigung über bestimmte Aktionen die Person nimmt und setzt eine Frist für diese Aktionen. Bitten Sie die Person zu bestätigen, dass er oder sie wird tun, was vereinbart wurde.

9. *Follow-up mit der Person.* Erkennen und kommentieren Sie keine Fortschritte, die Sie beobachtet haben. Den Aktionsplan neu zu bewerten und gegebenenfalls überarbeiten. Wenn keine Änderung stattgefunden hat, wiederholen Sie den Vorgang.

Bewältigungsstrategie

Eine Lösung kann sein, das Beste aus einer schlechten Situation zu machen. Sie können die Schäden durch das schwierige Verhalten durch minimieren:

- Ruhig bleiben - nicht argumentieren mit der anderen Person oder machen Vorwürfe;

- Verwenden Ihr Hörverständnis, um Ihr Verständnis zu überprüfen;

- Firm - entscheiden, im voraus welches Verhalten Sie oder wird nicht akzeptieren Sie, und lassen Sie sich nicht selbst über diese Grenze hinaus geschoben werden.

- Wird beharrlich und konsequent in Ihrer Antwort, die die schwierige Person vermittelt, dass du meinst, was du sagst;

- Glauben an sich selbst und Ihre Fähigkeit, mit anderen umzugehen;

- Auf der Suche nach Möglichkeiten, Ihre Gefährdung durch das Verhalten zu verringern oder um die Ursachen des Verhaltens zu reduzieren.

HÖREN

Wir verbringen bis zu 80 % unserer bewussten Stunden mit vier grundlegenden kommunikativen Fähigkeiten; schreiben, lesen, sprechen und hören. Hören Konten für mehr als 50 Prozent der damaligen Zeit, so verbringen wir eigentlich 40 Prozent unserer wachen Zeit nur hören!

Wir hören in Schüben. Die meisten von uns sind schwer, in der Nähe, Aufmerksamkeit zu schenken was andere, für mehr als sechzig Sekunden am Stück sagen. Wir konzentrieren unsere Aufmerksamkeit lag eine Zeitlang und dann konzentrieren wir uns wieder.

Haben Sie jemals erhalten spezielle Schulungen zum hören? Wahrscheinlich nicht. Es war immer, *„Patti, wirst du aufhören zu reden..."* nicht, *„Patti, bitte hören Sie,"* und geben Sie die Techniken müssten Sie Ihr Hörverständnis zu verbessern.

Wie schnell denken Sie, dass die durchschnittliche Person in Wörtern pro Minute spricht? (Denken Sie daran, dass Sekretärinnen in der Regel Kurzschrift bei 80 bis 120 w.p.m. und Gerichts Stenographen auf 220 w.p.m.)

Normale Geschwindigkeit zu sprechen ist 125 bis 150 w.p.m. Meine Sprechgeschwindigkeit ist mindestens 160 w.p.m. vor allem, wenn ich bin Seminare durchführen. Dies störte mich gleichzeitig.

Was denken Sie, Ihr Denken ist in w.p.m.? Ich habe gehört, dass vage Schätzungen von 50 bis 300 w.p.m. In Wirklichkeit ist die durchschnittliche Person in der Lage des Denkens mit der phänomenalen Geschwindigkeit von 750 bis 1.200 w.p.m.!

Dann warum hören nicht wir, was Menschen erzählen? Weil unser Verstand gelangweilt sind, deshalb. Es ist nicht genug geschehen zu halten unser Gehirn besetzt, wenn Menschen mit normaler Geschwindigkeit sprechen. Sogar meine Sprechgeschwindigkeit von 160 w.p.m. kann nicht immer Teilnehmer während eines Seminars jederzeit motiviert. So was passiert? Wo können wir anfangen, Beispiele für etwas zu finden, der Person zu diskutieren, gehen wir alle auf eine Seite (Melodie-Outs) Frage mich, warum unsere Ehepartner in einer schlechten Stimmung, dass morgen, etwas, was jemand trägt zu bewundern und Frage mich, wo sie es gekauft haben oder Fragen, ob es Zeit für eine Kaffeepause.

Radio und Fernsehen haben die meisten von uns zu faul Hörer gemacht. Beispielsweise aktivieren Sie im Radio heute Morgen, der Wetterbericht oder die Nachrichten zu fangen? Haben Sie es gehört? Oder hast du die Stimmen auszublenden und völlig vermisst? Es erfordert einige Übung und Konzentration bleiben abgestimmt, was gesagt wird.

Arten von schlechten Hörer

Es gibt mehrere Problem-Hörer, denen wir alle zu bewältigen haben. Hier sind ein paar:

- *Schüchterne Menschen* . Da schüchterne Menschen erwarten, andere dass um sie heraus zu ziehen, legen sie emotionale Anforderungen an alle, die sie mit sind. Wenn sie diese Aufmerksamkeit nicht erhalten, auszublenden sie. Die meisten schüchterne Menschen sind sich nicht bewusst für dieses negative Verhalten, noch die Forderungen auf andere um sie herum platziert.

- *Ängstliche Menschen* . Weil sie Zuversicht fehlt, sind sie nervös Schwätzer. Sie sorgen sich um was *Sie* als nächstes sagen wollte das lässt wenig Raum für andere anhören.

- *Argumentative Menschen* . Würden sie mit Einstein seine Relativitätstheorie streiten! Sie kleinlich kleine Details, die bricht Konversation fließen.

- *Rechthaberische Menschen.* Verbringen diese Menschen ihre Energie, ihre Argumente zu formulieren, anstatt anderen zuhören. Sie unterbrechen und beginnen jeden anderen Satz mit *"Aber..."* Diese Menschen möglicherweise übermäßig ängstlich um andere zu beeindrucken, aber sie produzieren oft den gegenteiligen Effekt. Menschen auszublenden.

- *Engstirnige Menschen.* Die meisten ärgerlich schlechten Zuhörer, haben sie starren Werte und suchen Sicherheit in ihren Vorurteilen.

Neue Ideen oder Änderungen lassen Gefühl bedroht.

Konfrontiert mit diesen armen Hörer nutzen Sie Feedback um zu erklären, wie du dich fühlst. Verwendung von Takt und Einfühlungsvermögen helfen Ihnen, in ihnen zu helfen besser zuhören. Erklären Sie, engstirnige Menschen, die sie euch buchstäblich geschlossen haben, dass ihrer Weigerung, hören auf Ihre Ideen macht Sie fühlen sich abgelehnt und unwichtig. Wenn Sie erklären, und die Person weiterhin auf die gleiche Weise verhält, können Sie (a) setzen sich mit ihm, oder (b) verwenden Sie Schritte 2 bis 4 des Feedback-Prozesses.

Die meisten Armen Hörer nicht ihre Schwächen bewusst. Ihr Feedback kann hilfreich bei der Änderung ihrer Haltung und Verhalten sein.

Blöcke, um effektive hören

Es gibt andere Dinge, die Sie in die Irre, beim hören führen können. Fragen Sie sich, welche Probleme für Sie sind:

- Sie hatte Schwierigkeiten zu verstehen, die Worte des Sprechers oder fehlte das Wissen um schnappen die Nachricht (die Lautsprecher war unbekannte Sprache, Fachsprache oder Fachbegriffe verwenden.)

- Sie haben daran gedacht, was Sie sagen wollten während der Redner sprach.

- Sie waren damit beschäftigt, wie stark Sie mit Blick auf den Lautsprecher nicht einverstanden.

- Sie hörten was Sie hören wollten.

- Sie waren zu müde, geistig, arbeitest du für Aufmerksamkeit.

- Gab es draußen Geräusche und Ablenkungen.

- Der Sprecher hatte schlechte Lieferung - langsam, windig, irrelevant, Wandern oder Wiederholungen.

- Etwas, was der Redner sagte fasziniert Sie; Sie darüber nachgedacht, und wenn Sie "zurück in tuned" verlor Sie den Faden des Gesprächs.

- Der Lautsprecher hatte einen Akzent und Sie hatte Schwierigkeiten zu verstehen, was er sagen wollte.

- Sie abgestimmt weil Sie dachten, Sie wüssten, was der Sprecher Schlussfolgerungen werden wollten.

- Sie vergaß zu paraphrasieren und Feedback hören effektiv nutzen

- Sie meinte, Sie waren viel zu viel Informationen gegeben werden.

Wie bewerten Sie als Zuhörer?

Bewerten Sie sich selbst (oder habe einen Freund, der Ihnen helfen) unter Verwendung den folgenden Skala:

5 = immer
4 = fast immer
3 = manchmal
2 = selten
1 = nie

1. ich zulassen, dass der Sprecher seine oder ihre komplette Gedanken ohne Unterbrechung zum Ausdruck zu bringen.

2. ich aktiv versuchen, meine Fähigkeit, denken Sie daran, wichtige Fakten zu entwickeln.

3. In einer Konferenz oder wichtige Telefonat ich notieren Sie die wichtigsten Details einer Nachricht.

4. ich zu vermeiden, immer feindlich oder aufgeregt, wenn ein Redner von der mine Auffassungen.

5. ich wiederhole die wesentlichen Details eines Gesprächs zurück an den Lautsprecher zu bestätigen, dass ich es richtig verstanden habe.

6. ich trainiere Takt des Lautsprechers auf Spur zu halten.

7. ich Ablenkungen auszublenden, beim hören von.

8. ich bemühen, zeigen Interesse an der anderen Person Gespräch.

9. ich verstehe, dass ich etwas lerne, wenn ich spreche. (Ich Rede zu viel - zu wenig hören?)

10. ich klingen, als ob ich gerade höre. (Ich benutze in Anlehnung an, Fragen zu stellen.)

11. ich erinnere mich, dass die Menschen weniger defensive, wenn sie das Gefühl sie sind verstanden wird.

12. ich verstehe, dass ich nicht mit dem Redner zustimmen müssen.

13. Im persönlichen Gespräch, ich Suche nach non-verbalen Kommunikationsformen, wie Körpersprache, Stimme und andere Signale, die Informationen zusätzlich die Worte des Sprechers.

14. Sehe ich als ob ich in persönlichen Gesprächen höre. (Ich schlanke geben, Blickkontakt.)

15. Ich bitte um die Schreibweise der Namen und Orte wenn nehme ich eine Nachricht

GESAMT:

Wertung:

64 oder mehr - du bist eine ausgezeichnete Zuhörerin!

50 - 63 - bist du besser als der Durchschnitt.

40 - 49 - erfordern Sie eine Verbesserung.

39 oder weniger - du bist keine effektive Zuhörer. Sie benötigen üben, üben und mehr üben!

Frage 12 erläutern: nehmen wir an, in ein Gespräch mit jemandem über ein kontroverses Thema (wie Abtreibung oder Todesstrafe) entdecken Sie die zwei von Ihnen sind auf gegenüberliegenden Seiten des Themas. Wenn Ihre Diskussion geht nichts, aber euch beide wütend in den Prozess macht, zu sagen: *„Du bist berechtigt, deine Meinung, und ich bin meiner Meinung nach berechtigt. Einigen wir uns darauf nicht einverstanden sind, und nicht mehr zu diskutieren."*

Diese Technik ist sehr hilfreich, um die Person, die den Anruf zurückkehren werden. Ich benutze es auf Client-Dateien, so dass ich den Namen richtig aussprechen kann, wenn ich Kontakt mit ihm oder ihr in der Zukunft.

Wie zur Verbesserung Ihrer Fähigkeiten hören

1. Sie müssen sorgfältig genug verbessern wollen. Ohne diese Motivation, es wird zu viel Aufwand sein.

2. Versuchen, ununterbrochenen Bereich, in dem zu unterhalten, zu finden. Halten Sie Ihren Gedankengang ist schwierig, wenn Hindernisse zu Konzentration vorhanden sind.

3. Nicht versuchen, vorauszusehen, was die andere Person sagen wird.

4. Achten Sie auf Ihre eigenen Vorurteile und Vorurteile, damit sie Ihr Hörverständnis übermäßig beeinflussen nicht.

5. Achten Sie vorsichtig, was gesagt wird. Nicht aufhören zu hören um einen Gegenbeweis zu einem bestimmten Zeitpunkt planen.

6. Seien Sie sich bewusst von „*Red Flag*"-Worte, die eine Überreaktion oder eine stereotype Reaktion auslösen könnten. Beispiele hierfür sind „*Frauen Libber*" oder „*männlich-chauvinistische.*"

7. Lassen Sie sich zu weit vor der Lautsprecher zu bekommen, indem man versucht, Dinge zu verstehen, zu früh nicht.

8. In Abständen versuchen zu umschreiben, was die Leute sagen. Geben ihnen die Möglichkeit zu lernen, was Sie denken, Sie haben gehört, sie sagen.

9. Wenn Sie Schwierigkeiten bestimmen den Punkt des Sprechers Ausführungen sagen, „*Warum erzählst du mir das?*"

10. Watch für Schlüssel oder Buzz Worte wenn Sie, Sie finden habe den Zug des Gesprächs verloren. Dies geschieht vor allem, wenn der Lautsprecher ist langatmig oder hat eine Tendenz zum Bummeln.

11. Auf Nachfrage Abklärung unbedeutend oder irrelevante Details unterbrechen nicht.

Qualitäten der ein guter Zuhörer

Menschen, die gute zuhören können Praxis gehen Sie wie folgt:

1. Lassen Sie andere beenden, was sie sagen, ohne sie zu unterbrechen.

2. Fragen, wenn sie verwirrt sind.

3. Achten Sie darauf, was andere sagen und zeigen sie sind Aufmerksamkeit durch komfortable Blickkontakt zu halten. Sie lassen Sie sich nicht ihre Blicke durch den Raum schweifen.

4. Bleiben offen, bereit, ihre Meinung zu revidieren.

5. Feedback und in Anlehnung an Fähigkeiten zu verwenden.

6. Achten Sie auf nonverbale Signale wie Körpersprache.

7. Nicht unangemessen, wenn andere sprechen sind auszublenden.

SPRECHEN

Eine weitere Kommunikationsfähigkeit ist die Kunst des Seins in der Lage zu sagen, was Sie wollen, zu sagen, wann Sie wollen, es zu sagen. Mündliche Sprachkompetenz ermöglicht es Ihnen, Ihre Gedanken klar zum Ausdruck zu bringen damit andere verstehen genau was du meinst. Hier ist ein Test geben Sie sich selbst. Da wir oft selbst eindeutig nicht angezeigt wird, möglicherweise ein Vorteil für einen Freund als auch für Sie zu tun haben.

Wie bewerten Sie als Redner

Bewerten Sie sich selbst (oder habe einen Freund, der Ihnen helfen) unter Verwendung den folgenden Skala:

5 = immer
4 = fast immer
3 = manchmal
2 = selten
1 = nie

1. Wenn ein Zuhörer sozusagen würde ich höre mir?

2. Wenn ich richtig verstanden wird, bin, ich erinnere mich, dass es meine Verantwortung, die andere Person, die mich verstehen zu helfen

3. ich halte meine Anweisungen für andere kurz, süß und auf den Punkt.

4. ich bin mir bewusst wenn mein Publikum mich abgestimmt hat.

5. ich sicherstellen, dass meine Zuhörer wissen, was ich von ihnen will.

6. Wenn ich Anweisungen geben, ich um Rückmeldung bitte und um sicherzustellen, in Anlehnung an ich bin verstanden.

7. ich sicherstellen, dass meine non-verbale Signale (Körpersprache, Ton der Stimme, etc.) sind die gleichen wie meine verbale,.

8. Ich sicherstellen, dass ich meine Zuhörer mit lauter Stimme, bedrohlich aussehen, intensiv oder längeren Augenkontakt, verbale Angriffe usw. einschüchtern nicht

9. ich klar artikulieren.

10. ich versuche, die Sprache zu verwenden, kann der Zuhörer verstehen.

GESAMT:

Wertung:

40 oder mehr - du bist ein ausgezeichneter Redner!

32 - 39 - bist du besser als der Durchschnitt.

25 - 31 - erfordern Sie eine Verbesserung.

24 oder weniger- du bist kein begabte Rednerin. Sie benötigen üben, üben und mehr üben!

Schmunzeln Sie sich selbst, als Reaktion auf die erste Frage? Haben Sie gefunden, es war ein Element der Wahrheit drin? Es ist möglich, dass Sie einer jener Menschen, die glauben, sie sind es nicht Wert zu hören. Es gibt drei Hauptgründe, warum Sie fühlen können, dass Sie kein guter Redner.

1. *Sie haben Mühe, die Worte aus.* Einige Leute wissen was sie wollen, zu sagen, aber recht es nicht sagen. (Mündliche Sprachkompetenz fehlt). Sie könnte versuchen, Toastmaster oder Toastmistress Clubs beitreten oder einen öffentlichen Raum verlaufen. Da wirst du den Rest deines Lebens zu sprechen, scheint es sicherlich sinnvoll, diese Kommunikation zu verbessern.

2. *Du bist nicht was los ist.* Oft Menschen isolieren sich von allem, was außerhalb ihrer eigenen kleinen Welt. Dann finden sie in sozialen Situationen, sie sind nicht auf aktuelle Ereignisse und haben nichts zur Unterhaltung beitragen. Die Lösung ist, informieren Sie sich über was passiert ist.

3. *Du bist ein Motor-Mund* . Haben manche Leute Probleme halten Gespräche kurz, süß und auf den Punkt. Nehmen Sie sich Zeit um Ihre Gedanken zu ordnen, bevor Sie sprechen. Üben Sie, indem Sie Ihre Gedanken aufschreiben, oder verwenden Sie ein Tonbandgerät. Formulieren Sie Ihre Anmerkungen, mit präziser Sprache.

Die Vorschläge in Nummer 3 werden auch nützlich, wenn Sie Probleme geben klare Anweisungen haben. Verwenden Sie das KISS-Prinzip: Keep It Simple, Sweetie (oder Keep It Simple, Stupid - je nachdem, wie Sie zur Zeit fühlen). Um sicherzustellen, dass Ihre Zuhörer wissen, was Sie von ihnen wollen, bitten sie um ihre Hilfe, bevor man Ihnen die Hintergrundinformationen.

Ein Mann wollte beispielsweise ein Arbeit-Problem mit seiner Frau zu besprechen, die nur in einem ziemlich anstrengenden Tag sich gelegt hatte. Er fuhr fort, ihr allerlei Details über die Geschehnisse zu geben. Als er fragte, *„Was denken Sie, dass ich tun soll?"* Sie schämte sich, weil sie nur halb-zugehört hatte. Er hatte ihr, alle Details noch einmal zu sagen, bevor sie Antworten konnte. Er sollte das Gespräch begonnen haben mit der Feststellung, *„Victoria, ich brauche Ihre Meinung über etwas, was im Büro passiert ist. Haben Sie Zeit, es jetzt zu diskutieren?"* Dann würde er bestätigt, dass sie Zeit haben und sie sich bewusst, dass er ihre ungeteilten Aufmerksamkeit erforderlich gewesen wäre.

Vermeidung von mehrdeutigen Nachrichten

Manchmal sind unsere Worte und unser Verhalten offen für mehr als eine Interpretation. Wenn wir nicht dies erkennen und unsere beabsichtigte Bedeutung zu klären, kann unser Verhalten fehlinterpretiert werden. Hier ist ein Beispiel:

1. *Absicht des Vorgesetzten*. A Supervisor will, lassen Mary (einer seiner Mitarbeiter) wissen, dass er erkennt und schätzt die zusätzliche Last, die sie in letzter Zeit getragen hat. Er diskutiert, welche der folgenden wäre am besten, seine Wertschätzung zu kommunizieren:

   a. Dass Maria eine Auszeit;

   b. Einnahme von Mary, zum Mittagessen;

   c. Sagte Maria, wie er sich fühlt;

   d. Marias entlasten wollen.

2. *Supervisor Aktion*. Er entscheidet über (d), und erleichtert auf Marias Arbeitsauslastung.

3. *Marias Reaktion.* Mary bemerkt die Entlastung, aber weiß nicht, was es bedeutet. Ihr Vorgesetzter könnte sein:

   a. Kritisieren sie nicht mit ihrer Arbeitsbelastung; gehalten haben

   b. Versucht, ihr zu sagen, sie sollten nicht verbringen so viel Zeit am Telefon;

   c. Versucht, hilfreich sein;

   d. Überzeugt sie nicht verarbeiten kann Krisensituationen.

4. **Wirkung auf Maria**. Beschließt sie es (a), und fühlt sich verletzt und weglegen.

5. **Mary kodiert:** *„Ich bin nicht gonna ließ ihn wissen, dass er mich verletzt hat. Wird I:*

   a. *Nichts sagen?*

   b. *Sagen wir, „Danke?"*

6. **Marias Aktion**. Sie beschließt, zu sagen, *„Danke."*

7. **Beeinflussung der Vorgesetzten**. Er glaubt, dass Maria versteht und schätzt, was er getan hat.

Die oben genannten Situation ist ein klassisches Beispiel für wie zweideutig Verhalten missverstanden werden kann. Der Supervisor Absicht war positiv und fürsorglich. Die Wirkung auf seine Mitarbeiter war jedoch das genaue Gegenteil von dem, was er wollte. Es wäre viel besser gewesen, wenn er seine Handlungen mit Worten gesichert hatte. Mit positiven Rückmeldungen, hätte er Sie sicher, dass Mary wusste, warum er ihr Arbeitspensum Lockerung war.

Das folgende Beispiel veranschaulicht die manchmal schwerwiegende Folgen, die aus Nichtbeachtung zweideutig Verhalten erklären können. Ein Unternehmen ging gut, obwohl die Wirtschaft nach unten war. Das Unternehmen beschlossen, seine Einrichtungen zu einem größeren, komfortabler Gebäude bewegen. Die gute Nachricht war Mitarbeiter bei einem Treffen geplant für 17:00 Donnerstag bekannt gegeben. Die Probleme begannen als Arbeitnehmer aus einem anderen Unternehmen an der Rezeption Montagmorgen kam. Sie erzählten die Angestellte an der Rezeption, sie waren da, die Büros zu messen. Fragte, warum, erklärten sie, *„weil die neuen Besitzer diese Informationen bevor sie Zoll bewegen."*

Nach Rücksprache mit ihrem Office-Managerin, gab die Empfangsdame die Erlaubnis für die Arbeiter, die Büros zu messen. Sie begann mit dem schrecklichen Gefühl, das sie bald arbeitslos sein könnten. Während der Kaffeepause ging sie auf die Situation an zwei andere Kollegen, wer natürlich diese Informationen an Dritte weitergegeben. Am Dienstag Nachmittag Wort erreicht die Führungskräfte des Unternehmens, die die Hälfte ihrer Mitarbeiter wurde Jobs mit anderen Unternehmen beantragen, weil sie glaubten, dass die "Donnerstagstreffen" verkünden würde, die Faltung des Unternehmens. Management schnell beschlossen, die frohe Botschaft verkünden am Dienstag um 17:00.

VERSTÄNDNIS DER NONVERBALEN SIGNALE

Sie bemerken, dass ein Freund, dem du nimmst Mittagessen mit, etwas zu Essen an der Ecke der Mund hat. Möchten Sie dies in eine taktvolle Weise um ihre Aufmerksamkeit zu bringen. Sie nehmen Ihre Serviette und Ihr eigenes Gesicht zu wischen, aber zur gleichen Zeit betrachten deines Freundes Gesicht wo ist das Essen. In vielen Fällen wird sie auch ihr Gesicht wischen, obwohl sie nicht in der Lage wäre zu erklären, warum sie dies tat.

Wir *„hören"* was die Leute sagen, unter anderem durch ihre Körpersprache, den Ton der Stimme, etc., uns sagen. In der Lage, die non-verbale Signale zu interpretieren ist wahrscheinlich eines der besten Vermögenswerte, die jeder haben kann. Wenn Sie ein guter Kommunikator sein wollen, es ist wichtig zu beachten und versuchen, solche non-verbalen Signale zu verstehen. Die einzigen Menschen, die konsequent liegen können, ohne dass ihre Körpersprache, sie zu verschenken sind Betrüger und zwanghafter Lügner. Und zwar deshalb, weil sie tatsächlich die Lügen zu glauben, was, die Sie sagen. Hier sind einige Beispiele, was Körpersprache erzählen können:

- *Finger antippen.* Die Person ist genervt, ungeduldig oder ängstlich.

- *Gewichtsverlagerung von einem Bein zum anderen.* Die Person hat lange gestanden, oder ungeduldig ist.

- *Stirnrunzeln.* Die Person nicht verstehen, was gesagt wird oder nicht einverstanden mit dem was gesagt wird.

- *Gesicht errötete.* Die Person ist peinlich, wütend und heiß oder hohen Blutdruck. Musst du suchen andere non-verbalen Zeichen zu bestätigen, welches es war.

- *Kiefer ballte.* Die Person ist verärgert, wütend oder ängstlich. Dieses Signal wird noch deutlicher bei Männern als bei Frauen.

- *Hand schalenförmig um Ohr.* Die Person nicht hören, was du gesagt hast.

- *Slumped Körperhaltung.* Die Person müde, entspannt oder

deprimiert.

- *Vermeidung von Blickkontakt.* Ist die Person, schüchtern oder gelangweilt. Oder die Person aus einer anderen Kultur, die Blickkontakt mit dem ältere Menschen oder Menschen in Führungspositionen als respektlos betrachtet. Dieses Signal wird oft als ein Zeichen von shifty Verhalten oder Mangel an Selbstvertrauen, fehlinterpretiert, wenn die Ursache etwas ganz anderes sein kann.

- *Rapid oder abrupte Rede.* Die Person ist verärgert, besorgt, ängstlich oder wütend.

- *Anstieg der Sprachlautstärke.* Die Person ist nervös oder zornig.

- *In der Tonhöhe der Stimme steigen.* Ein Zeichen bei Frauen, dass sie nervös oder wütend sind.

- *Stimme Pitch drop.* Ein Zeichen bei Männern, dass sie nervös oder wütend sind.

- *Jumpy Körperbewegungen.* Die Person ist, nervös, ängstlich oder wütend.

- *Nase kratzen.* Die Person ist verwirrt oder etwas nicht mag. Oder die Person, die Nase juckt.

- *Achselzucken.* Die Person gleichgültig oder nicht die Antwort kennen.

- *Stirn-slapping.* Die Person fühlt sich vergesslich oder dumme.

- *Arme über der Brust.* Die Person fühlt, defensive, körperlich kalt oder körperlich unbeholfen. Dies kann häufig gesehen werden, wenn Männer sitzen auf Stühlen ohne Armlehnen, oder einfach weil es bequem zu tun, also ist

- *Back-slapping.* Die Person bietet Herzlichen Glückwunsch oder vielleicht Ermutigung.

- *Daumen und Finger Kreisen.* Die Person sagt „Okay" oder „Recht!" In manchen Kulturen gilt dies als obszöne Geste.

- *Halten die Hand, Handfläche nach außen.* Dies bedeutet „Stop!"

- *Drückte beide Hände über den Kopf .* Die Person fühlt sich triumphierend, zufrieden und erfolgreich.

- *Stossen Sie in die Rippen.* Die Person teilen einen Witz oder necken Sie.

Oft legen wir unsere Hand auf den Arm oder Schulter einer Person aufgebracht. Mit engen Freunden, Verwandten, Kinder oder ältere Personen könnten wir legte einen Arm um ihre Schulter oder umarmen sie um Trost zu spenden.

Hände schütteln wir mit Menschen, eine wichtige non-verbalen Austausch. Ursprünglich bedeutete diese Mitteilung, dass wir unsere leere Waffe Hand zu zeigen, dass wir als Freund kam erweitert wurden. Jetzt kann es bedeuten, dass wir unser Wort, die der Austausch geben zu folgen über Bord ist; dass wir vertrauenswürdig sind. Frauen in der Wirtschaft sollte üben, bis sie einen festen Händedruck geben sich wohlfühlen. Bei einem Vorstellungsgespräch sollten Kandidaten zunächst ihre Hand bieten, anstatt warten für den Interviewer dazu. Dies bedeutet ein hohes Maß an Selbstvertrauen in einer Weise, die schwer zu duplizieren.

Wenn du interessierst dich, was andere sagen, könnten Sie sich nach vorne beugen. Sie könnten auch lehnen Sie sich vorwärts, wenn Sie als nächstes sprechen möchten.

Wenn Menschen, dass sie in einer Position der Macht sind fühlen, zeigen sie oft Dominanz von anderen bewusst zu unterbrechen. Sie stehen mit Füßen gespreizt, Hände auf den Hüften (eine elterliche Haltung). Sie können fehlschlagen, wenn Sie auf einem Kollisionskurs mit anderen beiseite zu treten. Sie können halten Sie Blickkontakt länger als für den Empfänger bequem ist, schweben oder schlanke über andere beobachten sie arbeiten. (Wenn jemand dies gerne tut, aufhören zu arbeiten und die Feedback-Technik um zu erklären, was sein oder ihr Verhalten unternimmt, um Sie zu verwenden.)

Männer, die wollen ihre Macht zu zeigen werden einen Stuhl überspannen. Andere Stellen Sie ihre Füße auf dem Schreibtisch und demonstrativ nicht entfernen, wenn jemand in den Raum kommt.

Machthungrige Menschen benötigen mehr Speicherplatz auf Sofas oder Bänke als ihre Schuld ist auf Kosten anderer. Tun Sie etwas!

Ich erinnere mich an eine Zeit, als ich hatte ganzen Tag unterwegs gewesen und war müde Knochen. Gab es eine einstündige Wartezeit zwischen Verbindungen auf einem Flughafen. Das Hotel war voll mit Reisenden. Ich sah einen Mann an einem Ende einer Bank zu sitzen.

Den Rest der Bank nahmen seine Aktentasche, Koffer und Mantel.

Ich näherte sich ihm und fragte: *„Ist das Ihre Aktentasche?"* Er nickte. Ich entfernte den Aktenkoffer von der Bank und vor ihm platziert.

„Dies ist Ihr Koffer?" Nickte er. Ich entfernte den Koffer von der Bank und vor ihm platziert.

Zuvor konnte ich ihn, *„Ist das Ihr Mantel?"* Fragen Er nahm es und legte es auf seinen Schoß. Ich lächelte und setzte sich direkt neben ihm.

Kurz danach kam uns zwei andere müde Reisende auf der Bank. Ihre Körpersprache und lächelt dankte mir für die Mühe, die ich gemacht hatte.

Menschen, die Qualitätssicherung fehlt zeigen dies durch ihre Körpersprache sowie. Ihre Haltung zeigt Niederlage, gibt es wenig Blickkontakt und ihre Stimmen sind weich. Nehmen sie so wenig Platz wie möglich (ziehen alle ihre "enden") oder einem festen Lächeln zu tragen.

Menschen, die Lügen können sich durch non-verbale Signale verschenken. Wenn offen mit Ihnen Menschen sind, zeigt ihre Körpersprache in der Regel Offenheit. Sie zeigen ihre Hände offen. Ihre Körpersprache ändert sich, wenn sie etwas versteckt sind. Sie können ihre Hände in ihren Taschen oder hinter ihrem Rücken verstecken. Wenn Sie ihnen etwas vorwerfen, sie wahrscheinlich geben Ihnen einen Ungläubigen Blick und Antwort, *„die mir?"* Sie dürfen ihre Hand auf ihre Brust (non-verbalen Zeichen der Ehrlichkeit. genommen.

Hinweis: Die Hand zur Brust Geste, wenn Sie von Frauen verwendet möglicherweise auch eine schützende Geste zeigt plötzliche Überraschung oder Schock) aber andere Körpersprache kann dies widerspricht. Achten Sie auf Signale, die eine Identifizierung einer Person, die durch solche Verhaltensweisen als liegt:

- Vermeidung von Blickkontakt (in der Regel indem Sie unten schauen);

- Schnell zu blinken;

- Zucken und immer wieder schlucken;

- Die Kehle Clearing und Anfeuchten der Lippen;

- Den Mund mit der Hand beim sprechen;

- Achselzucken;

- Reiben der Nase;

- Kratzen den Kopf während des Gesprächs;

- Legte eine Hand auf den Hals;

- Reiben die Rückseite des Halses. (Männer oft dies geschieht während sie eine Lüge oder innerhalb von 60 Sekunden nach zu tun.)

Blinkenden Augen kann entweder liegend oder Nervosität hindeuten. Ohne zu blinzeln Augen mit Blickkontakt könnte bedeuten, die Person liegt und gerade für Ihre Reaktion. Oder die Person könnte intensiv daran interessiert, was du sagst.

Space Bubbles

Wir alle haben eine "Raum Blase" Sicherheit rund um uns - eine Lücke zwischen uns und anderen, die wir pflegen, um sich sicher fühlen müssen. Für die meisten Menschen reicht diese Blase etwa 18 bis 24 Zoll (40 bis 60 Zentimeter) aus ihren Körpern.

Es gibt verschiedene Arten von Strecken, die wir normalerweise zwischen uns und anderen zu halten. Dies sind:

- **Intime Distanz.** Nur Menschen wir Vertrauen sind herzlich willkommen in unserem Raum-Blase. Wir begrüßen Menschen, die in der Nähe und Liebe zu uns in diesen Raum, aber wir haben oft andere so gut ertragen. Dies kann im Theater, im Bus, an einem Seminar oder in einem Lift oder Aufzug sein. Sie können sich wahrscheinlich vorstellen von Hunderten von Fällen, wo wir, diese Nähe zu tolerieren.

  Sehen Sie selbst, wenn Sie in einem Aufzug sind. Sie natürlich in alle Ihre Enden ziehen und nehmen so wenig Platz wie möglich. Sollten Sie versehentlich berühren, der Fremde neben Ihnen, werden Sie automatisch sagen, *"Oops, sorry,"* und ziehen weg. Dies würde auch passieren, wenn Sie jemand in einem Bank-Line-up oder an einer Kasse berührt.

- **Persönliche Distanz** ist der Raum, die Sie in der Regel mit anderen halten, wenn Sie genügend Platz um bequem zu sein haben. Das ist irgendwo zwischen drei und vier Fuß (1 ½ Meter), abhängig von

Ihrem Komfort-Zone und wie gut Sie die Person kennen. In Aufzügen, sobald die Masse verdünnt, Menschen werden automatisch erweitern den Raum zwischen sich und anderen.

- **Soziale Distanz** ist vier bis sieben Fuß (1 1/2 bis 2 Meter). Fremde oder bekannte sitzen auf Stühlen oder Sofas auf einer Party werden versuchen, diese Distanz zu wahren.

- **Far Bekanntschaftsgrad** Könnte dies geschehen auf einer großen Party oder der Abstand zwischen Lautsprecher und seinem Publikum werden.

Territoriale Vorherrschaft

Nicht nur versuchen wir, eine bestimmte Menge Raum um uns herum zu halten, sondern auch versuchen wir, physische Kontrolle über alles zu behalten, wie wir denken uns gehört. Dies ist möglicherweise ein Schreibtisch bei der Arbeit; Unser Schlafzimmer, Küche oder Werkstatt; Unser Auto oder Boot; oder unsere Bürste und Kamm. Andere können diese Artikel nur dann, wenn wir ihnen die Erlaubnis dazu erteilt haben. Das ist, warum wir möglicherweise heftig reagieren, wenn jemand etwas von uns ohne Erlaubnis nimmt.

Die Büro der Rezeption ist häufig das Opfer der "territorialen Invasionen." Sonstige Büroangestellte glaube irgendwie, es ist okay, Hilfe zur Selbsthilfe zur Flasche Whiteout oder Hefter auf ihrem Schreibtisch. Sie können sogar ihre Schubladen zu öffnen und bedienen sich ihrer Schere oder Herrscher. Versuche mich zu erinnern, dass der Schreibtisch ist *hers*. Nehmen Sie nicht alles, was Sie noch nicht, Erlaubnis gefragt zu verwenden. Sollten *Sie* die Empfangsdame sein, bezeichnen Sie einen Gemeinschaftsraum, wo solche Anlagen gehalten werden kann. Halten Sie zum Beispiel eine zusätzliche Flasche Whiteout, ein Lineal, einen Tacker und eine Schere auf einem Aktenschrank. Machen andere darauf aufmerksam, dass die Geräte in diesem Bereich, während die auf dem Schreibtisch sind *dir*.

Menschen haben die psychologischen Oberhand, wenn sie in ihrem eigenen Hoheitsgebiet ist. Verkäufer sind sehr bewusst. Kommt der Kunde, der Geschäftssitz des Verkäufers, hat der Verkäufer den Vorteil. Wenn der Verkäufer an den potenziellen Kunden Geschäftssitz geht, hat der Kunde den Vorteil. Thats, warum Verkäufer versuchen oft, neutralem Boden auf dem Sie ihre Produkte verkaufen zu finden.

Diese psychologische Oberhand ist wichtig zu berücksichtigen, wenn ein Vorgesetzter hat, einen Mitarbeiter zu disziplinieren. Wenn die

Situation nicht ernst ist, wird der Supervisor wahrscheinlich des Mitarbeiters Gebiet gehen, so dass die Mitarbeiter sich weniger bedroht fühlen oder arrangieren, die Angelegenheit auf neutralem Boden, z. B. ein leeres Büro oder in der Cafeteria zu erörtern. Datenschutz ist ein muss in jedem Fall.

Mit ein ernsteres Problem haben die Betreuer am ehesten den Mitarbeiter zu seinem Büro kommen, wo er oder sie werden mehr Energie haben und die Mitarbeiter fühlen sich weniger sicher. Es gibt Grade der Einschüchterung hier zu. Für den Mitarbeiter ist die wenigsten bedrohliche Umwelt im Büro des Vorgesetzten an einem runden Tisch von einer Art. Als nächstes kommt neben der Aufsicht. Das bedrohlichste ist, wenn der Vorgesetzte hinter dem Schreibtisch mit den untergeordneten sitzen gegenüber. Um den Power-Effekt zu verstärken, kann der Supervisor für die Unterordnung in einem niedrigeren Stuhl als der Supervisor sitzen arrangieren. Oder einem Supervisor, der klein von Statur könnte aufstehen, um einen stärkeren Eindruck vermitteln.

Lächeln auf den Lippen

Nicht alle Lächeln sind die gleichen. Es gibt subtile physikalische Unterschiede zwischen authentischen Lächeln und legte auf für ein fremdes nutzen. Das echte Lächeln des Genusses ist Bewegung um die Lippen, die Muskeln um die Augen-Vertrag (reißt die Haut zwischen den Augenbrauen und die Augäpfel) und die Augenbrauen leicht senken. Unaufrichtige oder gefälschte Lächeln beinhaltet nicht die Bewegung der Haut um die Augen, die Lippen können eingrenzen oder die Oberlippe kann curl.

Es ist nichts falsch mit Lächeln, wenn es Ihre gesprochene Nachricht Komplimente, aber wenn Ihr Lächeln nervös oder gezwungen ist, gebe Sie unlesbare Signale. Bei Primaten sind lächelnd und grinsend Gesten der Appeasement-Politik durch schwächere Tiere als eine Möglichkeit des Bittens um schonendere Behandlung von stärkeren Tieren verwendet. Beim Menschen ist es oft die Art und Weise verwendet, um eine Nachricht zu erweichen. Aber wenn Leute Lächeln während ernsthaft gesprochen, die Botschaft ist: *„Bitte like me"* Dieser Eifer zu gefallen, kann als zeigt Unsicherheit begegnen.

Augenkontakt

Augenkontakt ist mehr als nur Blickkontakt. Es ist mehr wie

Plananlage. Wir sehen Menschen Mimik und lesen Sie ihre Lippen zu holen, was sie sagen. Komfortable Augenkontakt ist drei Sekunden und dann die Person schaut Weg. Wenn Sie länger als drei Sekunden Augenkontakt halten, werden Sie fremdem Körperraum, so leicht eindringen, als ob Sie sie berührt haben. Viele aggressive Menschen verwenden dies, um andere einzuschüchtern. Sie könnte fünfzig Fuß weg von dir, aber Sie fühlen sich immer noch diese Person Invasion Ihres Raumes.

Sie erinnern sich vielleicht selbst verwenden, wenn Sie jemanden sehr wütend gewesen sind. Sie sah sie direkt in die Augen als Sie sprach mit ihnen. Wenn eine Person sagt, gab *"Er drehte Darts auf mich,"* diese Person wahrscheinlich voll Blickkontakt länger als drei Sekunden. Er hatte wahrscheinlich einen mittleren Ausdruck auf seinem Gesicht zu längeren Augenkontakt zu verstärken.

Beachten Sie, dass das Geschlecht einer Person den Betrag von Blickkontakt beeinflussen kann, die sie austauschen. Wenn eine Frau einem Mann spricht, werde sie ihm in die Augen schauen, wenn *er* zu ihr spricht, aber nicht, wenn *sie* zu ihm spricht. Blinkenden Augen könnte die Person lügt oder nervös sein. Non-blinkende Augen mit Blickkontakt könnte bedeuten, die Person liegt und für die andere Person Reaktion beobachten. Voreiligen Sie keine Schlüsse, da sie möglicherweise nur sehr daran interessiert, was Sie zu sagen haben.

Einem Augenzwinkern könnte Intimität oder Mangel an Ernsthaftigkeit zeigen. Verwenden Sie dies wenn Sie erzählst eine "Notlüge" um ein Kind und will seine oder ihre Eltern Sie kennen zu lernen sind dabei.

Wenn Sie wiegen sich eine Gruppe um Ihre Sicht der Dinge oder wenn Sie etwas verkaufen wollen, unbedingt unerschrockenen Blickkontakt. Wenn kritisiert wird, versuchen Sie, Blickkontakt halten ohne schielen - eine normale defensive Aktion, die den Ausdruck *„ Oh ja, wir sehen uns darüber!"* schildert

Argumente

Haben Sie ein Argument Schiedsrichter, Ihr Wissen über Körpersprache auf die Probe gestellt. Die Körpersprache der Zuschauer beobachten das Argument kann Ihnen sagen, was die Beobachter glauben und wessen Seite sind sie auf. Wenn sie die Möglichkeit, die Fakten des Falles erfahren hatten, nehmen sie automatisch Seiten. In diesem Fall kopieren sie die Körpersprache des Menschen, was, die Sie denken, in der rechten Ecke. Die weitere Beobachter es sind, desto besser, weil sie unwissentlich Seiten wählen werde. Sie haben dann einen Anlauf auf Schiedsrichter das Argument.

Verwendung von Intuition, Bauchgefühl und Ahnungen

Gelegentlich, wenn wir einer anderen Person Körpersprache lesen, kommt eine weitere non-verbale Kommunikationsfähigkeit ins Spiel. Frauen nennen diese Fähigkeit Intuition. Die meisten Männer nennen es ihr "gut Reaktion" oder sie haben eine "Ahnung". Plötzlich haben sie das Gefühl, dass sie wirklich etwas zu tun, soll - oder nicht - obwohl sie nicht identifizieren können, warum sie so empfinden. Sie versuchen, die Fakten zu erklären, ihr Gefühl zu finden, aber sie oft nicht.

Viele von uns spotten über diesen Blitz Informationen und unsere Empfindungen Rabatt, weil wir keine Fakten zum sichern unsere Reaktionen finden können. Ich hatte dieses Phänomen erklärte auf diese Weise. Wir haben zwei Gehirne (Nein, ich beziehe mich nicht auf die links/rechts-Brain-Theorie). Einer ist unsere bewusste Gehirn. Es hält aktuelle Daten zur Verfügung für eine einfache Referenz. Ich denke dies als mein Gehirn-Computer-Software.

Andererseits ist unser Unterbewusstsein Gehirn, die das bewusste Gehirn weit überlegen ist. Es hält alle unsere Erinnerungen - die wir bewusst erinnern, und die haben wir in den hinteren Winkeln unseres Geistes begraben. Ich denke dies als meine Festplatte. Ich wäre verrückt, wenn ich nicht die beste Ausrüstung zur Verfügung, um mich (mein Unterbewusstsein Gehirn) verwenden, weil es eine Speicherbank weit überlegen, meinem minderwertigen Software (bewusste Gehirn) hat. Wenn ich meine Intuition hören, bin ich meiner Festplatte verwenden, das eine überlegene Speicherbank. Sinnvoll nicht zu hören, je besser man?

Manchmal, wenn wir Empfindungen haben, können wir Fragen, wie kamen wir auf die Überzeugungen, die oft unsere intuitive Gedanken - begleitet. Zum Beispiel findest du dich plötzlich unwohl, um eine andere Person. Sie können sogar das Gefühl, bedroht und noch wenn Sie bewusst die Person untersuchen, Sie können nicht ermitteln, warum Sie Ihr Unbehagen fühlen.

Sollten Sie Ihre intuitiven Gefühle hören? Natürlich sollten Sie! Wenn es sagt Ihnen etwas - anhören, da es selten falsch ist. Das einzige Mal, dass, das ich auf meine Intuition gehört noch nicht, war, als habe ich eine sofortige Abneigung gegen jemanden. Nach ständigen zurück, merkte ich, dass diese Person eine andere Person körperlich ähnelte, ich ungern und misstraut. Durch meine intuitive Gefühle ausschalten, erfuhr ich, dass der Mensch in Ordnung war.

Wahrscheinlich können Sie abrufen, wenn etwas über eine Person Sie und Ihren Instinkten aufpassen, sagte aufgeregt. Sie können oder können nicht haben hörte diese Instinkte und möglicherweise litten unter den Folgen.

KAPITEL 4

Umgang mit schwierigen kunden

Allgemeine Grundsätze und Techniken

Für einige von uns sind die schwierigsten und ärgerlichen Menschen Klienten und Kunden. Unternehmen in der Regel ihre Mitarbeiter Vergeltung konfrontiert mit einer negativen Kundenverhalten zu verbieten. Das Ergebnis ist oft frustriert, gestresste Mitarbeiter.

Diejenigen, die an der Front, die stellvertretend für ihr Unternehmens arbeiten sind anfällig für einen kühlen Kopf zu verlieren. Dies gilt insbesondere, wenn sie wütend oder unzufrieden Kunden am Telefon oder persönlich bewältigen müssen. Kunden, die eine Beschwerde haben können reizbar, unhöflich, ungeduldig, hartnäckig, emotionale oder aggressiv sein. Sie entscheiden sich oft einen Vertreter des Unternehmens (vielleicht *Sie*) als den Hintern von ihrer Wut. Wie Sie ihr Problem behandeln, macht den Unterschied, wie die beiden von Ihnen fühlen. Wir versetzen uns in die Kunden für eine Minute.

Kunden-Service

Kunden schätzen wie du und ich Freundlichkeit im Service zu ihnen. Eine Sache Mitarbeiter möglicherweise vergessen ist, dass "der Kunde ist immer Nummer eins." Einige Mitarbeiter vermitteln den Eindruck, dass die Suche nach ein Client eine Unterbrechung zu ihrer eigentlichen Arbeit ist. Ein solches Verhalten impliziert, dass die Mitarbeiter Kunden einen Gefallen tut, indem wir ihnen helfen. In Wirklichkeit sollte die Bedürfnisse des Kunden keine andere Arbeit Vorrang hat der Mitarbeiter.

Leider sind viele Menschen beschäftigt in der Dienstleistungsbranche einfach *„weil der Auftrag zur Verfügung stand."* Diese Menschen sollten an anderer Stelle eingesetzt werden. Wenn Sie in der Service-Industrie arbeiten, Fragen Sie sich, *„macht mir Spaß, Menschen zu dienen? Will ich machen ihren Tag besser als es war, bevor sie mich getroffen?"* Wenn die Antwort lautet: *„Nein,"* tun uns allen einen gefallen und raus aus der Dienstleistungsbranche!

Ein Ziel-Gesellschaft haben sollte ist eine Lebensart, das Menschen ermöglicht, anderen zu dienen, ohne das Gefühl zu unterwürfig. Einige

Männer fühlen, dass erniedrigend, anderen zu dienen (zu Hause oder am Arbeitsplatz ist) oder *„Frauenarbeit."* Irgendwie glauben sie, dass sie ihre Männlichkeit verlieren, wenn sie anderen zu dienen.

Sie verschenken Ihr Ton der Stimme und Körpersprache. Es gibt ein gewaltigen Unterschied zwischen ein Gespräch zu beginnen, mit einem knappen *„Ja?"* und lächelt, während er sagt, *„guten Morgen, wie kann ich Ihnen helfen?"* In einem Kaufhaus Studie fand ich, dass sechs von zehn Verkäuferinnen nie lächelte. Sie vermittelte den Eindruck, die, den Sie Kunden einen Gefallen getan haben, indem Sie auf sie warten.

Kundenservice ist nicht nur wichtig für diejenigen, die in Geschäften und Restaurants. Jede Art von Organisation, die in der Gesellschaft vorhanden ist braucht richtige Kundenservice. Grobheit, Ungeduld und Unempfindlichkeit sind nicht kompatibel mit guten, professionellen Vertrieb. Verkäufer anzeigen auch so viele dieser negativen Merkmale für eine Vielzahl von Gründen. Unhöflichkeit, Respektlosigkeit, Gleichgültigkeit, langsamer Service, Unkenntnis über die Dienstleistungen des Unternehmens, Fehler und negative Verhalten Kunden stoßen und schlechte Gefühle zu verlassen. Kunden reagieren oft auf schlechte Gefühle durch einfach wegbleiben.

Kunden tendieren zu Orten, wo sie die positivsten Gefühle bekommen. Die Mitarbeiter mit den Kunden Verhalten ist weitaus wichtiger als all das Unternehmen Geld für Werbung und Imagepflege.

Wie können Sie den Kundenservice verbessern? Wenn Sie Zeit damit, über die Art und Weise verbringen, die können Sie besseren Service und Kunden glücklicher machen, erreichen Sie Erfolg, wo immer Sie arbeiten.

Die erfolgreichsten Mitglieder des Service-Organisationen teilen gemeinsame Merkmale. Sie lernen alles, was sie nur können, über ihre Organisation und wie es seine Kunden besser bedienen zu kann.

Kompetenten Mitarbeiter kennen:

- Was die Organisation tut;

- Wer sind ihre wichtigsten Mitarbeiter;

- Warum die Organisation die Art und Weise es tut funktioniert;

- Welche Dienstleistung oder ein Produkt die Organisation bietet;

- Welche gemeinsamen Fragen oder Probleme werden voraussichtlich entstehen; und

- Wie sie Kunden am effektivsten helfen können.

Erfolgreiche Mitarbeiter verwalten auch um herauszufinden, was Kunden wünschen, erwarten und benötigen. Sie gehen aus dem Weg, dies zu tun, durch Fragen und die Antworten wirklich hören. Antizipieren sie Fragen zum Produkt oder Service des Unternehmens bietet.

Sie hören auf Ihre Kunden und ehrlich versuchen ihnen zu helfen? Halten Sie sie über was Sie tun, um ihre Bedürfnisse zu befriedigen? Lassen Sie sie wissen genau, was zu erwarten? Menschen akzeptieren fast immer genaue Schätzungen oder ehrliche Gründe für Verzögerungen.

Kann man von Ihrem Job als langweilig und Routine, aber Ihre Kunden zu beleidigen, wenn Sie ihnen das Gefühl machen, als ob sie nicht wichtig sind oder ob Sie mit Ihrem Job gelangweilt aussehen. Kunden mehr kaufen oder ihre Kaufgewohnheiten zu wechseln, wenn Verkäufer nicht das Kauferlebnis angenehm wie möglich zu machen.

Auch hier versucht, versetzen Sie sich in die Kunden, für einen Moment zu überlegen, ob Sie die folgenden Situationen in der Vergangenheit erlebt habe:

- Sie sind fünf Jahre alt und Sie haben an der Eis-Theke gerade viel größere Personen (die nach ihnen kamen) gewartet bevor Sie serviert wird.

- Sie gehen in ein Restaurant zu sitzen und beobachten andere serviert wird. Einige Leute, die kamen, nachdem Sie sind auf halbem Weg durch ihre Mahlzeit, bevor Ihre Bestellung getroffen wird.

- Sie gehen in ein Kaufhaus und ruhig stehen, während die Assistenten ihre wenig Geplauder haben bevor Sie Anerkennung.

- Man bekommt Benzin und Ihr Öl in eine Service-Station überprüft haben. Später finden Sie, dass die Telefonzentrale fettige Fingerabdrücke aller neu gewaschenen Auto verlassen hat.

- Sie haben ein Zimmer gebucht aber erhalten skeptische Blicke von der Rezeption Schreiber, die Ihre Hotelreservierung finden können.

- Es regnet stark und kämpfen Sie mit einem Mietwagen ohne Windschutzscheibe Unterlegscheibe Flüssigkeit freigegeben.

- Sie bestellen aus Zimmerservice gegen 07:00 a. und Ihr Frühstück verzichten, weil es nicht ankommen, bevor du musst für eine 08:30

verlassen müssen treffen.

- Du bist weniger Bargeld so schreiben einen Scheck an sich selbst. Sie präsentieren ein Erzähler von Ihrer eigenen Bank, wo Sie ein Stammkunde sind. Der Erzähler gibt Ihnen verdächtig aussieht und verlangt zwei Stücke der persönlichen Identifikation,

Ich bin sicher, dass viele dieser Beispiele einen Akkord mit Ihnen schlagen. Unternehmen sollten mehr bewusst sein, dass ein schlecht bedient Kunden nie zurück kommen kann, ihre Dienste zu nutzen. Es amüsiert mich zu sehen, Unternehmen riesige Summen um Kunden zurück zu bekommen, die nie verlassen haben könnte, wenn sie besseren Service und ein wenig Höflichkeit erhalten hatte. Das ist alles, was Ihre Kunden als auch zu erwarten.

Wirklichen Schaden wird verursacht, wenn Kunden aus dem Shop zu stürmen. Nicht nur kommen viele nicht zurück, sondern erzählen sie ihren Freunden über den schlechten Service. Wenn ein wütenden Kunden um Hilfe zu Ihnen kommt, haben Sie die ideale Gelegenheit, um diesen Schaden zu verhindern. Die echte Katastrophe ist noch nicht passiert. Wenn Sie die Situation richtig behandeln, es *wird nicht* passieren. Denken Sie daran, sobald Sie einen Kunden verloren haben, ist es doppelt so hart auf ihn oder sie zurück zu bekommen.

Haben Sie jemals ein Geschäft verlassen, (auch wenn Sie etwas kaufen wollte) einfach weil Sie nicht ordnungsgemäße Zustellung konnten? Wenn Kunden, dass sie guten Service erhalten wissen, können sie bereit sein, mehr bezahlen für ein Element oder einen Ersatz für ihre erste Wahl zu akzeptieren.

Wann bin ich unzufrieden mit service oder nicht bekommen, was ich von einer Firma benötige ich habe zwei Möglichkeiten; (a) Ich kann entscheiden, nie, wieder zu gehen, oder (b) ich kann Ihnen eine zweite Chance.

Ich habe gelernt, Unternehmen eine zweite Chance geben durch beschweren, wenn jemand in der Lage, die Situation zu korrigieren ist. Ich hatte schlechten Service mit einer Fluggesellschaft erhalten. Anstatt meine Reisevorbereitungen mit einer anderen Fluggesellschaft (eine definitive Alternative) entschied ich mich, an den Vorgesetzten des beanstandeten Ticket Agenten zu sprechen. Ich erklärte mein Dilemma an den Vorgesetzten, die den folgenden Kommentar gemacht *„Wenn Sie zufrieden mit unserem Service; weitersagen. Wenn Sie mit unserem Service unzufrieden sind, bitte sagen Sie mir - denn ich in der Lage bin,* *etwas darüber zu tun,"* Er versprach, seine Mitarbeiter über das Problem sprechen.

Hier sind ein paar Situationen, die mit Ihnen passiert sein könnte. Sehen Sie, was Sie tun:

1) Sie arbeiten für eine Firma, die Autoteile liefert. Sie warten auf den Clients an der Rezeption und ein Mann herein. Er weiß, dass Sie mit einem anderen Kunden zu tun haben. Er gibt den Eindruck, dass er in Eile durch seine Gewichtsverlagerung von Fuß zu Fuß, mit Blick auf seine Uhr und seufzt. Wie können Sie sein warten ein wenig einfacher machen? Daran gibt es nichts frustrierender, als warten ungeduldig auf eine Person, Sie zu unterstützen und diese Person scheint nicht zu wissen, dass du da bist. Ihr erste Schritt sollte sein, die Präsenz der Clients zu erkennen. Sie erreichen dies mit den Worten: *„Ich werde sein, mit Ihnen in einem Moment."*

2) Die Sie mit Ihrem ursprünglichen Client beenden. Sie nicken mit dem Mann und er kommt auf die Theke. Was sollte Sie sagen zu ihm, um ihn besser fühlen zu warten zu müssen, machen?

   Sagen, *„vielen Dank für Ihre Geduld. Was kann ich heute für Sie tun?"*

3) Der Client zeigt Ihnen eine Form, die er abgeschlossen hat, dass er mit der Post erhalten. Aber jemand hat ihm das falsche Formular geschickt. Sie erklären, dass es das falsche Formular und er sehr wütend wird. Was sollten Sie Antworten?

   Ihr erste Impuls wäre zu sagen: *„Naja, ich war nicht verantwortlich für die Zusendung der falschen Form"* (wehren), oder *„George muss habe es aus versehen"* (jemand anderes Schuld)? Die ihn glücklich machen würde? Natürlich nicht! Er kümmert sich nicht darum, wer ihm das falsche Formular geschickt, er will nur seine Autoteile!

   Was Sie sagen sollte, ist, *„tut mir leid, Sie erhalten das falsche Formular. Ich mache Ihnen keine Vorwürfe für gestört wird; Ich wäre auch, wenn das mir passiert war. Lass mich helfen Sie das korrekte Formular ausfüllen."*

   In dieser Transaktion Sie nicht die Schuld zuschieben. Nicht nur haben Sie sich für den Fehler entschuldigt und versetzte mit der Person, sondern auch habe Sie aktive Schritte zur Behebung des Problems.

4) Angenommen, du es warst, die falsche Form zu ihnen geschickt? Sagen Sie, *„Wir haben gerade unser System geändert und verwenden Sie dieses Formular nicht mehr"* (Schuldzuweisungen)? Oder geben Sie Ihre Fehler zu *„tut mir leid, ich habe einen Fehler gemacht. Dies ist die Form, die ich Ihnen geschickt haben sollte. Lassen Sie mich einige Zeit zu sparen, hilft Ihnen das ausfüllen."*

Umgang mit Sprachbarrieren

Bis sie vollständig in Englisch fließend, gehen Menschen, die Englisch als Zweitsprache normalerweise sprechen durch den folgenden Prozess:

Stufe 1. Sie hören, was Sie sagen, in englischer Sprache.

Stufe 2. Sie übersetzen, was Sie gesagt haben, in ihre Muttersprache.

Stufe 3. Sie bauen ihre Antwort in ihrer Muttersprache.

Stufe 4. Sie beantworten Sie in Englisch.

Sie können sehen, dass dieser Prozess braucht Zeit, also, wenn Sie mit jemandem unterhalten sind deren zweite Sprache ist Englisch, versuchen:

1. Einfache, normale Sprache. Sie können nicht erwarten, dass sie sofort erlernbar Jargon oder Fachsprache.

2. Watch ihren Körper Sprache. Wenn sie die Stirn runzeln, können Sie sie verloren haben, oder sie können den oben beschriebenen Prozess durchlaufen werden. Wenn sie nicht innerhalb einer angemessenen Zeit zu antworten, wiederholen, was Sie gesagt haben, mithilfe einfacheren Sprache.

3. Erlauben ihnen Zeit um zu interpretieren, was du gesagt hast. Die "schwangere Pause' zwischen dem Ende Ihrer Rede und dem Beginn ihrer Antworten ggf. für vollständiges Verständnis auf ihre part.

Vorkommen, dass egal was du tust, kann es unmöglich zu verstehen, was jemand zu Ihnen sagt. Wann immer möglich versuchen, jemanden finden, der die Person, die Sprache spricht. Wenn das nicht möglich ist, bitten Sie die Person, jemand (vielleicht ein Kind oder einen Verwandten) zu bringen, die als Dolmetscher fungieren können. Wenn das Problem wiederholt auftritt, überprüfen Sie Regierungsstellen zu sehen, ob sie Dolmetscher übersetzen haben. Verweisen Sie den

Anrufer zu diesem Service. Fangen Sie sich wenn Sie Schuldgefühle haben. Wenn Sie alles unternommen haben, Sie können, um die Person zu verstehen, gibt es keinen Grund, Schuldgefühle zu akzeptieren.

Umgang mit persistenten Menschen

In diesem Alter von Telemarketing haben wir alle auftretenden Telefon-Verkäufer. Zum Beispiel sind Sie wahrscheinlich vertraut mit dem süßen jungen Ding, das ihre Firma Teppich-Reinigung Spezial erklären will. Wenn sie sich identifiziert und fragt, wie Ihr Tag verläuft, wissen Sie, dass eine Verkaufsgespräch zu folgen. Ich schlage vor, Sie das folgende Verfahren anwenden:

Die stecken Rekord Technik

Ich bin sicher, dass Sie mit Telemarketing bombardiert haben. Hier ist ein Beispiel dafür, wie mit ihnen umzugehen:

„Wir haben ein spezielles auf Teppich-Reinigung heute."

„Danke für Ihren Anruf, aber ich bin nicht interessiert."

„Aber dieses Angebot ist nur gut für diese Woche..."

„Ich bin nicht interessiert."

„Wie wäre es mit Ihrer Sitzgruppe gereinigt?"

„Ich bin nicht interessiert... Auf Wiedersehen." Sie hängen sich.

Viele vielleicht glauben, dass diese Person gerade versucht, einen Lebensunterhalt zu verdienen. Meine Antwort darauf lautet, dass sie meine Privatsphäre eindringt sind. Wenn ich, Teppich Reinigung will, ich rufe und danach fragen.

Mit der Technik stecken-Datensatz wiederholen Sie einfach die gleiche Sache immer und immer wieder. Sie nicht Ihre Stimme erheben oder defensiv. Mit der dritten Ablehnung akzeptiert der Verkäufer in der Regel, dass Sie es ernst meinen.

Diese Technik funktioniert auch gut in einem Büro, wenn du derjenige bist, der Verkäufer abzuwehren hat. Angenommen, Ihre Anweisungen sind, nur einer Person, die Visitenkarte und Katalog (oder Informationen über ihr Produkt oder Ihre Dienstleistung) zu akzeptieren. Jemand aus Ihrem Unternehmen wird Follow-up, wenn das angebotene Produkt oder die Dienstleistung von Interesse ist.

Hier ist wie den nächste Verkäufer zu behandeln:

„Ich möchte finden Sie in der Office Manager."

„Hast du einen Termin?"

„Nein, nicht ich."

„Könnten Sie mir bitte den Grund für Ihren Besuch sagen?"

„Ich würde gerne unser Produkt Ihre Büroleiterin erklären?"

„Meine Anweisungen sind, akzeptieren alle Informationen, die Sie würde darauf zu verlassen. Das Office Manager rufen Sie, wenn sie interessiert ist."

„Unser Special ist nur in dieser Woche."

„Lassen Sie die Informationen mit mir und das Office Manager rufen Sie, wenn sie interessiert ist."

„Ich bin sicher, dass sie mich sehen wollen würde."

„Lassen Sie die Informationen mit mir und das Office Manager rufen Sie, wenn sie interessiert ist [Sie halten eine Hand für die Informationen]. Ich danke Ihnen."

Sie können diese Technik auch in anderen Fällen verwenden – zum Beispiel, wenn jemand versucht, Sie davon überzeugen, etwas zu tun Sie wirklich nicht wollen, zu tun:

„Fahren Harry, kannst du mich nach Hause von der Arbeit heute Abend?"
„Nein, ich kann nicht, tut mir leid, ich bin beschäftigt."
„Harry, ich brauche Sie, mir heute Abend von zu Hause aus arbeiten zu fahren. Wie kommen Sie mir nicht fahren können?"
„Wie ich schon sagte, bin ich zu beschäftigt."

Wenn jemand fragt Sie zu erklären, warum hast du gesagt Nein, sie sind aggressiv handeln und versuchen, Sie zu nutzen. Du bist nicht verpflichtet, Menschen zu erzählen, warum Sie nicht was sie tun möchten. Verwenden Sie diese Technik, wann immer Sie wollen, Nein zu jemandem sagen, der versucht, Sie davon überzeugen, "Ja" sagen. Keine Schuldgefühle.

Mit Hilfe der Technik stecken-record

„Ich habe zur Durchsetzung von Regeln und Vorschriften mit meinen Kunden. Sie mag es nicht viele dieser Regeln und ich fühle mich unter Druck gesetzt, wenn sie darauf bestehen, ich Ausnahmen für sie machen."

130

Dies ist nur eines der vielen Probleme, die am wirksamsten behandelt werden mithilfe der Technik stecken-Record.

Zum Beispiel könnten Sie sagen: *„Ich verstehe Ihre Enttäuschung, aber Ausnahmen für jedermann kann ich nicht machen."* Oder *„Ich möchte in diesem Fall eine Ausnahme zu machen, aber ich kann nicht."* Wenn die Person beschweren weiterhin, wiederholen Sie ruhig genau das, was Sie vorher gesagt. Wiederhole es noch einmal, wenn die Person weiterhin Sie Dachs. Nicht erhebe deine Stimme oder defensiv. Sie werden feststellen, dass zum dritten Mal machen Sie den Kommentar - der Client Sie hören. Aber denken Sie daran: Wenn Sie nicht, was eine Person will versuchen, ihnen möglichst mindestens zwei alternative Lösungen geben,.

Umgang mit frustrierten Kunden

Hier sind einige der Frustrationen (was zu Ärger führen können), dass Klienten und Kunden identifiziert haben:

sie brauchen: Guter Kundenservice, aber

Blöcke:

* Niemand hört mich!
* Etwas schief gelaufen.
* Ich bin nicht immer Ihre Hilfe.
* Das Produkt funktioniert nicht.

Befriedigung der Notwendigkeit: Jemanden, der mir helfen

Ihr erste Schritt sollte sein, festzustellen, was der Kunde Block. Dann können Sie auf das Problem konzentrieren.

Wenn ein Client glaubt, dass *„niemand hört auf mich,"* und nimmt seine oder ihre Frustration durch Sie anzuschreien, wie man zeigen kann, dass Sie hören? Ihre Körpersprache würde dies zeigen und Sie würde in Anlehnung an was Sie glauben, dass sie gesagt haben. Dann würden Sie mehr über ihr Problem Fragen. Dies würde auch helfen im Umgang mit *„etwas schief gegangen," „Ich bin nicht immer Ihre Hilfe"* und *„das Produkt funktioniert nicht."*

Umgang mit verärgerten Kunden

Erinnern Sie sich, die verärgerten Kunden wahrscheinlich ein Bedürfnis haben, das ist nicht eingehalten, und glauben Sie, Sie haben die

Möglichkeit, zumindest das Problem auf dem Weg zum zu lösen beginnen. Jedoch können Sie effektiver *nicht* sich sofort auf die Lösung des Problems gefunden.

Zunächst befassen sich mit Klienten Gefühle . Einsatz Empathie - Versetzen Sie sich in ihren Schuhen. Solche Dinge wie *sagen „Ich mache Ihnen keine Vorwürfe für gestört wird. Ich glaube, dass wäre viel zu wenn das mir passiert wäre."* Erhalt der Blickkontakt, nicken Ihres Kopfes usw. hören. Fragen Sie zur Klarstellung für dich; *„Und was dann passiert ist?"* oder *„Hat den Artikel nicht richtig passen?"* Dann geben Sie das Kunden-Feedback auf was Sie das Problem (oder Ursache des Zorns) zu verstehen.

Dann, mit ihrem Problem befassen . , Sobald Sie den Klienten Gefühle beschäftigt haben, sind Sie nun bereit, mit ihrem Problem befassen. Erfahren Sie, was sie von Ihnen wollen. Etwas sagen wie: *„ich sehe, wir haben hier ein Problem. Was soll ich tun, um Ihnen zu helfen?"*

Viele Mitarbeiter vergessen, diese Frage zu stellen, aber es ist ein sehr mächtiges Werkzeug Problemlösungen. Oft Kunden wissen nicht wirklich, was sie von Ihnen wollen. Dann sollten Sie klären, was wirklich angefordert wird und Maßnahmen ergreifen, um das Problem zu lösen.

Was könntet ihr sagen, wenn Sie nicht wollen, was die Person will? Wenn Ihnen nur jemand sagen, dass Sie seine oder ihre Bedürfnisse nicht erfüllen können, wird die Person verständlicherweise unglücklich sein. Wenn Sie Alternativen anbieten können, wird die Person allerdings weniger unglücklich sein. Wenn Sie den Anforderungen des Kunden nicht erfüllen können, bitten Sie die Person was Sie *können* tun, die zur Deckung des Bedarfs am nächsten kommt. Geben Sie die Person mindestens zwei Alternativen, aber nicht mehr als drei. (Jeder ist mehr als drei verwirrend). Was du getan hast ist psychologisch die Kontrolle über die Situation an den Client zurückgegeben. Eingedenk des Auftraggebers ist er oder sie nun zurück in den Fahrersitz. Das Ergebnis ist eine Win-Win-Situation.

Wenn es keine Alternativen, erklären Sie die Regeln bzw. Richtlinien, die es unmöglich machen, den Kundenwunsch zu erfüllen. Erklären Sie, nur was auf die Person, die eigene Situation anwendbar ist. Arbeiten Sie dann mit dem Client zu kommen mit einem Kurs von Aktion (oder eine Alternative, die Sie vorgeschlagen haben) so dass Sie beide verstehen, was geschehen soll. Stellen Sie sicher Sie follow-up und tun, was Sie gesagt haben, dass Sie durchführen müssen. Geben Sie die persönlichen Feinschliff durch drängen Kunden um Sie zu kontaktieren, sollten sie Probleme in der Zukunft haben.

Hinweis: Denken Sie daran, dass alle Probleme, die dies nicht einfach zu lösen. Sie möglicherweise nicht in der Lage, Kunden vollständig zufrieden zu stellen, aber Sie können versuchen, mit ihnen zu verhandeln, so gibt es keine Gewinner oder Verlierer.

Ihre eigenen Fehler zu korrigieren

Was können Sie tun, wenn *Sie* den Fehler gemacht? Erstens schämen Sie nicht, es zuzugeben. Dann erklären Sie, *„tut mir leid, dass das passiert. Mal sehen, was ich tun kann, um den Fehler zu korrigieren."* Korrigieren Sie Ihre Fehler. Nicht das Gefühl Sie haben um sich zu verteidigen, mit solchen Aussagen wie, *„Wir waren verzweifelt beschäftigt. Thats, warum ich einen Fehler gemacht."* Wann immer Sie tun, ignorieren Sie nicht das Problem; Das wird nur des Clients zusammengesetzte Wut auf Sie und Ihr Unternehmen.

Du hast das Problem zuzugeben, dass Sie einen Fehler gemacht? Wir alle machen sie und die meisten von uns hassen, es zuzugeben. Aber wenn jemand einen Fehler macht und räumt ein, dass, nicht Ihren Respekt für diese Person steigen? Die meisten Menschen fälschlicherweise annehmen, dass andere ihnen weniger respektieren werden, wenn sie einen Fehler zugeben. Das Gegenteil ist wahr. Du hast gestolpert, räumte ein, dass es und du bist bereit, das Problem zu beheben. Das funktioniert viel besser für euch beide. Wenn der Client sagen weiterhin, *„Was würden Sie mir zu tun, um dieses Problem zu lösen?"* argumentieren,

Benutzung des Telefons

Wenn Sie wie ich sind und laufen in jemanden, der das Telefon nicht richtig beantwortet, geht dein Eindruck des gesamten Unternehmens rapide bergab. Denken Sie daran, wenn Sie das Telefon falsch beantworten, wahrscheinlich wirst du potentielle und auch regelmäßige Kunden deaktivieren.

Erstellen einen positiven Eindruck für Ihre Firma ist zwingend erforderlich. Sie können der erste sein und in einigen Fällen die einzige den Kunden kontaktieren oder Client hat mit Ihrem Unternehmen. Hier sind einige Vorschläge:

Telefon Etikette

1. Antwort fordert sofort - wenn möglich auf dem ersten Ring.

2. Transfer nennt wirksam (siehe nächste Seite *„ Telefon-Antworten")*.

3. Geben Fortschrittsberichte für Anrufer wenn sie gesperrt sind.

4. Legen Sie nie Ihre Hand über das Mundstück. (Der Client werden denken Sie als hinterhältig oder das du redest über sie).

5. Egal wie du dich in diesem Moment fühlst, Don't pass Ihre schlechten Laune an Ihre Kunden weiter.

6. Bleiben Sie Cool mit schwierigen Kunden.

7. Entschuldigen uns, falls Sie einen Fehler gemacht haben.

8. Versuchen, dieses kleine extra-Service für Kunden geben, die sie für die Zukunft merken.

9. Lernen die richtige Art der Herstellung und Protokollierung Ferngespräche.

10. Lernen Sie die Techniken von Feedback und paraphrasiert, so dass Nachrichten sind nicht missverstanden.

11. Bei der Einnahme von den Namen einer Person bitten, es für Sie bedeuten. Dann in Klammern, der phonetischen Klang ihres Namens hinzufügen, damit Sie es später falsch aussprechen wird nicht.

12. Wenn Sie Ihren Arbeitsplatz verlassen, stellen Sie sicher, lassen Sie die Angestellte an der Rezeption wissen, oder jemand anderes antwortet Ihr Telefon oder schalten Sie Ihre Voice-Mail.

13. Halten Sie Papier und Stift neben *jedem* Telefon.

14. Wenn Sie das Telefon zu informieren lassen müssen, zu Fragen, ob der Anrufer lieber warten würde, oder Sie ihn oder sie zurück rufen.

15. Wenn Anrufer Sie um Informationen bitten Sie können nicht bieten, ihnen sagen, Sie erhalten zurück zu ihnen mit der Antwort. Entweder die rufen dich zurück, oder jemanden dafür mehr als Sie mit dem Thema vertraut ist. Aber stellen Sie sicher jemand folgt-Up. Der letztere Vorschlag möglicherweise vorzuziehen, wenn die Person weitere Fragen während des Gesprächs haben kann, die Sie nicht beantworten können.

16. Verwendung der Anrufer Name wenn praktische (nicht übertreiben das aber). Üben Sie die korrekte Aussprache ihres Namens.

17. Haben Notizen bereit, im Zusammenhang mit dem Aufruf gemacht, damit Sie wichtige Einzelheiten nicht vergessen. Wenn der Aufruf werden zurückgegeben muss, diese Notizen helfen Ihnen an alles erinnern, Sie diskutieren wollten.

18. Selbst zu identifizieren, wenn Sie das Telefon, z. B. *„Bill Baker, Versandabteilung"* beantworten Denken Sie daran, Sie wollen seien Sie höflich und angenehm und des Anrufers um sich wichtig fühlen. Sie wollen vermeiden, die Nummer des Anrufers und des Unternehmens Zeit zu verschwenden. Und vor allem wollen Sie den Anrufer, die den Zweck des Anrufs helfen.

Mit ein paar standard-Antworten können Sie alle diese Ziele in den meisten Fällen treffen, die Sie antreffen. Eine Anzahl von diesen standard-Antworten werden im folgenden beschrieben.

Telefon-Antworten

Situation: Einen eingehenden Anruf zu beantworten.
Antwort: Buchhaltung, Bill Jones sprechen.

Situation: Die angerufene Person befindet sich in einer anderen Zeile.
Antwort: Bill Jones auf einer anderen Leitung spricht. Möchten Sie halten, oder kann ich ihn bitten, Sie anzurufen?

Situation: Die angerufene Person ist für ein paar Minuten entfernt von seinem Arbeitsplatz.
Antwort: Gerade Bill Jones nicht in seinem Büro. Kann ich eine Nachricht nehmen?

Situation: Der Anrufer erreicht die falsche Erweiterung.
Antwort: Unsere Buchhaltung verarbeitet diese Informationen. Kann ich übertragen Sie?

Situation: Die angerufene Person ist in einer Besprechung bis 15:00
Antwort: Bill Jones ist an einer Besprechung teilnehmen bis 15:00 darf ich ihn rufen Sie bitten?

Situation: Die angerufene Person ist mit einem Kunden.
Antwort: Ist Bill Jones mit einem Client. Kann ich bitte ihn, Sie anzurufen?

Situation: Die angerufene Person das Amt für den Nachmittag verlassen hat.

Antwort: Bill Jones wird nicht heute Nachmittag zurück sein. Möchten Sie ihn rufen Sie morgen?

Situation: Müssen Sie wissen, wer anruft.
Antwort: Kann ich bitte Bill Jones erkennen, wer anruft?

Situation: Die angerufene Person ist noch nicht in.
Antwort: Ist Bill Jones nicht im Büro gerade jetzt. Darf ich ihn rufen Sie Fragen? (Vermeiden Sie sagen: *"Er hat nicht noch heute kommen in"* die macht es scheinen, als ob er Zoll geschlafen hat)

Situation: Der angerufene ist Ill.
Antwort: Ist nicht Bill Jones in heute. Kann ich bitte ihn, Sie anzurufen, oder könnte jemand anderes Ihnen helfen?

Situation: Musst du dem Anrufer einen Zwischenbericht geben.
Antwort: Ist Bill Jones noch auf seine Linie. Kann ich eine Nachricht, oder bitten Sie ihn, Sie anzurufen?

Situation: Sie sind in einen Anruf auf halten zurück.
Antwort: Vielen Dank für Ihre Geduld.

Situation: Die angerufene Person liegt außerhalb der Stadt.
Antwort: Bill Jones ist abwesend bis Juni 4th. Kann ich eine Nachricht, oder könnte jemand anderes Ihnen helfen? (Vermeiden Sie sagte: *"Er ist aus der Stadt,"* die Einbrecher könnte sagen, es ist sicher in seinem Haus zu brechen.)

Situation: Die angerufene Person nicht im Büro ist aber kehrt.
Antwort: Carolyn Jones als sie zurückkehrt, ist außerhalb des Büros bis 14:00 kann ich habe sie Sie anrufen? (Vermeiden Sie sagen „ich habe keine Ahnung wo She is" Das klingt sehr unprofessionell. Sie „sollten wissen, wo sie ist!")

Situation: Sie sind ein Anruf an Sie übertragen.
Antwort: Buchhaltung, Bill Jones zu sprechen. Kann ich Ihnen helfen?

Situation: Die angerufene Person ist für den Kaffee.
Antwort: Erwarte ich Bill Jones in etwa zwanzig Minuten. Kann ich bitte ihn, Sie anzurufen?

Situation: Die angerufene Person ist für das Mittagessen.
Antwort: ich erwarte, dass Bill Jones auf ca. 13:00 darf ich ihn rufen Sie bitten? (Nicht sagen, er ist „Heraus zum Mittagessen," die für manche bedeuten könnte, dass er Brainpower fehlt.)

Situation: Der angerufene ist besetzt und will nicht gestört werden.
Antwort: Bill Jones ist nicht verfügbar, bis 15:00 könnte jemand anderes Ihnen helfen, oder kann ich eine Nachricht und haben ihn rufen Sie zurück? (Sagen, *„Er ist gerade jetzt gefesselt"* bringt Bilder von jemandem mit Seilen gefesselt.)

Situation: Absolvieren Sie einen Telefonanruf.
Antwort: Vielen Dank für Ihren Anruf. Auf Wiedersehen.

Situation: Sie einen Anruf zu werden.
Antwort: Guten Morgen. Das ist Bill Jones von der Firma XYZ Berufung. Kann ich bitte mit Gordon Smith sprechen?

Geben Sie niemals Antworten wie, *„verließ sie für etwa eine halbe Stunde vor Mittagessen. Rückruf innerhalb von zwei Stunden; Sie werden wahrscheinlich wieder bis dahin."* Oder, *„heutigen Donnerstag und bekommt selten vor 10:30 am Donnerstag."* Solche Antworten erstellen einen schlechten Eindruck von der angerufene und letztlich des Unternehmens sowie.

Eine Antwort, eine Vielzahl von Situationen umfasst, ist, *„Ich bin traurig, dass Bill Jones gerade nicht verfügbar ist"* Bill Jones vielleicht direkt neben dir sitzen, aber er ist *„nicht verfügbar"* an den Aufrufer. Dies macht es unnötig für Personal an der Rezeption und Personal Assistants für ihren Vorgesetzten zu liegen. Verwenden Sie diese Option, wenn Ihr Vorgesetzter Sie wahrheitswidrig, sagen will, das er oder sie nicht im Büro ist.

Verwendung von gesundem Menschenverstand und gute Manieren

Hier sind Situationen, wo die guter alter gesunden Menschenverstand Vorrang haben sollte:

1. Ihrem Vorgesetzten hat einen Berg von Arbeit in Angriff genommen und Wort, du bist nicht, ihn zu stören, es sei denn, das Gebäude in Brand, verlassen hat. Der Präsident Ihres Unternehmens-Handys und bittet darum, mit Ihrem Vorgesetzten sprechen. Es gibt Ausnahmen zu jeder Regel. Dies ist offensichtlich einer von ihnen.

2. Du scheinst immer falsch-Nummer Anrufe für ein anderes Unternehmen mit einer ähnlichen Telefonnummer zu erhalten. Verschwenden Sie keine Zeit Gefühl wütend. Stattdessen die Anzahl der Firma nachschlagen und bereit sein, die richtige Anzahl an dem

Aufrufer.

3. Ähnelt Ihrer Gemeindeverwaltung Abteilung in eine andere Abteilung in der Bundesregierung. Leute scheinen zu denken, dass Sie in der Lage, ihre Fragen zu beantworten. Haben Sie einen Satz spiel erklären die Unterschiede in Ihren Funktionen und Anrufer die richtige Nummer zu geben. Verpassen Sie nicht einen kühlen Kopf - sie versuchen nicht, Sie zu ärgern.

4. Musst du einen Besucher vom Empfangsbereich Ihres Vorgesetzten Büro begleiten. Tun Sie:

   a. Vorausgehen den Besucher, die besagt, *„Folgen Sie mir, bitte?"*

   b. Lassen Sie die Besucher zuerst gehen, erklärt: *„Es hat unten dieser Korridor, die erste Tür auf der rechten Seite?"*

   Die richtige Antwort ist (a).

5. Bringen Sie einen Besucher zu Ihrem Vorgesetzten Büro. Sie habe noch nie vor. Tun Sie:

   a. Lassen den Besucher hereinkommen?

   b. Verkünden die Besucher, sagt *„[Name des Vorgesetzten], das ist Bill Jones von Unternehmen XYZ."*

   c. Jeder auf den anderen vorstellen?

   Die richtige Antwort ist (b).

6. Ruft Ihr Vorgesetzter Sie in ihr Büro, während sie einen männlichen Besucher hat. Der Besucher steht bei der Eingabe. Sollten Sie:

   a. An den Besucher und sitzen nach unten nicken?

   b. Anspielung auf die Besucher, und sagen, *„Wird nicht Sie bitte setzen?"*

   c. Sagen, *"Hallo"* und hinsetzen?

   (a) und (c) korrekt sind.

7. Tropfen Ihres Vorgesetzten Ehepartner kurz vor Ladenschluss. Sollten Sie:

   a. Rufen Sie Ihren Vorgesetzten aus der Sprechanlage und folgen Sie den Anweisungen.

   b. Bieten dem Besucher einen Stuhl im Rezeptionsbereich?

c. Lächeln und machen kleine reden, bis Ihr Vorgesetzter verfügbar ist?

Die richtige Antwort ist, es sei denn, Ihr Vorgesetzter für eine Weile nicht verfügbar ist, dann ist b richtig.

BESONDERE SITUATIONEN

Regierungsbüros

Regierungsangestellte haben besondere Probleme von Kunden. Weil Regierungen nicht im Wettbewerb mit anderen Firmen sind, muss der Kunde die Möglichkeit, woanders nicht. Dadurch gehen die Leute oft in einem Amt mit einem vorgefertigten Chip auf der Schulter.

Ein weiteres Problem, dass die Regierung Arbeiter Gesicht ist die Haltung, *„Du bist für mich arbeiten. Gib mir Service, sonst!"* Staatsangestellte müssen akzeptieren, dass diese Haltung durchaus verständlich ist.

Diese beiden Probleme bedeuten, dass staatliche Angestellte mehr Empathie und Sozialkompetenz als andere Arten von Mitarbeitern. Regierung die Arbeitgeber sollten dies im Hinterkopf behalten, wenn Mitarbeiter einstellen, die mit der Öffentlichkeit.

Arztpraxen

„Ich arbeite in einer Arztpraxis, und Menschen oft anrufen und einen Termin an diesem Tag. Wenn ich bin ausgebucht, aber schlage vor 10:00 am nächsten Morgen, laufe ich in Argumente. Wie kann ich diese Leute zu beschwichtigen und über nicht in der Lage, ihnen zu helfen, früher weniger schuldig fühlen "

Eine Antwort könnte sein, *„tut mir leid. Dr. Greg können Sie heute nicht sehen. Allerdings habe ich zwei Vakanzen morgen früh. Möchten Sie lieber ein 10:00 oder eine 11:30 Termin?"*

Entbindet sich von jeglicher Schuld, die dieses Problem erzeugt. Wenn Sie Ihren Job am besten kannst du tun, gibt es keine Notwendigkeit an Ihnen schuldig Gefühle zu akzeptieren. In der ersten Situation wenn Sie den Patienten wünschen entsprechen konnte nicht fühlten sie sich wahrscheinlich, dass sie die Kontrolle verloren hatte. Alternativen zu geben, helfen Sie ihnen das Gefühl wieder zu erlangen, das sie wieder unter Kontrolle sind.

„Ich bin eine Empfangsdame in einer Arztpraxis. Letzte Woche kam eine Frau mit ihrem Rowdy zwei-jährigen Sohn. Er fuhr fort, in alles, was im Büro zu bekommen. Ich schließlich hob ihn auf und schmiss ihn auf seine Mutter Knie, sagte: ,dieses Kind gehört Sie? Er ist immer in die Dinge, so musst du ihn sehen. " Fünf Minuten später war sie es, den Arzt aufzusuchen, und sie hatte die Frechheit zu sagen: „Schau nach Johnnie." „Ich ließ sie wissen, dass es nicht meine Aufgabe, ihr Kind Babysitten. Sie sollten jemanden, der ihn Babysitten gebracht haben. Ich war zu beschäftigt. Schließlich nahm sie Johnnie mit ihr, aber sie war nicht glücklich. Wie könnte ich habe behandelt diese Situation besser?"

Dieses Problem tritt in Ärzte. Zahnärzte und Rechtsanwälte Büros und es ist ernst. Niemals Kinder holen Sie ab oder zurückhalten sie, es sei denn, sie in Gefahr sind, sich selbst oder andere zu verletzen. Wenn Sie dies tun, könnte die Mutter Sie mit Angriff kostenlos!

Lenken Sie die Aufmerksamkeit der Mutter des Kindes störendes Verhalten. Wenn das Verhalten weiterhin auftritt, Fragen Sie die Mutter und das Kind zu verlassen. Sie sollte nicht zum Babysitten haben, es sei denn, ein Notfall irgendeiner Art. Denken Sie daran, dass Stimmen Sie für das Kind zu kümmern, Sie rechtlich haftbar können das Kind in Ihrer Obhut verletzt werden sollte. Überprüfen Sie die Gesetze in Ihrer Nähe und informieren Sie Ihren Vorgesetzten Ihrer Verpflichtung und Haftung sollten Sie aufgefordert, dies als Teil Ihrer Aufgaben zu tun.

Einige Büros mussten Zeichen wie z. B. post: *„Verhalten der Kinder liegt in Ihrer Verantwortung. Wenn sie Fehlverhalten oder eine Störung verursacht, werden sie aufgefordert, zu verlassen."*

Viele Arztpraxen haben Spielzeug für Kinder zum spielen, aber viele Zeichen erklärt: *„diese Spielzeuge sind für Patienten verwenden nur."* Dies rät Eltern hindern das Personal als Babysitter für Kinder, die nicht da sind, den Arzt aufzusuchen. Wieder, lassen Sie Ihrem Vorgesetzten werden Ihre Anleitung, welche Regeln und Vorschriften gelten.

„Ich arbeite in einer Arztpraxis und Anrufer oft weigern, mir zu sagen, den Grund für ihre Ernennung. Ich erkläre, dass ich muss wissen, damit ich, wie viel Zeit zu buchen für sie weiß. Ihre standard-Antwort scheint zu sein," ich brauche nur, ihn für fünf Minuten zu sehen. „Dann buchen sie zehn Minuten und finden, dass sie fünfzehn oder zwanzig aufgrund der Komplexität der Krankheit benötigen. Wenn sie ihre Krankheit mir

erklärt hatte, hätte ich vom letzten Patienten gewusst haben, dass sie so lange brauchen würde. Warum etwas Patienten tun so? Glauben sie, ich bin neugierig sein?"

Verstehen Sie, dass sie möglicherweise was betrachten sie ein privates Problem mit dem Arzt besprechen. Sie fühlen, dass Sie kein Recht, über ihre innersten Geheimnisse erfahren haben. Versuchen Sie es mit Empathie: *„Ich weiß, dass die Angelegenheit ist persönlich, aber Sie habe nicht mir gegeben, die Informationen, die ich brauche, um einen Termin zu vereinbaren."* Lassen Sie sie wissen, dass Sie des Arztes folgen.

Verwenden Sie die fest-Record-Methode, wenn nötig. Oder schlagen Sie eine Alternative, z. B. *„möchten Sie mich buchen Sie in zehn oder fünfzehn Minuten?"*

Rauchen im Auto

„Ich brauche keinen Firmenwagen oft genug, um eines meiner eigenen verwenden ein Auto aus den Fahrdienst, meine Kunden zu besuchen. Unsere Firma hat ein Urteil, dass niemand in den Fahrzeugen zu Rauchen gestattet ist und weil ich Nichtraucher bin dieses Urteil ist in Ordnung mit mir. Allerdings habe ich anscheinend ein erhalten, das riecht nach Rauch. Ich würde gerne das Auto zu verweigern, aber es ist oft die letzte zur Verfügung. Ich weiß, die im Auto geraucht. Wie soll ich damit umgehen?"

Die Person, die gegen die Regeln verstoßen hat alle Attribute des *„Klassenclown."* Er weiß, dass er die Regeln verletzt wurde, wenn er beleuchtet, aber weigert sich zur Raucherentwöhnung in der Firmen-PKW. Wer ist verantwortlich für Autos in den Fuhrpark Zuweisung sollte das Problem mitgeteilt. Sie sind diejenigen, die die Verantwortung für den Umgang mit der Regel brechen. Wenn diese Person sich weigert, mit diesem Thema befassen, sprechen Sie mit Ihrem Vorgesetzten.

Restaurants und Hotels

„Ich arbeite in einem Restaurant als Hostess. Ich hatte eine Situation den anderen Tag, den ich nicht gut im Griff. Links gab es nur einen Tisch für zwei. Zuerst war in Zeile eine Frau mit ihrem Sohn. Sie erklärte, dass es sein Geburtstag war etwas ganz besonderes für sie. Sie haben nicht Vorbehalte haben.

Ich war bereit, nach besagt, dass es die letzte Tabelle links war, wenn das Paar hinter ihr sprach zu setzen."

„Wir haben Reservierungen für 07:00. Es ist jetzt 07:00 und ich verstehe, dass Sie nur eine Tabelle links. Meine Frau und ich müssen an einem Film am 08:15, so dass wir nicht warten können, bis zu einer anderen Tabelle verfügbar. Wir wollen, dass man!" Sie wiesen auf die letzte Tabelle.

Die Frau und das Paar stritten über, die in der Tabelle bekommen soll und ich schließlich sitzt das Paar mit der Reservierung. Die Frau und ihr Sohn wurde verärgert und bald verließen das Restaurant, vor ein Tisch zur Verfügung stand."

Es gibt einige Situationen, wo "Du bist verdammt, wenn Sie tun, und verdammt, wenn Sie dies nicht tun." Dies ist eine jener Situationen. Wegen der Knappheit von Tabellen zur Verfügung sollten Sie interviewt haben alle warten, um zu sehen, gäbe es Vorbehalte hatte. Die Frau und ihr Sohn hätte zu einem anderen Tisch warten. Sie haben die richtige Lösung gewählt.

„Ich bin Angestellte in einem Hotel an der Registrierung. Um 17:00 kam eine Frau sich für ihr Zimmer. Das Hotel war noch voll von einer Konvention. Menschen wurden spät Check-out, so dass ihr Zimmer noch nicht fertig. Sie begann liefen das Hotel, Angabe was für einen miserablen Tag sie gehabt hatte. Das einzige was, das ich empfehlen könnte, war eine Gästesuite, bis ihr bereit war. Sie war nicht sehr glücklich, aber trotzdem akzeptiert. Was sonst könnte ich vorgeschlagen habe?"

Erfahren Sie, welche Extras dieses Hotel bietet dies in Zukunft geschehen soll. Sie könnte versucht, den Ansatz der Alternativen anzubieten haben. Zum Beispiel: *„akzeptieren Sie die Hospitality Suite, bis Ihr Zimmer bereit ist? Oder lassen Sie Ihre Taschen mit mir Sie lieber und genießen Sie ein kostenloses Getränk und Essen in unserem Restaurant?"* (Denken Sie daran, dass bei 17:00 sie Erfrischungen oder ein Essen zu schätzen wissen könnte.) Psychologisch, stellt dieser Ansatz den Rücken Kontrolle da sie auswählen kann, was sie tun will.

Wenn Ihr Unternehmen oder einer seiner Vertreter Trauer an einen Client verursacht hat, verdient die Client Streicheleinheiten zur Behebung des Problems. Diese **T.L.C** kann so einfach sein wie das Problem zu lösen oder so aufwendig wie Bargeld oder waren Bonus. Hotels geben oft kostenlose Körbe mit Obst oder bessere Unterkunft, wenn sie einen Client Schwierigkeiten verursacht haben.

Welche Extras könnte Ihr Unternehmen bieten, um nicht zu verlieren das zukünftige Geschäft des Kunden, die eine berechtigte Beschwerde haben?

Freizeiteinrichtungen

„Ich arbeite für eine Freizeiteinrichtung und verbringen die meiste Zeit meines Tages, die den Menschen Informationen über öffentliche Schwimmzeiten. Ich finde das sehr langweilig. Ich habe auch viel mehr drängenden Aufgaben zu erledigen."

Sicherlich ist es nicht sehr anregend, immer und immer wieder die gleichen Informationen heraus geben, aber haben Sie überprüft Ihre Stellenbeschreibung? Ich wette, Sie werden feststellen, dass dies die Hauptaufgabe Ihrer Position ist. Wiederholte Anrufe unvermeidbar, da möglicherweise Zeitpläne Freizeiteinrichtungen so oft ändern. Um viele wiederholte Anrufe, Fragen Sie Kunden, wenn sie möchten, gehen auf Ihre Website kommen und holen einen Zeitplan oder wollen sie dass du ihnen eine mail. Wenn Sie selbst noch zu diesem Teil Ihrer Aufgaben vereinbaren können, müssen Sie überlegen, ob Sie in den falschen Job oder überqualifiziert für die Position sind.

Dienstleistungen für ältere Menschen

„Ich habe mit älteren Menschen umzugehen. Was sind einige der Dinge ich beim Umgang mit ihnen beachten?"

Manchmal ältere Kunden können schwierig zu bewältigen sein. Viele Dinge sind passiert, zu ihnen. Oft nicht ihre Gesundheit so gut wie früher. Es ist möglich ihr Gehör ist nicht gut oder, dass ihre Denkprozesse ein wenig verlangsamt haben.

Aber vorstellen, wie ärgerlich es ist, eine rüstige 80 jährige, angeschrien werden, da der Lautsprecher wird davon ausgegangen, dass alle ältere Menschen taub sind. Wer richtig normalerweise nicht hören können, muss ein Hörgerät. Erheben Sie nicht automatisch Ihre Stimme, nur weil die Person weißes Haar hat.

Ältere Menschen schätzen wird behandelt, als ob sie ein wenig einfach sind nicht. Vermeiden Sie, sich mit ihnen zu sprechen. Wenn Sie nicht sicher sind, dass sie verstanden haben, ermutigen Sie, für Sie, zu paraphrasieren, so dass Sie sichergehen können, dass Sie sich klar gemacht haben.

Kunden mit Behinderungen

„Manchmal begegne ich einen Kunden, der stottert. Wie soll ich mit diesem Problem umgehen?"

Welche Fehler glaubst du, Sie zu begehen, wenn man im Gespräch mit jemandem, der stottert? Beenden Sie den Satz für diese Person zu? Wenn Sie den Satz nicht falsch zu beenden Dies zwingt der Stotterer zu Anfang wieder. Stellen Sie den doppelten Ärger ist dies für die Person? Stottert fühlen sich oft missverstanden besorgt. Sie verdoppeln ihre Angst, wenn Sie falsch interpretieren, was sie sagen, durch den Abschluss ihrer Strafe für sie. Haben Sie ein Herz!

Hier sind ein paar Dinge im Auge zu behalten, wenn im Gespräch mit jemandem, der stottert. Die meisten Stotterer sind der mittlere oder hohe Intelligenz. Ihre Gehirne gehen einfach zu schnell für den Mund zu sagen, was sie sagen wollen. Oft, wenn sie Kinder waren, Eltern und Lehrer machte sie selbstbewußt über ihre Rede, die das Problem noch schlimmer gemacht.

Zunächst ließ der Stotterer, die wissen, dass Sie bereit sind zu hören. Zu diesem Zweck gut hörende Techniken. Geben Sie komfortable Blickkontakt zu, nicken Sie Ihr Kopf, Fragen Sie stellen und mit allen Mitteln lassen Sie die Person beenden, was er oder sie sagt. Versuchen Sie, den Eindruck erwecken, Sie Zeit für sie haben zu sagen, was sie sagen wollen. Wenn sie versuchen, hetzen, was sie sagen, werde es nur wegen ihrer Nervosität länger dauern.

„Ich finde es schwierig, Umgang mit Kunden, die behindert sind. Mir ist klar, dass dies mein Problem, aber was ich tun kann, um sie zu überwinden?"

Die größte Beschwerde behinderte Menschen haben gegen andere ist, dass sie als bedeutungsloser behandelt werden. Sprechen Sie mit der Begleiter der Person im Rollstuhl, anstelle der Person auf dem Stuhl? Viele Rollstuhlfahrer sind nicht sogar Blickkontakt - in der Tat gegeben, die meisten Menschen alles andere als geben sie Blickkontakt. Das macht sie nicht Existent fühlen, und sie reagieren mit Feindseligkeit.

Nächste Mal Sie jemand in einem Rollstuhl sehen, Nicken oder Lächeln und Blickkontakt. Es ist für alle Beteiligten besser, wenn Sie Menschen mit Behinderungen wie jeder andere und mit Respekt behandeln. Auch eine geistig Behinderte Person schätzt dies.

Angebot zu helfen, wenn die Person erscheint es brauchen. Wenn Ihr

Angebot mit einem barsch zurückgewiesen, fühlen *„Kann ich es mir selbst,"* nicht schuldig, weil der Kommentar. Zu helfen, weil es erforderlich sein, aber respektieren die Person verlangen, seine Unabhängigkeit und Selbstversorgung geltend zu machen, bieten.

ANDERE ARTEN VON PROBLEMEN

Der Kunde hatte bereits die Run-Around

Sie beantworten das Telefon für Ihr Unternehmen. Die Person am Telefon ist wirklich verärgert. Sie hatte die sprichwörtliche Run-Around. Sie sagt, *„Du bist die vierte Person, die ich gesprochen habe ohne irgendwelche Antworten. Kann nicht jemand mir helfen?"*

Diese Person wurde das Opfer von der Pass-the-Buck-Syndrom und der schwarzen Peter zuschieben sollten mit Ihnen. Sagte: *„Sorry, das ist die falsche Abteilung wieder"* wird nicht akzeptiert werden. Sie will ihr Problem gelöst, und sie sieht Sie in der Lage, ihr zu helfen. Sie kümmert sich nicht, wenn es „Ihre Abteilung" oder nicht ist. Sie war frustriert, wenn sie zuerst genannt, aber sie ist jetzt auch auf ihrem Weg zu immer gelöst. Wenn Sie auch einen kühlen Kopf zu verlieren und wütend werden, wird das Problem sogar noch schlimmer.

Out-of-Control-Wut kann zu vorübergehenden Wahnsinn verglichen werden. Wenn möglich, versuchen zu verhindern, dass Ihr Kunde immer vorübergehend geisteskrank oder sie wieder zur Vernunft zu bringen, wenn sie bereits vorhanden ist. Zu diesem Zweck beginnt das Problem auf dem Weg zum gelöst wird. Wenn Sie *irgendetwas* in Richtung einer Lösung bewegen tun können, wird der Kunde schätzen Ihre Hilfe.

Erhalten alle relevante Informationen notwendig, um die Person geholfen bekommen könnte dies zu tun. Dann fordern Sie die Person, die Telefonnummer und haben die entsprechenden Mitarbeiter, sie zurückzurufen *innerhalb einer angemessenen Zeit!* Wenn die Mitarbeiter sofort reagieren kann, halten Sie den Client informiert. Geben Sie dem Client, Ihren Namen und Anzahl können sie rufen Sie zurück, wenn sie von Ihrer Bezugsperson Zufriedenheit erlangen nicht. Dann und nur dann bist du aus dem Schneider mit dem Kunden.

Der Client fungiert der "Klassenclown"

Klassenclown sind schwierig zu handhaben. In der Schule sind sie diejenigen, die die Klasse zu stören und die Dinge in Aufruhr. Das Ziel dieses Verhaltens ist es, Aufmerksamkeit zu bekommen. Kinder, die Klassenclown sehnen keine Aufmerksamkeit, die sie bekommen können und sind durchaus bereit, negativen Aufmerksamkeit zu akzeptieren, als gar keine.

Wie behandeln erfahrene Lehrer dieser Art des Kindes? Sie geben dem Kind die Aufmerksamkeit, die es sehnt sich - aber wegen *guter* Führung. Wenn das Kind benimmt, ist es isoliert vom Rest der Klasse (das Gegenteil von dem, was sie will). Der Lehrer wird in der Regel nehmen Sie das Kind von der Gruppe entfernt und leise zu sprechen, für den Täter.

Wenn diese Kinder erwachsen werden, nach wie vor oft ihr Klassenclown Verhalten. Sie sind die Menschen, die sicherstellen, dass jeder im Raum weiß, wie sie auf etwas sind verärgert, die Ihrem Unternehmen geleistet hat. Sie sind diejenigen, die sofortige Aufmerksamkeit wollen. Wenn sie es nicht bekommen, sie verbal ausfällig und verärgert alle um sie herum.

Wie behandeln Sie diese Menschen? Die gleiche Weise behandeln Sie Kinder, die diese Art von negativem Verhalten aufweisen. Nehmen sie beiseite, vorzugsweise in einem privaten Büro. (Versuchen Sie nicht, diese wenn sie physisch missbräuchliche aussehen.) Erklären sie, dass Sie gerne um ihr Problem zu behandeln, sobald es ihre Umdrehung ist, dass wenn sie ihre inakzeptable Verhalten fortsetzen, Sie gezwungen werden, zu ignorieren. Dann bringt sie auf den Bereich, wo sie warteten, und den nächsten Kunden zu behandeln.

Natürlich, bevor Sie die oben genannten versuchen, sollten Sie Ihren Vorgesetzten volle Zustimmung haben. Wenn Sie dies nicht tun, können Sie sich in der Mitte finden, wenn der Kunde entscheidet, mit dem Problem höher gehen. Wenn Sie regelmäßig Verhaltensstörungen zu bewältigen haben, besprechen Sie Taktiken mit Ihrem Vorgesetzten. Überprüfen Sie mögliche Strategien und bekommen Sie Ihren Vorgesetzten Vorschläge zum Umgang mit Problemen. Sowohl der werden Sie dann wissen, dass schwierige Situationen konsequent behandelt werden.

Der Kunde weigert sich, mit einer Frau umzugehen

Sally Brown, der der Kreditmanager für eine große Baufirma ist, löste das Problem, mit denen, das Sie auf sehr humorvolle Weise konfrontiert wurde. sie musste sich mit dem was schien wie zu viele Kunden, die darauf "Gespräch mit einem Mann." Sie löste das Problem durch das Ausbessern der Anrufe durch Sam, dem Hausmeister im Gebäude. Sam hatte im Bescheid wurde und wusste, wie man diese Art des Aufrufs zu verarbeiten. Seine standard-Antwort war, *„Ich weiß nicht, warum du mit mir sprichst. Sally Brown ist unser Kredit-Manager. Ich werde Sie zu ihr zurück zu übertragen und sie können um Sie kümmern."*

Eine andere Lösung wäre für Sally, ihr Telefon zu beantworten, indem Sie sich eindeutig identifizieren. Sie soll sagen,*"Sally Brown, Credit Manager. Kann ich Ihnen helfen?"* Die meisten Menschen gehen davon aus, dass Sie in einer Low-Level-Position sind, wenn Sie Ihr Telefon mit nur Ihrem Vornamen beantworten. Die meisten Männer mit ihren vollständigen Namen und Titel zu beantworten. Frauen sollten das gleiche tun, um den Respekt zu erhalten, die, den Sie verdienen.

Der Client tadelt Sie für ein fremdes Fehler

„Ich hatte ein Problem letzte Woche, die mich zu Tränen reduziert. Ich bin der Lager-Sachbearbeiter in einem Lager des Unternehmens. Ich habe bei der Arbeit nicht lange und der Lagerleiter ließ mich verantwortlich, während er einige Geräte abgeholt. Ein wütender Kunden rief zu beschweren, wir den falschen Artikel geliefert hatten und es seine Firma eine Münze kostete. Er rief mich dumme und gehandelt, als ob es meine ganze Schuld war!

Er hatte das Teil bestellt, zwei Monate bevor ich überhaupt mit der Firma angefangen! Ich bestand darauf, das er zurückrufen würde in fünfzehn Minuten, als der Lagerleiter zurückkehrte. Ich benutzte die stecken-Record-Technik, aber es schien nicht zu funktionieren. Wie könnte ich habe behandelt diese wütende Kunden?"

In diesem Fall kann ich sehen, warum die fest-Record-Technik nicht funktioniert. Sie haben vergessen, Ihren Abwehrmechanismus auszuschalten, wenn der Client gestartet Sie anzuschreien. Was Sie getan haben könnte, war take down Informationen, sobald die Person ins Gespräch. Du hättest umschrieben und stellte Fragen, die bei der Lösung seines Problems geholfen haben würde.

Wie es war, als der Lagerleiter fünfzehn Minuten später zurückkehrte, hatte niemand begonnen, die Person Problem zu lösen. Es ist wahrscheinlich der Manager mit einer noch wütender Kunde eine Viertelstunde später befassen musste! Wenn Sie die notwendigen Informationen eingeholt hatte, hätte der Lagerleiter einige Antworten für den wütenden Kunden wenn er seinen Aufruf zurückgegeben. Denken Sie daran, wenn einen Beschwerde-Anruf für eine andere Person zu nehmen.

Sie sollten auch achtgeben, wenn Sie eine Zeitleiste zu geben, wenn der Lagerleiter werden zurückkehren. Wenn Sie sagen, er werde in 15 Minuten zurück und er nicht zurück erhalten, für eine halbe Stunde - können Sie Wetten, dass der Kunde innerhalb dieser zweiten 15 Minuten zurückrufen.

Der Kunde fällt ohne vorherige Terminabsprache

„Wie sollte ich Stammkunden, die nur erwartet jemand Rückgang, sie zu sehen?"

Mit der Technik stecken-Record, sag ihnen, *„tut mir leid, Sie nicht ohne vorherige Terminabsprache Bill Jones sehen. Möchten Sie ein für ein anderes Mal machen?"* Widerspricht der Kunde, sagen, *„meine Anweisungen sind, dass niemand gesehen wird, es sei denn, er oder sie einen Termin hat. Möchten Sie einen Termin für eine andere Zeit?"*

Der Kunde ist langatmig

„Ich handle eine geschäftige Übersicht. Wenn Anrufer Sie mir ihre Lebensgeschichte geben möchten, wie kann ich umgehen sie taktvoll?"

Manchmal ist es notwendig, sie zu unterbrechen (sie haben, um Luft zu kommen). Bitte wenn sie *kurz* das Problem zu erklären, weil Sie sie an eine andere Person weitergeben werde.

„Ich habe einen Client, der auf Kurs zu halten wird nicht. Er wird immer off-Topic."

Im Umgang mit einem zwanghaften Talker nutzen Sie jede Konversation Lücke für das Gespräch zur Erfüllung der Bedürfnisse des Telefonanrufs.

Zeigen Sie nie Ihre Langeweile oder Frustration, wie es der Kunde beleidigt werde. Wenn Sie Alternativen zu geben, muss der Kunde einige Entscheidungen zu treffen. Fassen Sie Ihr Gespräch, Angabe, was Sie für sie zu tun oder was sie für dich tun werden. Verwenden Sie dann diese Schließung Drahtreifen: *„Ich glaube, wir haben alles abgedeckt. Ich wird nicht mehr von Ihrer wertvollen Zeit aufgreifen."*

Der Client benötigt eine sofortige Antwort

„Ich arbeite in einem von der Kanzlei und Menschen in Not Informationen sofort telefonieren. Ich kann nicht durch Gesetz Offizier zu kontaktieren, weil er abwesend ist."

Eine Lösung besteht darin einen Piepser für den Offizier durch Gesetz haben. Ein weiteres ist das Offizier-Telefon in regelmäßigen Abständen Nachrichten erhalten haben. Die ideale Antwort ist für ihn, ein Handy zu tragen, wenn er das Büro verlässt. Nutzen Sie Feedback mit dem Offizier durch Gesetz, um die Probleme zu erklären, die Sie haben mit Kunden und bitten um seine Hilfe bei der Suche nach Lösungen.

Der Client ist ein Alleswisser

„Ich habe Probleme beim Umgang mit Besserwisser Menschen, Fragen Sie nach Informationen, sondern wollen wirklich nur geben ihre eigene Version dessen, was richtig ist."

Zunächst hören Sie Ideen des Kunden und fordern Sie alle Fakten, die diese Ansichten unterstützen. Dann mit den Informationen, die Ihnen zur Verfügung, die Kunden erzählen Sie die wahren Fakten. Beziehen sich auf Regeln, Vorschriften, Richtlinien und Verfahrenshandbücher oder andere geschriebenen Daten bei Bedarf.

Der Kunde ist herablassend oder unhöflich

"Wie gehe ich mit Menschen, die mir herablassend sind um - mich wie Dreck behandeln? Sie geben mir den Eindruck, dass weil ich Angestellter bin ich nichts wissen. Sie kommen in der Regel Informationen über College-Kurse bekommen."

Das sind Leute, die wahrscheinlich fehlt es an Selbstbewusstsein und versuchen, Sie legte sich wichtiger fühlen zu machen. Sie können oder können nicht Sarkasmus, um dies zu tun. Schalten Sie Ihr Abwehrmechanismus. Klar, dass Sie die Situation unter Kontrolle. Immerhin sind *sie* zu *Sie* Informationen kommen. Gib ihnen die Informationen, die sie anfordern. Lassen Sie nicht einen kühlen Kopf verlieren. Sie fragt sie die Show-Stopper-Frage, *„Was willst du mir zu tun, um dieses Problem zu lösen?"* Dies hindert sie oft lange genug um zu klären, was sie wirklich von dir will.

„Ich habe einen Client, der ist sehr unhöflich zu mir, jedes Mal, wenn er ruft, aber ist so süß wie Kuchen zu meinem Chef. Wie bekomme ich diese Person zu behandeln mich besser?"

Verwendung von Feedback und den Ausdruck, *„Ich habe ein Problem und ich brauche deine Hilfe bei der Lösung von..."* erklären Sie Ihrem Vorgesetzten die Unfreundlichkeit des Kunden. Bitten Sie Ihren Vorgesetzten, an diese Person darüber zu sprechen. Der Kunde sollte wissen, dass dies inakzeptables Verhalten jeder Mitarbeiter des Unternehmens. Wenn Ihr Vorgesetzter Sie sichern wird nicht übertragen Sie, diese Person Anruf direkt an die Vorgesetzten ohne weitere Austausch mit dieser Person.

Der Kunde setzt Ihre Ferngespräch auf Eis

„Wenn ich lange Strecken Aufrufe, bekomme ich wütend wenn die Empfangsdame mich zu halten bringt ohne zu Fragen, ob ich widersprechen. Wie kann ich auf "ignorieren" in der Zukunft bewältigen?"

Ist dies ein regelmäßiges vorkommen, die Empfangsdame Vorgesetzten sprechen Sie und erklären Sie die Unannehmlichkeiten und Kosten gibt Ihnen diese Verzögerung. Ich direkt in und sagen, dass mein Anruf Langstrecken schon vor Wen rufe ich zu identifizieren. Ich sage, *„Long Distance für Marie Baker."* Sie gehen davon aus, ich bin ein Langstrecken-Operator und den Anruf durch sofort. Eine weitere drastische Lösung ist dieser Client die Zeit zu berechnen, die Sie auf Eis gelegt wurden.

Du musst zwei Clients gleichzeitig behandeln

„Ich weiß nie, ob ich umgehen sollte, die Person am Telefon oder die Person, die zu mir fünfzehn Minuten lang gewartet hat. Wer sollte Priorität bekommen?"

Ans Telefon und dem Anrufer zu sagen, du bist mit einem Client und ein paar Minuten. Alternativen zu geben. Fragen Sie, ob der Anrufer zurückrufen möchte; haben Sie später zurückrufen oder auf Eis gelegt werden. Dann abwechselnd, die persönlich gekommen sind und diejenigen, die im Telefon.

„Ich arbeite für eine Abteilung einer Auto-Versorgungsmaterial-Firma. Ich versuche, zu ein Nummerierungssystem eingerichtet, so dass Kunden wiederum behandelt werden. Gerade jetzt, ist es schwer, den Überblick behalten, wer als nächstes kommt (Ich habe an das Lager für die Teile gehen) so dass ich nicht sicher sein können, die als nächstes kommt. Ich musste Schiedsrichter mehrere Schlachten über wer es dran

ist und finden, die es mir rasselte bekommt."

Nachdem Sie entschieden haben, die Sie zuerst dienen würde, und hatte schließlich die beiden wütenden Kunden behandelt, sollten Sie sich selbst, *„das war sicherlich eine unangenehme Begegnung, aber ich habe das beste, was, die ich konnte."* gerufen haben Denken Sie daran, in diesen Situationen, egal wer Sie erstens dienen Sie "verdammt, wenn Sie tun, und verdammt, wenn Sie dies nicht tun." Sie haben keinen Grund, auf Schuldgefühle zu nehmen, weil Sie beide gleichzeitig bitte konnte nicht. Verwendung Feedback mit Ihren Vorgesetzten zu erklären, die Schwierigkeiten, die nicht mit einem Nummerierungssystem verursacht Sie und der Rest des Personals. (Sie könnten auch versuchen, Einrichtung einer informellen Nummerierungssystem auf eigene Faust, während Sie warten, bis der Firma zu handeln.)

Der Kunde sich weigert, seinem Zug warten

„Mein Chef, ein Anwalt ist sehr beschäftigt. Letzte Woche. Ein Freund von ihm benötigt einige rechtliche Beratung und Service sofort erwarten. Ich erklärte ihm die Situation und schlug vor, dass er einen Termin zu vereinbaren. Der Freund bricht direkt in meinem Chef im Büro, wo er in einem Gespräch mit einem Kunden war. Wie könnte ich habe behandelt diese Situation besser?"

Sprechen Sie mit Ihrem Vorgesetzten und Fragen Sie was Sie tun sollten, wenn eine ähnliche Situation in der Zukunft geschieht. Es sei denn, Sie einige schnelle Judo oder Karate benutzt hatten, hätte der Freund im Büro Ihres Vorgesetzten bevor Sie überhaupt reagieren konnte. Werfen Sie Ihre Schuldgefühle aus dem Fenster. Zur Zeit hast du das beste können Sie um die Situation zu bewältigen.

Der Client verwendet, profane Sprache oder Drohungen

„Was soll ich tun, wenn meine Anrufer am Telefon profane Sprache verwendet? Habe ich oben zu setzen mit dieser Art von Müll?"

Sie sollte müssen nicht in Aufmachungen mit profanen Sprache und in der Lage, auf die Anrufer auflegen. Fragen Sie Ihren Vorgesetzten, was Sie sind voraussichtlich zu tun. Es ist möglich, wegen der Arbeit, die Sie tun, (wenn Sie in einer Notaufnahme eines Krankenhauses arbeiten), die Sie haben mit dieser Art von Müll oben zu setzen. Es ist ein Teil des Musters für einige Leute zu fluchen, wenn sie aufgeregt sind. Sie können nicht nur sich weigern, das Problem dieser verärgert Person zu behandeln. Wenn Sie eine Krise oder Notruf jeglicher Art arbeiten, müssen Sie wissen, dass diese Sprache mit dem Gebiet gehen kann. Sie Fragen sich vielleicht, aber solche Anrufer zu bereinigen ihre Sprache, so dass Sie ihre Schwierigkeiten besser bewältigen können. Aber vor allem sicherstellen, dass Sie wissen, was Ihr Vorgesetzter Sie tun will.

Wie etwa betrunken oder bedrohliche Menschen?

Dies ist ein anderes Thema zu sprechen Sie mit Ihrem Vorgesetzten *vor* müssen kommt es. Wissen Sie, wann man ein Wachmann oder die Polizei zu rufen. Wissen, was Schritte zu ergreifen, und mit einem Notfall von Ihrer eigenen, macht Sie selbstbewusster planen, wenn mit solchen unerwarteten und beunruhigenden Problemen beschäftigen.

KAPITEL 5

Mobbing am arbeitsplatz

Was ist Mobbing?

Einige bulling (Belästigungen, Übergriffe und Gewalt) kann durch einen einzelnen traumatischen Vorfall oder mehrere Vorfälle entstehen. Mobbing am Arbeitsplatz kann ein einzelnes traumatisches Ereignis oder mehrere Ereignisse bestehen. Es kann auch eine Muster des ständigen Fehlersuche, kritisieren, Trennung, ausgenommen, und untergräbt, über Wochen oder Monate folgen. Jeder Vorfall kann trivial und auf eigene Faust repräsentieren nicht strafbar oder Gründe für die disziplinarische Maßnahmen. Die durchschnittliche Mobbing Episode ist kurz - ca. 37 Sekunden lange- aber emotionale Narben von Mobbing ein Leben lang dauern können.

Gesellschaft macht der Annahme, dass in einer Mobbing-Situation, gibt es einen männlichen Aggressor und weibliche Opfer, aber Frauen können sein so bösartig wie Männer. Weibliche Bullies sind boshaft, hinterhältig, manipulativ und rachsüchtig. Diese Personen verwenden Klatsch und hinterhältiger zu untergraben, zu diskreditieren oder anderer Beiträge zu entwerten. Sie haben schlecht definiert moralische und ethische Grenzen und andere legte um sich wichtig fühlen.

Mobbing beinhaltet:

- verkleinert, erniedrigt oder gefördert werden - vor allem vor anderen;

- Schande, schrie und drohte, oft vor anderen;

- Machen snide Kommentare zu sehen, ob die Person wird zurück zu kämpfen;

- Schuld finden und alles kritisieren, was das Opfer sagt und tut oder verdreht, verzerren und das Opfer falsch darstellt. Die Kritik kann von einer trivialen Natur sein und oft gibt es ein Korn der Wahrheit in der Kritik, so kann es das Opfer zu glauben, dass die Kritik gültig ist,

- eine unveränderliche Weigerung, die Beiträge des Opfers zu erkennen;

- Versuch, den Status der Person, das Selbstvertrauen, den Wert und

153

das Potenzial zu spucken;

- Behandeln sie anders - zeigt die Bevorzugung gegenüber anderen und die Bias gegenüber dem Opfer.

Mobbing am Arbeitsplatz ist die absichtliche, wiederholt und verletzend Misshandlung einer Person durch eine andere. Andere bezeichnen es als Belästigung, emotionaler Missbrauch, gezielte Aggression oder Missbrauch von macht, untergräbt Selbstvertrauen und verursacht Stress. Es ist konstant, unangemessen, offene und verdeckte Verhalten, die kritisiert, verharmlost, isoliert und untergräbt das Opfer. Es handelt sich um Erniedrigung, sabotage, Verbreitung von Klatsch, Übermüdung, unnötigen Druck, delaying Taktiken und es in körperliche und verbale Gewalt, sexuelle Übergriffe und sogar Brandstiftung eskalieren kann. Belege dafür, dass Mobbing normalerweise wiederholt ist und kann in ihrer Intensität im Laufe der Zeit ausweiten.

Mobbing ist durch am Arbeitsplatz wie eine Epidemie ausbreitet. Während vor 20 Jahren die meisten Menschen zugemutet haben könnte, durch ihr Berufsleben ohne eine schwere Mobbing Vorfall gehen heute fast jeder gefährdet gemobbt stark während ihrer Karriere, vielleicht mehr als einmal scheint. Schläger zu quälen, eingeschüchtert und belästigen andere Unzulänglichkeiten und Schwächen zu verbergen und von ihrer Unfähigkeit abzulenken.

Da Mobbing immer physische Beweise nicht verlassen, es ist nicht gut dokumentiert und da es nur selten in offene Konfrontation ausbricht, es ist auch sehr verträglich für alle am Arbeitsplatz Verhalten. Belästigung am Arbeitsplatz kann die misshandelte Frau Syndrom verglichen werden: der emotionale Effekt ist der gleiche. Es gibt Parallelen zwischen Gewalt in der Familie und Gewalt am Arbeitsplatz, einschließlich der Tatsache, dass in beiden Fällen Gewalt in der Regel einen Machtmissbrauch darstellt.

Was sagen einige über Mobbing am Arbeitsplatz? Sie identifizieren sie als Menschen "zu empfindlich," oder es ist eine "Persönlichkeit Konflikt" oder "schlechte zwischenmenschliche Beziehungen"- aber Mobbing - sie können nicht sehen das so. *Nun, ist es Mobbing.*

Wenn ein Mitarbeiter beschwert sich über Mobbing - s / er hat bezeichnete eine „*Sissy.*" Wie trauen diesen Kerlen versuchen, das Opfer schuldig fühlen, wenn sie diejenigen sind, die im Unrecht sind! Und wie es wagen Unternehmen anders aussehen! Diese Cro-Magnon-

Stil des Verhaltens scheint zu sein, dass ein Weg des Lebens in vielen Unternehmen und es aufhören muss!

Mobbing Verhalten bereits im Vorschulalter identifiziert werden kann und einige Kinder, die Schläger sind weiterhin dieses Verhalten bis ins Erwachsenenalter. Die meisten Kinder lernen, ihre Wut und Instinkte zu kämpfen, wenn sie älter werden- aber nicht den Schläger zu kontrollieren. Diese Schläger haben besondere Eigenschaften. Dr. Sam Samenow beschreibt diese als:

- Größer als durchschnittliche aggressive Verhaltensweisen;

- Der Wunsch, Kollegen zu beherrschen;

- Die Notwendigkeit, in der Steuerung, das Gefühl zu gewinnen;

- Kein Gefühl der Reue für eine andere Person zu verletzen;

- Eine Weigerung, Verantwortung für sein Verhalten zu akzeptieren.

Woher kommt Mobbing Start?

Einige schikanieren, weil ihre Vorbilder (oft ihre Eltern oder ältere Geschwister) schikanieren. Es ist natürlich für Kinder, das Verhalten dieser Vorbilder zu imitieren. Andere scheinen, geboren zu werden, mit einem Mangel an Empathie gegenüber anderen oder das Gefühl, dass sie den anderen überlegen sind. Es ist fast unmöglich für diese Personen zu verstehen, was ihre Opfer ihr Mobbing Verhalten antut. Nur professionelle Beratung (manchmal für Jahre) kann diese fehlerhaften Menschen umkehren.

Haben Sie sich jemals gefragt, wie die Tyrannen sah man in der Schule heute aussehen? Die Chancen stehen, dass sie noch jemand das Leben zur Hölle, aber dieses Mal am Arbeitsplatz machen. Neue Studien zeigen, dass Mobbing Kindheit führt zu Mobbing am Arbeitsplatz -, dass Kinder, die Opfer von Mobbing, sind oft Opfer als Erwachsene. Mobber sich tendenziell auch unbeliebt, sowohl in der Schule und später am Arbeitsplatz. Sie pflegen Beziehungen (nicht Freundschaften), zeigt Stärke und durch Induktion Angst, Respekt zu verschaffen.

Es scheint fast, dass diese jungen Sandkasten Tyrannen (männlich und weiblich) aufwachsen, Handel mit ihren niedlichen kleinen Shorts für schicke Business-Anzügen und eine glatte Frisur und weiterhin ihr Mobbing Verhalten damit ihre Karriere erfolgreich anwenden.

Wer sind die Täter?

Bis vor kurzem waren psychologisch gewalttätige Menschen am Arbeitsplatz als harte Manager oder schwierigen Menschen oder im schlimmsten Fall ein "Schmerz im Nacken." angesehen Diese Haltungen als die Dysfunktion ändern, wird Ineffizienz, Kosten und schwere psychische Schädigung durch diese Menschen Verhalten aufgedeckt.

Schlimmste Alptraum eines Mitarbeiters kann sein, dass ihre Schläger ihren direkten Vorgesetzten. In der Regel kommt Mobbing von einem Chef zu einem untergeordneten Element in Form von verbaler oder emotionaler Missbrauch. Freuen Sie sich auf schreien, fluchen oder Spott, kontinuierliche und trivial Fehlersuche, chronische ungerechtfertigte Kritik, beschimpfen, Einschüchterung, öffentliche Demütigung oder Sabotage der Errungenschaften. Oder sie einen Mitarbeiter eingerichtet, fehlschlagen, indem sie mit Arbeit überladen, uneinheitlich und ungerechtfertigt wechselnde Aufgaben und Verantwortlichkeiten oder sogar abbrechen Feiertagskalender.

Die Arbeitsplatz-Bully kann aber auch ein Kollege, die eine Stille Schlange-in-the-Grass - möglicherweise, die grausam durch Manipulation, Isolation, Ausgrenzung und Klatsch schikaniert.

Manche Leute verwechseln diese Verhaltensweisen als hohes Selbstwertgefühl zeigen, was sie nicht sind. Diese Schläger scheinen kompetent und professionell bei ihrer Arbeit, aber hinter der Fassade sind sie unzureichend, ungeschickt, oft inkompetenten Individuen. Sie überleben, indem Sie fremde Arbeit anderer Leute und von denen sie bully. Sie bemängeln oder Gießen Sie Verachtung auf fremde Ideen aber können Erbrechen sie später - behauptet, der Urheber zu sein. Sie haben unvorhersehbare Stimmungsschwankungen - weht heiß und kalt - oft plötzlich und ohne Vorwarnung. Einige sind buchstäblich Zeitbomben. Tyrannen erfahren, dass Mobbing Aktionen Befreiung von ihrer Angst führen kann.

Sie gewinnen Befriedigung von anderen zu emotionalen oder irrationale Reaktionen zu provozieren. Die Verwundbarkeit der andere ist der primäre Stimulans für Tyrannen. Ihr Ziel sollte sein Recht nicht gemobbt werden behaupten, zwingt eine paranoide Angst vor der Exposition der Tyrann, diese Person als Bedrohung wahrnehmen und somit zu neutralisieren und entsorgen Sie ihn/sie so schnell wie möglich. Sobald diese Person beseitigt hat, gibt es ein kurzes Intervall, bevor der Schläger ein anderes Ziel wählt und der Zyklus beginnt von neuem.

Sie zeigen unangemessenen Körpersprache und Blickkontakt - entweder zu viel oder zu wenig. Ihr Blick wird oft berichtet, als mit einer bösen starren, manchmal mit Augen, die schwarz anstatt farbig angezeigt. Sie können Eindringen anderer intimen Zonen, verwenden Gesten oder Bemerkungen, die unangemessene sexuelle Anspielungen oder Anspielungen, unangemessen intim mit Kunden oder zu freundlich zu früh enthalten.

Sie sind starr und Entfaltung, wenn Ideen anderer gegen ihren Wünschen oder sie zurückschlagen, wenn die Ideen einen Hauch von Kritik haben an wie sie die Erfüllung einer Aufgabe oder ein Projekt. Sie sind nicht in der Lage, die Bedeutung der Ereignisse und Aufgaben - oft macht eine unnötige Aufregung über Wissenswertes und ignorieren wichtige oder dringende Angelegenheiten zu bewerten. Sie weisen eine Falschheit und Heuchelei - eines Tages eines sagen und leugnen die nächste. Sie sind nicht bereit, bitte um Entschuldigung für Fehler, außer wenn Zeugen vorhanden sind, dann die Entschuldigung ist künstlich und ungeeignet- aber genügend überzeugende für Kollegen und Vorgesetzten. Einige haben einer ungesunden Obsession mit Sauberkeit und Ordnung.

Sie gewinnen Befriedigung von Menschen in emotionalen oder irrationale Reaktionen zu provozieren, sondern sind schnell zu behaupten, Provokation durch andere als in Frage gestellt. Sie sind unfähig oder unwillig, jede positive Geste erwidern. Stattdessen sehen sie jeden Versuch zu versöhnlich als eine Schwäche, die genutzt werden sollten.

Normale Menschen brauchen nicht zu schikanieren; nur schwache Menschen müssen zu schikanieren, um ihre Schwäche und Unzulänglichkeit zu verbergen. Lernen, Wut und kämpfen Instinkte zu kontrollieren ist ein Teil des Erwachsenwerdens. Die meisten von uns verwalten Sie den Prozess mit wenig Schwierigkeiten, aber der Tyrann besitzt in der Regel Persönlichkeitsmerkmale, die als Hindernisse für seine oder ihre Reifung zu arbeiten. Sie haben schlechte soziale Kompetenzen und passen nicht oder können nicht den Erwartungen von Familie, Schule oder Chef. Eifersucht und Neid kann die Leitung für die Freigabe der brodelnde innere Wut, Hass und Groll, dass Schläger gegen ihre Ziele Hafen. Mobber oft nicht entwachsen ihr aggressivere Verhalten und es wird ein ewiger Persönlichkeit-Merkmal, das erfordert umfangreiche psychiatrischen Behandlung zu ändern.

Physische Schläger:

Sie wirken ihre Wut auf physikalische Weise. Greifen sie zu schlagen oder treten ihre Opfer oder Sachschäden des Opfers. Alle Arten von Tyrannen ist am einfachsten zu identifizieren, da sein Verhalten so offensichtlich ist. Dies ist die Art von Bully, die unsere Fantasie zaubert, wenn wir versuchen, ein Tyrann Bild. Sie sind in ihrer Umgebung bekannt. Wenn sie älter werden, können körperliche Schläger in ihren Angriffen aggressiver geworden. Sobald sie erwachsen werden ist diese aggressive Haltung gut verwurzelt in der Bully Persönlichkeit.

Verbale Schläger:

Es ist ziemlich schwierig für ein Opfer dieser Art von Bully zu ignorieren. Sie verwenden Sie Wörter, die verletzen und demütigen ihre Opfer, Rückgriff auf Beschimpfungen, Beleidigungen, rassistische Bemerkungen und Hänseleien. Während diese Art von Mobbing nicht in körperliche Narben führen, können die emotionalen Auswirkungen verheerend sein. Es ist die einfachste Form des Angriffs für ein Tyrann. Es ist schnell und schmerzlos für den Schläger, aber oft erstaunlich schädlich für das Opfer.

Mob oder Gruppe Schläger:

Diese sind überwiegend weiblichen Tyrannen, die ihre Opfer von Gefühl, Teil einer Gruppe auszuschließen. Sie nutzen das Gefühl der Unsicherheit in ihrer Opfer. Sie überfallen ihre Opfer von Gleichaltrigen auszuschließen oder ablehnen, das Opfer zu überzeugen. Sie verwenden oft die gleichen Tricks, die eine verbale Bully mit seiner/ihrer Opfer verwendet um sie zu isolieren. Böse Gerüchte über das Opfer verbreitet ist Teil des Musters. Es kann sein, dass ein extrem schädliche Form von Mobbing, weil es das Opfer aus seiner Vergleichsgruppe ausschließt.

Mobbing ist auf jemanden zu psychischen Terror ganging. Es ist Routine bei Hühnern in eine formalen Hackordnung gesehen wird. Der Vogel am unteren Rand der Hackordnung oft stirbt an den Folgen von gemieden, gehalten von Nahrung und Wasser und physisch durch den Rest der Brut abgeholt.

In der Adoleszenz ist der Begriff anstelle von mobbing *„Ausschwärmen"* oder *„kollektive Mobbing."* Jugendliche werden ein

Mob, die quälen, quälen, demütigen und manchmal sogar Mord eines seiner Gruppe.

Mobbing am Arbeitsplatz erfolgt in der Regel sehr höflich und gewaltfrei. Diese Schläger sind oft so sicher von ihrem Recht auf ihre ausschließende Kampagne verwenden, dass sie sogar schriftliche Aufzeichnungen hinterlassen und melden Sie ihren Namen, ihre verleumderische Worte. Sie nicht bemerken, wie wenig Tatsache in stützt ihre Entscheidung verwendet wird, um einen anderen zu zerstören. Es ist oft Pack-Mentalität, die oft von einem seriellen Rüpel geleitet wird.

Überall sind von zwei bis fünf Prozent der Erwachsenen während ihres Arbeitslebens gemobbt. Eine schwedische Studie zeigte, dass zwölf Prozent der Menschen, die Selbstmord begehen haben vor kurzem bei der Arbeit (Leymann 1987) gemobbt worden.

Leute scheinen zu verlieren ihren gesunden Menschenverstand und führen mit dem Pack. Wir haben alle gehört, der die Hexenjagd vergangener Tage. Diese Mobs wurden wahrscheinlich durch eine serielle Tyrann, seine oder ihre Jollies bekam von foltern und töten von anderen und beobachtete sie leiden.

Wer sind die Ziele von Mobbing?

Es wird oft angenommen, dass Opfer von Mobbing sind schwach, unzureichend und sind Einzelgänger, aber die meisten sind unabhängig, eigenständig und nicht Office Politik interessiert. Tyrannen wählen Sie Personen, die lieber Dialog verwenden, um Konflikt zu lösen. Die Opfer haben eine geringe Neigung zur Gewalt und gehen zu den großen Längen, Konflikte zu vermeiden. Sie versuchen ständig, Verhandlungen zu verwenden anstatt zu Beschwerden und Klagen. Ziele sind ausgewählt, weil sie kompetent und beliebt sind. Bullies sind eifersüchtig auf die einfachen und stabile Beziehungen, die Ziele mit anderen haben.

Warteschlange Wut

Gesellschaft im allgemeinen und Kunden werden durch Mitarbeiter der Regierung sind besser über ihre Rechte als je zuvor. Dies hat sie selbstbewusster geworden und sie können sehr wütend werden, wenn Sie versuchen zu bekommen was sie wollen.

Beamte sind eingeschlagen, gestielt und drohte mit der Waffe in noch nie da gewesenen Missbrauch von Kunden gezwungen zu warten in langen Schlangen und gezwungen, amtliche Formulare. Dieses Verhalten schließt Menschen klettern über den Ladentisch, bedrohlich, springen die Warteschlange und Durchführung schlecht im Wartebereich zum Wohle der anderen.

In einem Fall fand man den Namen der Person auf der anderen Seite des Tresens, fand heraus, wo sie lebte und folgte ihr. Diese Mitarbeitergesundheit wurde völlig zerstört, und sie wird nie wieder arbeiten. Andere haben mit Spritzen gedroht.

Regierungsmitarbeiter auf allen Ebenen sind anfällig für die Gefahr. Dies könnte als Arbeitsplatz Missbrauch eingestuft werden und ihre Arbeitgeber müssen das wissen. Da Sie nicht genügend Mitarbeiter zur Verfügung, um ihren Kunden "service", setzen sie ihre Mitarbeiter für Missbrauch durch den Kunden.

Die alarmierende Zunahme der Warteschlange Wut hat spezielle Trainingsprogramme für Angst Schalterpersonal aufgefordert. Mitarbeiter werden geschult, die Gefahrensignale zu erkennen. Sie finden Sie unter Clients rauchende und wissen, dass etwas geschieht. Dies ist, wo eine Warnung Vorgesetzten Probleme antizipieren können. Mitarbeiter erhalten die Alarmglocken und ein System der Sicherheit, die sie verwenden können, wenn die Situation in missbräuchliches Verhalten eskaliert.

Tödliche Mitarbeiter

Einige beschreiben ihren Sitz, wie giftig weil sie verursachen betont, überlastete Mitarbeiter, krank zu werden oder das Unternehmen verlassen. In vielen Unternehmen Umsatz stieg auf epidemische Ausmaße. Viele Unternehmen sind downsizing oder Fusion mit anderen Unternehmen, die verschiedenen Führungsstile zu verwenden. Nach einer Übernahme kann dies zu einem Verlust von bis zu 75 Prozent in Arbeitsproduktivität führen. Oder Unternehmen fördern Führungskräfte, die hohe technische Kenntnisse haben, aber ihre Menschenkenntnis müssen gelehrt werden können, an Saddam Hussein School of Business.

In den letzten Jahren gab es ein Interesse an "profiling" des tödlichen Mitarbeiters. Dies sind Mitarbeiter, die Ende tötet diejenigen, die sie wahrnehmen, als dass sie geschädigt. Einer der ersten Versuche, tödliche Mitarbeiter profilieren wurde von Anthony Baron im Jahr 1993, die sagt, dass es eine Wahrscheinlichkeit von 90 Prozent der Letalität wenn der Täter eine oder mehrere der folgenden Merkmale aufweist:

- Geschichte der Gewalt;

- Psychose und/oder Projektion;

- Romantischer Besessenheit;

- Chemische Abhängigkeit;

- Depression;

- Pathologische Schuld;

- Neurologische Funktion beeinträchtigt;

- Erhöhten Frustration Ebene;

- Interesse an Waffen;

- Nachweis von Persönlichkeitsstörung;

- Vokalisation vor gewalttätigen Absichten zu handeln.

Eine andere Art von Gewalt am Arbeitsplatz ähnelt, stalking und sexuelle Obsession besteht. Wie Kirche und Schule gilt am Arbeitsplatz traditionell einen geeigneten Ort, der Lebenspartner oder Ehepartner zu finden. Sexuelle Besessenheit wird manchmal genannt, Liebe Besessenheit oder romantische stalking, wo die Täter glauben, dass ihre Opfer in sie verliebt. Viel häufiger sind die Fälle, in denen das Opfer klar, dass etwas wie kommuniziert hat *„Ich würde nicht gehen mit Ihnen, wenn Sie der letzte Mensch auf der Erde, wurden"* und der Täter weigert sich schlicht, aufzugeben.

Serielle Bullies

(Mit freundlicher Genehmigung von Bully OnLine bearbeitet) www.successunlimited.Co.UK

Die serielle Bully am Arbeitsplatz findet sich oft in einen Job, das ist eine Position der Energie, hat einen hohen Verwaltungs- oder prozessualen Gehalt, aber wenig oder gar keine kreativen Anforderungen, die Möglichkeiten für den Nachweis einer Pflege oder Führung Natur bietet.

Serielle Bullies sind diejenigen, die nicht zufrieden sind, es sei denn, sie sind andere Mobbing. Die meisten wurden Mobber ihr ganzes Leben lang und es ist ein Weg des Lebens für sie geworden. Gefährdung anderer ist ihre große Stimulans. Ihren Bedarf an Kontrolle kann obsessive Höhen erreichen. Sie horten Informationen und ausweichend, wenn Informationen von ihren Untergebenen gefragt werden können. Sie Gründen oder beizutreten Ausschüsse aussehen beschäftigt und wichtig, aber nichts von Bedeutung und Wert nie erreichen. Sie missbrauchen Disziplinarverfahren durch Kritik und Erniedrigung unter dem Deckmantel der Mängel in anderen Leistung - in der Regel in der Öffentlichkeit. Ihr eigentliches Ziel ist es, Steuern oder andere - nicht um Leistungssteigerung zu erhalten zu unterwerfen. Sie Vertrauen nicht anderen, was erklärt teilweise den Zwang zur übermäßigen Überwachung. Ihre Abteilungen sind dysfunktional und ineffizient und ihr Verhalten verhindert, dass Mitarbeiter ihre Aufgaben.

Die meisten seriellen Tyrannen haben unglückliche und unbefriedigende Privatleben, die durch eine Reihe von zerbrochenen Beziehungen geprägt sind. Andere bleiben in einer Ehe, aber Teig, ihre Frauen und Kinder. Die Person, die körperlichen Züchtigung (vor allem männliche) verwendet werden später die Erinnerung an die Verwaltung der Strafe als Bestandteil seiner Visualisierung während Mobbing Tätigkeit verwenden.

Sie können ungewöhnliche und unangemessene Einstellung zur Sexualität, sexuelles Verhalten und Körperfunktionen zeigen. Unter der charmanten Fassade gibt es oft Vermutungen oder Hinweise von Diskriminierung aufgrund des Geschlechts und der sexuellen Belästigung, vielleicht auch sexuelle Dysfunktion, sexueller Unzulänglichkeit, sexueller Gewalt oder sexuellem Missbrauch. Sie sehen Menschen als Objekte (die gleiche Weise, dass Sex Kinderschänder und Vergewaltiger ihre Ziele als Objekte zu ihrer Befriedigung zu sehen). In einer Beziehung sind sie unfähig, Einleitung oder Aufrechterhaltung von Intimität. Viele halten Tiefe Vorurteile gegen das andere Geschlecht, Menschen mit anderer sexueller Orientierung, anderer Kulturen und religiösen Überzeugungen, Ausländer, etc. aber geben sich große Mühe, diese nachteilige Aspekt ihrer Persönlichkeit eine geheim zu halten.

In einigen Fällen serielle Tyrannen haben strafrechtliche Verurteilungen wegen Betrugs oder haben gezwungen worden, Therapie oder Beratung für ihre Gewohnheit des zwanghaften liegend zu besuchen. Die serielle Bully vor gemobbt hat, tut es jetzt - und werde es wieder tun. Untersuchung zeigt in der Regel eine Reihe von Vorgängern, die entweder links unerwartet oder unter verdächtigen Umständen haben (ihre Positionen haben entlassen worden, sie habe zu Unrecht entlassen, beteiligt Disziplinar- oder rechtliche Maßnahmen oder Stress Pannen hatten).

Die serielle Bully ist ein Erwachsener auf der Außenseite, aber ein Kind auf der Innenseite. Er/Sie ist wie ein Kind, das nie erwachsen wurde. Man vermutet, dass der Tyrann ist emotional zurückgeblieben und hat ein Niveau der emotionalen Entwicklung gleichbedeutend mit einer fünf-jährigen. Die Bully will die Vorteile des Lebens in der Welt der Erwachsenen zu genießen, aber ist nicht in der Lage oder bereit, die Verantwortung zu übernehmen, die als Teil der Erwachsenenwelt gehen.

Sie haben eine Aura der Unverwundbarkeit und Unberührbarkeit und zeigen manchmal einen scheinbar grenzenlosen dämonischen Energie. Sie zeichnen sich auf Täuschung und eine überraschende Zahl von Menschen sind durch ihr Verhalten täuschen, denn die meisten außergewöhnliche verbale Einrichtung haben und werden die meisten Menschen in Zeiten des Konflikts auszumanövrieren. Sie sind ungewöhnlich geschickt zu antizipieren, was die Leute hören wollen und sagen es plausibel. Während ihrer Sprache und Intellekt erscheinen mag, die eines Erwachsenen, der Tyrann ist emotional zurückgeblieben, und die meisten schlecht in akademischen oder beruflichen Rollen. Ihre Intelligenz zeichnet sich, wenn es auf Doppelzüngigkeit, listig, ränkevoll Manipulation anderer konzentriert ist. Nicht vertrauenswürdige oder berufen und Verpflichtungen nachkommen. Sie sind nicht in der Lage zur Geheimhaltung, verletzt es oft mit falschen Angaben, Verzerrung und Fertigung.

Tyrannen projizieren ihre Mängel, Mängel, Verhaltensweisen etc. auf andere Menschen zu vermeiden, nach oben, um ihre eigenen Unzulänglichkeiten (lernen über sich selbst kann schmerzhaft sein). Die meisten Kritik, die der Tyrann über das Ziel macht kann rückgängig gemacht werden. Was sind eigentlich diesen Kerlen ist zuzugeben oder enthüllt ihre eigenen Verhaltensweisen. Dieses Wissen kann verwendet werden, um die Bully Vergehen zu identifizieren. Zum Beispiel wenn die Anschuldigungen der Finanz- oder sexuellen Fehlverhaltens sind, ist es wahrscheinlich, dass die Bully diese Taten begangen hat. Wenn die Bully Vorwürfe des Missbrauchs macht (die in der Regel vage und unspezifisch sein) ist es wahrscheinlich der Tyrann, der den Missbrauch begangen hat.

Sie sind überzeugend und Lügner praktiziert: sind immer Abnehmer - keine Geber. Serielle Schläger auswählen und jede Person, die sie glauben, dass eine Gefahr für sie zu belästigen. Diese Bedrohung ist, dass jemand ihre Unzulänglichkeiten aussetzen wird oder deren Exposition eine für ihren Job, Promotion Perspektiven oder Rang innerhalb der Hierarchie Bedrohung wäre. Sie sind Kontroll-Freaks, die ein zwanghaftes Bedürfnis zu kontrollieren und verachten, wer andere durch ihre Täuschung und ihre Maske der Vernunft sehen ermöglicht. Serielle Tyrannen handeln zufällig und impulsiv.

Sie sind ausweichend und haben die Fähigkeit, Verantwortung zu entkommen und sind schnell zu diskreditieren und wer sonst belastende Informationen über sie sammeln könnte zu neutralisieren. Sie für immer in der Gegenwart leben und zeigen keine Reue. Anderen die Schuld ist ihre Verantwortung für ihr Verhalten und die Wirkung auf andere zu vermeiden. Wenn in Frage gestellt oder zur Rechenschaft gezogen, sie zeigen Ungeduld und Reizbarkeit, und dann aggressiv oder einen psychologischen Angriff zu starten.

Serielle Schläger können nicht unterscheiden, Führung (Reife, Entscheidungsfreude, Durchsetzungsvermögen, Zusammenarbeit, Vertrauen und Integrität) und Mobbing (unreife, Impulsivität, Aggression, Manipulation, Misstrauen und Falschheit). Sie selten lange in einer Position bleiben und zeigen keine Loyalität zu niemandem außer sich selbst. Sie sind finanziell unverantwortlich und haben oft eine schlechte Kredit-Rating.

Mobbing Kosten für Unternehmen

Australien, schätzt der Belästigung am Arbeitsplatz zwischen 400.000 und 2 Millionen Arbeitnehmer betroffen sind jedes Jahr! Dies betrifft bis zu 5 Millionen Arbeitnehmer zu einem bestimmten Zeitpunkt während ihres Arbeitslebens (über Mobbing Association 2001). Mit einer australischen Gesamtbevölkerung von 19,9 Millionen Menschen und mehr als 11,5 Millionen Menschen am Arbeitsplatz - Dies ist kein Problem - es ist eine Epidemie!

Mobbing, kostet die australische Wirtschaft bis zu $ 13 Milliarden pro Jahr Fehlzeiten, Entschädigung, Verwaltungszeit und Produktivitätsverluste. 1.100 viktorianischen Schadensersatzansprüche aufgrund von Gewalt am Arbeitsplatz, Belästigung und Mobbing Kosten $ 26 Milliarden. Die Hälfte der Arbeitsplätze beschäftigen Tyrannen und bis auf die Hälfte aller Arbeitnehmer wird gemobbt werden mindestens einmal im Laufe ihrer Karriere.

Die meisten Arbeitgeber haben sich durch ihre Untätigkeit - unterschieden, auch wenn Mobbing berichtet worden ist. In einem wettbewerborientierten Geschäftsumfeld Vorrang vor Profit oft die Sicherheit des Personals.

164

Wenn Arbeitgeber nahm sich die Zeit zu bestimmen, die Kosten der hohen Krankenstand, Fluktuation, niedrige Arbeitsmoral, geringe Produktivität und Kundenservice, sie würde die Kosten ermöglichen, weiterhin an ihrem Arbeitsplatz Mobbing feststellen. Mobbing am Arbeitsplatz hat sich als eines der teuersten Disziplinarangelegenheiten ein Unternehmens kann damit umgehen. Wenn nicht schnell behandelt und aggressiv, er führt zu Verlust an Produktivität und de-motivierte Mitarbeiter, die entweder zu beobachten oder das Mobbing ausgesetzt. Es kann dazu führen, dass hohe Fehlzeiten, Verlust der Arbeitszufriedenheit und beinhaltet oft den Verlust der guten Mitarbeiter, die solche scheinbar geduldet Verhalten von ihren Unternehmen nicht tolerieren wird.

Versteckte direkte Kosten umfassen die Verfolgung förmliche Beschwerdeverfahren, andermal Mitarbeiter im Umgang mit Mobbing-Vorfälle und Workers' Compensation Kosten zugeordnet. Verlorene Produktivität, die Kosten beinhalten nicht nur diese Kosten infolge reduzierter Leistung von Opfern und bei der Arbeit, sondern auch niedrigere anfängliche Effizienz unter Ersatz Mitarbeitern bis sie die gleiche Leistung wie die ersetzt erreichen. Dies kann auch gelten sollten die Opfer oder Bully an eine neue Position innerhalb der Organisation übertragen werden. Es enthält auch Produktivitätsverluste unter Kollegen, die von Mobbing betroffen sind. Dann gibt es die Folgen von Mobbing und seine Stress Auswirkungen auf Arbeitnehmer Innovation und Kreativität. Möglicherweise gibt es auch nachteilige Auswirkungen auf die Gesellschaft Bild wo die Organisation in einem Fall, mit daraus resultierenden Auswirkungen auf die Aktionäre beteiligt ist.

Mobbing Kosten zu Zielen

Viele Ziele sind also traumatisiert durch das Mobbing, sie professionelle Hilfe brauchen oder Stress Abschied nimmt erst das Auftreten von Mobbing wird untersucht. Tyrannen lieben dies, weil sie behaupten können, dass ihr Ziel *„psychisch krank"* oder *„psychisch instabil ist"* oder hat eine "psychische Gesundheitsproblem." Es ist viel wahrscheinlicher, dass diese Behauptung ist eine Projektion der Bully es psychische Probleme, die nicht behandelt wurden.

Verlässt der Mitarbeiter in Ekel wegen Untätigkeit durch das Unternehmen, das mit dem Thema Mobbing beschäftigen, könnten sie feststellen, dass das Unternehmen ihnen eine schlechte oder keine Referenz gibt. Wenn sie das Problem zu verfolgen und die Belästigung und Viktimisierung Ladungen vor Gericht - benötigen sie wahrscheinlich eine große Geldbörse zur Deckung der Kosten für die

Anwalts-und Gerichtskosten. Die meisten nicht stören und um bessere Dinge weitergehen und die Schläger wieder zu gewinnen.

Verbal belästigt Arbeiter Gefühle nicht ihre, aus Angst, dass sie zusätzliche Vergeltung erhalten und lächerlich machen, wenn sie sich beschweren. Wenn genug Leute das Opfer - nicht verteidigen die Person beginnt zu glauben, s / er ist verrückt, oder könnte die Situation vergrößert werden. Viele Mitarbeiter, die lauter sind isoliert und leiden mehr Belästigung oder ihre Mitarbeiter errichten eine Mauer des Schweigens. Einige bestehen darauf, dass die Episode nicht die Art und Weise geschehen, was, die es tat. Versuchen Sie für alle Arbeitnehmer belästigt ein engen Arbeitsmarkt verleiht das Dilemma damit sie anpassen - zu umgehen - und einfach zu bewältigen. Aber die verminderten Selbstwertgefühl, die Energie, die verbraucht wird, Tag für Tag ihren Tribut.

Erholung von einem Mobbing Erlebnis zwischen zwei bis fünf Jahre dauern kann und manche Leute nie vollständig zu erholen. Belästigung am Arbeitsplatz kann die misshandelte Frau Syndrom verglichen werden: die emotionale Wirkung sind gleich, ob das Opfer männlich oder weiblich ist.

Gewusst wie: verhindern und stoppen Mobbing am Arbeitsplatz

Es wurden viele Regierungs- und Union-basierten Studien in der Inzidenz von Belästigung am Arbeitsplatz. Millionen von Dollars der australischen Steuerzahler wurden zur Task-Forces, studieren, Mobbing, Belästigung und Gewalt zu mieten. Aber die meisten ihre Erkenntnisse und Empfehlungen wurden ignoriert und Regierungsverordnungen wurden nicht aktualisiert. So Unternehmen noch Hafen und Mobber und Mobbing Verhalten fördern.

Nur spezifische Gesetzgebung kann Arbeitnehmer schützen. Hinter der Marke fallen viele darauf bestanden, dass Mobbing laufenden sein muss. Dem Opfer - sollte einen Vorfall von Mobbing kann genug sein und den Schutz des Gesetzes zu beschäftigen. Es ist erwiesen, dass kein Betrag von *"Codes of Conduct"* oder *"Guidance Notes"* dies tun wird. Gesetzgebung oft deckt nicht den meisten Fällen, wo ein Tyrann eine andere Arbeitskraft Leben das Leben zur Hölle macht.

Es liegt in der Verantwortung eines jeden Unternehmens, einen Arbeitsplatz zu bieten, der ein sicheres und gesundes Arbeiten ist. Es muss eine unternehmerische Verantwortung zur Bewältigung der Mobbing Verhaltens und erkennen die Anzeichen für eine toxische Arbeitsplatz. Führungskräfte können sie Mitarbeiter kümmern, durch die Bereitstellung einer Umgebung frei von Belästigung jeglicher Art - nicht nur ein Lippenbekenntnis - aber durch ihr eigenes Verhalten zeigen. Leitende Angestellte dürfen nicht Mobbing folgen ignorieren. Viele Führungskräfte schikanieren leider auch ihre Mitarbeiter. Sie müssen ihre Unternehmensvision zu untersuchen und sehen, dass *jeder* Mitarbeiter (einschließlich sich selbst) diese Vision folgt.

Es spielt keine Rolle, wie gut die Technik in einem Unternehmen ist - es sind die Mitarbeiter, die die Dinge passieren. Unglücklich, schikaniert Mitarbeiter dazu nicht einfach. Und es kostet das Unternehmen einen hohen Preis

Eine wesentliche Hindernis für die Reform ist, dass viele Führungskräfte, Vorgesetzte und Mitarbeiter in einem Umfeld ausgebildet wurden, wo ein solches Verhalten die *akzeptierte* Methode unterrichten, belehren oder Mitarbeiter zu verwalten war. Es ist diese Kultur, die durch Aufklärung und Sensibilisierung und durch konkrete Maßnahmen am Arbeitsplatz, Fälle von Belästigung zu minimieren geändert werden muss. Jedoch Selbstregulierung des Mobbings hat nicht funktioniert, und bestehende Gesetze bieten keinen ausreichenden Schutz

Betriebliche Gesundheitsförderung und Sicherheit fungiert in den meisten Ländern sagen, dass die Arbeitgeber haben die Pflicht, die Gesundheit und Sicherheit der Arbeitnehmer zu gewährleisten, aber haben keine bestimmte Formulierungen, die Mobbing, Belästigung und Gewalt abdeckt. Eine Wortsuche für Ihre eigene Sicherheit und Gesundheit am Arbeitsplatz Gesetze durchführen und Sie werden feststellen, dass Sie nirgendwo im Dokument die Worte finden „*Belästigung, Mobbing* oder *Gewalt*." Das darf so nicht weitergehen und Mitarbeiter sind aufgefordert, ihre lokalen Abgeordneten um sicherzustellen, dass diese Gesetze für alle Arbeitnehmer gegen Belästigung, Mobbing und Gewalt beinhalten lobby.

Mitarbeiter können glauben, sie sind berechtigt, eine Klage gemäß Arbeit Stress Urlaub machen, aber unbestätigte Berichte, dass routinemäßig Arbeit decken 95 % der Stress Urlaub Ansprüche im Zusammenhang mit Mobbing am Arbeitsplatz ablehnt. Also

Gewerkschaften von Anfang an einbezogen werden sollten, besteht darin die Behauptung geehrt.

Was ist die Kosten für die Implementierung einer Anti-Mobbing-Politik?

Eine Anti-Mobbing-Politik kann mit minimalen Kosten innerhalb einer Organisation bestehenden Anti-Mobbing, Eigenkapital und Konflikt Auflösung Verfahren implementiert werden. Es bietet somit eine kostengünstige Möglichkeit der Minimierung von Risiken der kostspielige Auswirkungen von Mobbing. Umsetzung der Politik sendet ein positives Signal an Mitarbeiter, Kunden, Investoren und andere wichtige Akteure, dass negative Verhaltensweisen, die stören, Produktivität und Qualität und Kundenservice zu untergraben nicht toleriert werden. In diesen Bedingungen signalisiert eine Anti-Mobbing-Politik, dass die Organisation verantwortlich und ethischen und kümmert sich um Wartung, motivierte, engagierte Mitarbeiter und gute Kundenbeziehungen.

KAPITEL 6

Umgang mit schwierigen vorgesetzten

Wenn Sie Ihre Arbeit nicht genießen, könnte es eine Reihe von Gründen warum. Eine mögliche Ursache des Jobunzufriedenheit ist schlechter Aufsicht. Einige Personen wurden für ihren Aufsichtsrat Positionen ausgewählt, weil sie viel Wissen über die Art der Arbeit von denen, die sie überwacht werden. Sie können fast nichts, aber über die motivieren wissen *Menschen.*

Wenn Sie, Ihren Vorgesetzten Stil Glauben der Verwaltung für Ihre Arbeit Unzufriedenheit verantwortlich ist, ist dieses Kapitel für Sie.

Als ich anfing mit meinem *„Umgang mit schwierigen Menschen"* Seminare, nahm ich an, dass "off the wall" Kunden die schwierigste Gruppe am Arbeitsplatz wäre. Meine zweite Vermutung war schwierig Arbeitskollegen. Ich war in diese Annahmen falsch! Ich fand, dass mit überwältigender Mehrheit, ihre Vorgesetzte und Manager die schwierigsten Menschen konfrontiert die 54.000 Teilnehmer waren! Warum geschieht dies?

Ineffiziente Aufsichtsrat Ausbildung

Da die meisten von ihren Vorgesetzten / Manager / Abteilungsleiter und sogar Führungskräfte erhielten nicht die Grundausbildung erforderlich sind, andere erfolgreich zu überwachen. Diese schwierige Vorgesetzte die folgenden Fehler gemacht. Sie:

- Blamieren Sie ihr Personal durch Disziplinierung sie vor Arbeitskollegen oder Kunden.

- Beschriften Sie des Personals Verhalten (dumme, dumme) oder Bemerkungen Sie sarkastischen, anstatt zu versuchen, das tatsächliche Verhalten des Mitarbeiters zu korrigieren.

- Geben Sie nicht Anerkennung für die geleistete Arbeit. Stattdessen konzentrieren sie sich auf den zwei Prozent der Dinge, die ihre Mitarbeiter falsch, statt die achtundneunzig Prozent tun, was, die Sie richtig machen.

- Beim Umgang mit Kundenbeschwerden, sie nicht sichern, ihre Mitarbeiter und Mitarbeiter keine Chance auf ihre Seite der Geschichte bevor Sie handeln zu erzählen geben. (Sollten sie an den Client zu sagen *„Lassen Sie mich dies zu untersuchen, und ich werde umgehend mit Ihnen.")*

- Bieten Sie keine aktuelle Stellenbeschreibung mit Key Performance Indicators und Leistungsstandards für die Aufgaben ihrer Mitarbeiter.

- Bieten Sie nicht die notwendige Ausbildung, um die Lücke zwischen Anforderungen und Fähigkeiten des Mitarbeiters.

- Sie haben die Frechheit Leistungsbeurteilungen Mitarbeiter ohne eine richtige Stellenbeschreibung auf die sich ihre Bewertung stützen durchzuführen. (Wenn der Mitarbeiter nicht wissen, was von ihm erwartet wird und der Supervisor weiß nicht, entweder - kann wie eine faire Bewertung der Leistung werden durchgeführt?

- Haben Sie eine Reihe von Unternehmensregeln zur Mitarbeiter - andere für sich selbst. Beugen Sie die Regeln, wenn Kunden über den Kopf des Front-Line Personal gehen verursachen Verlegenheit für die Mitarbeiter.

- Keine festgelegten Richtlinien und Verfahren Handbücher zur Verfügung. Regeln und Vorschriften des Unternehmens sind nicht klar definiert.

- Personal (entweder durch Mobbing oder sexueller Belästigung) zu belästigen.

- Nichts tun, um die Mitarbeiter Interesse an ihren Arbeitsplatz zu verbessern. Einige haben Angst, dass ihre Mitarbeiter sind jetzt bereit, konkurrieren um ihren Job, also so wenig wie möglich, ihre Fähigkeiten für ihren nächsten Schritt bis zu entwickeln. (Es ist eine erwiesene Tatsache, die viele Vorgesetzte werden *nicht* gefördert, denn es niemand bereit ist, ihre bestehenden Job übernehmen.)

- Sind nicht verfügbar, wenn ihre Mitarbeiter ihre Hilfe braucht. Sie sagen, sie haben eine "Politik der offenen Tür" sind aber immer "zu beschäftigt" ihre Mitarbeiter Probleme zu bewältigen.

- Hört nicht auf ihre Mitarbeiter Vorschläge über bessere Möglichkeiten, um Aufgaben zu erledigen. Die Person, die den Job normalerweise hat die besten Ideen, wie man die Arbeit besser, schneller und effizienter zu erledigen.

- Sind Perfektionisten und erwarten, dass alles perfekt gemacht werden. Nur weil sie die Arbeit in zehn Minuten erledigen können (sie haben 15 Jahre Erfahrung) erwarten sie die Newcomer in der gleichen Zeit mit den gleichen Grad an Genauigkeit zu tun.

Nehmen wir an, du bist der neue Supervisor. Sie haben beschlossen, weil Sie einen Bachelor-Abschluss oder einen MBA-Abschluss haben, Sie voll und ganz bereit sind, ein Vorgesetzter zu sein und du sicher sein wirst, wenn Sie das Verhalten von Ihrem letzten Vorgesetzten Klonen. Leider die meisten B.A. und MBA-Studiengänge beinhalten keine Aufsichtsrat Ausbildung und der bestehenden Supervisor kann nicht die richtige Ausbildung gehabt haben. Daher können Sie sich bis zu Einstellung werden ein weiteres *„Supervisor aus der Hölle."*

Also entscheiden Sie sich für das richtige tun, Aufsichtsrat Grundausbildung erhalten. Dauert es eine lange Zeit und Kosten zu viel? Nein - wird nicht erlernen die Grundlagen der Aufsicht beinhalten so viel Zeit wie Sie erwarten würden. Was musst du lernen? Das erste, was, das Sie feststellen werden, ist, dass Sie eine ganz andere Rolle zu spielen haben. Menschen erwarten viel von Ihnen - von Ihrem Chef nach unten und von Ihren Mitarbeitern nach oben. Wie ist eine Person zu bewältigen? Sie werde voraussichtlich Arbeit an Ihre Mitarbeiter delegieren, aber wie Sie entscheiden, wer die richtige Person für den Job? Und nachdem Sie die Aufgabe delegiert haben, wie motivieren Sie Ihre Mitarbeiter, einen guten Job für Sie tun? Wie verwalten Sie Ihre Zeit, wenn so viele Leute Ihr müsst zur Verfügung - und immer noch Ihre eigene Arbeit zu erledigen? Sie wissen, wenn Sie nicht effizient in Zeitmanagement, Ihre Mitarbeiter herumsitzen twiddling ihre Daumen eine Minute oder wahnsinnig kriechen, in letzter Minute, komplette Aufgaben habt ihr. In diesem Fall werden Sie Ärger mit *Ihrem* Chef.

Dann gibt es die Probleme - Ach die Probleme! Warum Ihr Personal zu halten zu euch zu mit ihren Problemen "Mickey Mouse kommen tun" - können nicht sie verwenden einige Initiative und einige Entscheidungen auf eigene Faust? Sie sagen, wenn ich sie gründlich - ausgebildet hatte sie mir mit dieser Art von Problemen kommen würde nicht? Wer hat die Zeit oder die Möglichkeiten, die Rolle eines Ausbildungsleiter zusammen mit allen anderen Pflichten erwartete ich durchführen?

Bin ich wirklich verantwortlich für die Auswahl neuer Mitarbeiter? Wie soll ich Mitarbeiter einstellen, wenn ich noch nie jemand vor eingestellt habe und habe keine Ahnung, wie zu tun, ohne die Anti-Diskriminierungs-Gesetze zu brechen. Und Sie sagen, dass ich einspringen und befassen sich mit der Persönlichkeit Probleme zwischen Mitarbeitern, richtiges Verhalten und Produktionsprobleme, Stellenbeschreibungen aktualisieren und Leistung Mitarbeitergespräche führen musst? Wie werde ich mit all diesen neuen Aufgaben zu bewältigen?

Dann du die folgenden Punkte beachten musst. Was passiert, wenn Sie eine der zehn Arbeitskollegen, die beworben und stehen neun feindliche Mitarbeiter, die dachte, sie hätte Ihren Job? Und ist Martin dein bester Freund - können Sie immer noch mit ihm knüpfen oder musst du dich von ihm distanzieren, weil er jetzt an Sie berichtet?

Viele, die über die Aufgaben eines Betreuers genommen haben Fragen sich, was möglicherweise besaß, um die Position zu übernehmen! Es sei denn, ein Supervisor weiß, wie Umgang mit diesen Problemen - wird er oder sie wahrscheinlich ein weiteres "Supervisor aus der Hölle." Was ist eine Person zu tun? Die Antwort ist einfach: die notwendige Ausbildung - zu bekommen, auch wenn Sie dafür selbst zahlen müssen!

ARMEN MOTIVATOREN

Viele Mitarbeiter selbst motivieren und funktioniert auch unter schlechten Aufsicht. Jeder Mitarbeiter kann jedoch reagieren auf und profitieren Sie von einem Supervisor, der versteht, was motiviert Menschen ihr Bestes geben. Da nicht jeder Mitarbeiter die gleiche ist, entwickeln ein guter Vorgesetzter Einblick, in die Mitarbeiter am besten reagieren, zu loben, die monetäre Anreize und welche Möglichkeiten, neue Dinge zu lernen oder sich auf eine Promotion vorzubereiten.

Wenn Ihre Motivation am Arbeitsplatz leidet, es sein kann, weil Ihr Vorgesetzter nicht, dass verstehen einige oder alle der folgenden Arbeitsbedingungen können haben eine kraftvoll *de* -motivierende Wirkung.

1. ***Restriktiven Aufsicht.*** Werden Sie wahrscheinlich weniger Zufriedenheit am Arbeitsplatz erhalten, wenn Ihr Vorgesetzter Ihnen kaum eine Chance gibt, eine aktive Rolle in wie Sie Ihre Aufgaben. Je mehr Mitarbeiter beteiligen wie sie Dinge tun, desto mehr kooperativ werden. Vorgesetzte, die einen autoritären

Führungsstil verwenden richten selbst zum Scheitern verurteilt. Wenn Sie diese Art von Vorgesetzten haben, versuchen Sie Feedback, um das Problem zu beheben. Wenn Ihr Vorgesetzter nicht vernünftig sein und Sie können sein Verhalten nicht ändern, müssen Sie für eine Weile zu leiden, bis eine Aktion verfügbar ist. Alternativ könnten Sie nehmen eine seitliche Bewegung in eine andere Abteilung oder als letztes Mittel, verlässt das Unternehmen, du bist mit.

2. *Mangelnde Anerkennung.* Aufsichtsbehörden de-Mitarbeiter motivieren, wenn sie erkennen nur was getan haben, ihre Untergebenen falsch. Sie sollten stattdessen konzentrieren, was sie getan haben Recht, um bessere Leistung zu fördern. In der alten Schule des Managements glaubte Vorgesetzte es ihr Recht auf Kredit für neue Ideen von ihren Untergebenen. Wie zu erwarten, das nur de-motiviert Mitarbeiter, schreckt neue Ideen und perpetuiert, mittelmäßige Leistung und geringe Produktivität. Progressive Aufsichtsbehörden haben gelernt, dass wenn sie Mitarbeiter geben Kredit, wem Ehre gebührt, das Personal ist motiviert, um eine bessere Leistung. Mitarbeiter, deren Vorgesetzte noch geizig mit Anerkennung sollten versuchen mit Feedback, um dieses Problem zu beheben. Der Supervisor ist möglicherweise nicht bewusst wie demotivierend seine Handlungen sind. Sagen, *„Ich habe ein Problem und ich brauche Ihre Hilfe, es zu lösen. In der vergangenen Woche habe ich mir aus dem Weg, eine außergewöhnliche Arbeit an der Miller-Projekt zu tun und zur Fristwahrung Überstunden gearbeitet haben. Ich bin entmutigt, weil alles, was ich darüber gehört habe ist die 2 Prozent, was ich falsch gemacht habe. Was über 98 Prozent, die ich richtig gemacht haben? Es ist nicht sehr ermutigend, nur das negative zu hören. Verstehst du was ich meine?"* Damit sollte der Supervisor machen einen besseren Job in Zukunft durch positive Verstärkung zu geben, wenn er fällig ist.

3. *Monotone Arbeit.* Unternehmen implementieren Jobrotation für ihre Mitarbeiter in einem Versuch, Arbeitnehmer Arbeitsplätze noch interessanter zu machen. Jobrotation ist möglich, wenn mehrere Mitarbeiter eines Unternehmens, die arbeitest du im Wesentlichen derselben Klasse oder Stufe oder arbeiten und in der gleichen Reihe zahlen. Arbeitgeber und Arbeitnehmer gleichermaßen profitieren von Jobrotation, weil Mitarbeiter mehr als einen Job ausfüllen

können und jemand anderes die Arbeit des abwesenden Mitarbeiter tun kann. Wenn Ihr Unternehmen dies tut, ist Management versucht, Ihre Arbeit interessant zu halten. Wenn sie Jobrotation ausprobiert haben, empfehlen sie tun dies, um Ihren Willen.

4. ***Kaum die Chance, neue Ideen ausprobieren***
Mitarbeitermotivation leidet auch beim Vorgesetzten Arbeitnehmer Vorschläge für bessere Wege ihre Aufgaben ignorieren. Weil die Mitarbeiter die eigentliche Arbeit tun, sind sie oft in der Lage, bessere und schnellere Wege, die Arbeit zu erledigen. Wenn Ihr Vorgesetzter auf diesem Gebiet schwach ist, Pflanzensamen Sie für Änderung langsam. Lassen Sie ihm oder ihr Get verwendet, um die neue Idee allmählich. Können Sie Fakten sichern Ihre Vorschläge und identifizieren Kosten zu senken, die durch die neue Vorgehensweise erreicht werden kann. Aber offen sein für berechtigte Gründe, warum Ihre Idee nicht funktionieren. Wenn Ihr Vorgesetzter nicht auf Anregungen reagieren, Feedback verwenden, um Ihre Frustration zu beschreiben.

5. ***Keine Möglichkeit, neue Fähigkeiten zu erwerben*** . Auf einmal, Unternehmen ihren Mitarbeitern viele Ausbildung Dollar aufgewendet und noch konnte nicht Schritt halten mit der Nachfrage nach kompetenten, qualifizierten Mitarbeitern. Vor kurzem haben Unternehmen mussten ihre Weiterbildungsbudgets festziehen. Unternehmen können verweigern Training geben, dass sie glauben, dass Mitarbeiter nicht sofort verwenden können. Mitarbeiter, deren Aktionen sechs Monate bis ein Jahr entfernt sind, können die Ausbildung bekommen schwer. Um sicherzustellen, dass sie für den nächsten Schritt bereit sind, wäre Mitarbeiter, die sich in dieser Position klug, zu erhalten und für diese Ausbildung selbst bezahlen. Der Mitarbeiter erhält so einen Vorteil gegenüber anderen, die nicht die notwendigen Fähigkeiten erworben haben. Dollar, ausgegeben am Training sind eine gute Investition durch den Arbeitnehmer.

6. ***Abwesenheit von Stellenbeschreibungen und Leistungsbeurteil-ungen.*** Unternehmen, das gute Management-Systeme haben wissen, dass genaue und aktuelle Stellenbeschreibungen und Leistungsbewertungen für hohe Produktivität und Motivation der Mitarbeiter unerlässlich sind. Wenn Mitarbeiter wissen, was von ihnen erwartet hat, führen sie besser. Wenn mehr als 10 Prozent

Ihrer Aufgaben in der Kategorie „*andere Aufgaben als zugewiesene*" passen Ihre Stellenbeschreibung ist nicht korrekt. Wie gehen Sie über immer ein realistischer?

Wenn Ihr Unternehmen eine offizielle Klassifizierung-System verwendet wird, wissen sie, dass nicht mehr als 10 Prozent unter der betreffenden Kategorie zulässig ist. In diesem Fall können Sie einfach Ihre Pflichten und der Anteil der Ihren Zeitaufwand für jedes Element aufschlüsseln. Ihre Anfrage für die Umbuchung wird auf sachliche Informationen beruhen. Oder, wenn Ihre Stellenbeschreibung mehr als zwei Jahre alt ist, hat es wahrscheinlich veraltet.

Sie müssen Ihre Aufgaben geben den Prozentsatz der Zeit, die jeweils vor Diskrepanzen zwischen Ihrem Jobbeschreibung und Ihre eigentliche Aufgabe aufzeigen und Fragen für die Umbuchung, aufschlüsseln. Ein guter Zeitpunkt, um für eine Stellenbeschreibung Update ist Fragen, wenn Sie Ihre jährliche Leistungsbeurteilung haben.

Was passiert, wenn Aufgaben regelmäßig Ihre Aufgaben ohne jede Umbuchung Ihrer Position hinzugefügt werden? Wenn Sie immer mehr von der *gleichen* Art der Aufgabe (Job dumping) erhalten werden, können nicht Sie eine Neueinstufung anfordern. Aber wenn Ihre neuen Aufgaben eine andere Ebene oder die Aufgabe haben, dann Ihre Arbeit wahrscheinlich sollte neu eingestuft werden. Sie müssten Fakten nutzen um zu beweisen, dass Ihre Verantwortung-Ebene verändert hatte.

In großen Unternehmen gibt es in der Regel formale Klassifikationssysteme. Wenn Sie für ein kleines Unternehmen arbeiten, müssen Sie einige Schwierigkeiten. Job-Klassifikation beruht auf der Verantwortung die Aufgaben von der Person in der Lage. Ändert sich die Höhe der Verantwortung nach oben oder unten, wird die Position in der Regel umgegliedert.

Beispielsweise benötigen eine Sekretärin, deren Betreuer zusätzliche Verantwortung übernimmt, wahrscheinlich eine Neueinstufung Job, weil der Verantwortung des Generalsekretärs mit dem Vorgesetzten steigt. Auf der anderen Seite, wenn der Vorgesetzte Position abgeschafft wird und die Sekretärin jetzt für vier untergeordnete Personen arbeitet, die Verantwortung des Auftrags werden niedriger, und die Position würde auf ein niedrigeres Niveau umgegliedert.

Was passiert, wenn Ihr Arbeitgeber sagt: *„Wir haben keine Stellenbeschreibungen hier?"* In diesem Fall sollten Sie selbst eine (anhand von Beispielen gefunden online oder in der Bibliothek als Leitlinie) schreiben. Nehmen Sie es mit Ihrem Vorgesetzten und um Genehmigung bitten. Wenn die Zustimmung verweigert wird, Fragen, *„Wie kann ich tun einen guten Job für Sie, wenn keiner von uns weiß, was ich tun soll?"*

7. ***Diskrepanz zwischen Bezahlung und Eigenverantwortung*** . , Wenn Sie überzeugt sind, dass Ihr Gehalt zu niedrig für die Art der Arbeit ist, was du tust, musst du schauen Sie sich Ihre aktuellen Stellenbeschreibung, Änderungen vorzunehmen und dann fordern Sie einen Termin mit Ihrem Vorgesetzten. Erklären Sie bei dem Treffen, dass Ihre Pflichten nicht ordnungsgemäß aufgeführt sind und, dass Sie viel mehr Verantwortung als die Beschreibung anzeigt. Oder vielleicht Ihre Stellenbeschreibung stimmt, aber die Gehaltsspanne für es reflektiert nicht den Job Bedeutung für das Unternehmen. Erfahren Sie, was ähnliche Positionen in wettbewerbsfähige Unternehmen verdienen. Ausdrücke wie *"Ich denke, ich bin unterbezahlt"* hilft Ihnen nicht; ausgestattet mit hinein *Tatsachen*. Sie müssen sich begründen Ihren Antrag für mehr Geld sichern können. Wenn dies fehlschlägt, möglicherweise das Unternehmen zu verlassen, du bist mit und woanders suchen.

8. ***Offen Überstunden*** . Sind die Gesetze in Bezug auf Überstunden etwas anders. Es könnte sein, dass Sie Überstunden bekommen sollte, wenn man extra Stunden und ich schlage vor, die Kontaktaufnahme mit Ihrer regionalen Geschäftsstelle der Abteilung Löhne oder Ihre Industrial Relations Board der Regierung zu finden, genau das, was Sie berechtigt sind. Wenn Sie nicht, dass das Arbeitsrecht in Ihrer Nähe wissen, es liegt an Ihnen, herauszufinden.

DER AGGRESSIVE SUPERVISOR

In einer idealen Welt wäre alle Aufsichtsbehörden durchsetzungsfähig (anstatt passiv oder aggressiv) angenehm, unterstützend, effiziente, taktvoll und mit überlegener Menschenkenntnis gesegnet. In der realen Welt zeigen jedoch Aufsichtsbehörden die übliche Palette von menschlichen Fehlern und Schwächen. Vorgesetzte, die aggressives Verhalten zu beherrschen und kontrollieren ihre Mitarbeiter verwenden gehören das schwierigste für einen Mitarbeiter zu beschäftigen.

Aggressive Vorgesetzte haben nicht gelernt, eine der Grundlagen der gute Betreuung. Mitarbeiter können nicht gezwungen werden, machen einen guten Job; Sie sind hinein geführt. Vorgesetzte sind verpflichtet, geringe Produktivität von ihrer Mitarbeiter zu erhalten, wenn sie:

- Züchtigen Sie Mitarbeiter öffentlich;

- In übermäßig lange Arbeitszeiten zu schikanieren;

- Hypercritical und unmöglich gefallen sind;

- Individuen und nicht als Verhalten zu kritisieren.

Bevor Sie sich entscheiden, eine aggressive Vorgesetzten sagen, Fragen Sie sich, ob Sie alles noch schlimmer machen könnte, etwas sagen. Wenn diese Person *alle* kriegführenden genauso behandelt, kann es nicht Wert das Risiko einer Erörterung der Angelegenheit sein. Sie müssen mal bis Sie weg von diesem Bully bekommen kann.

Wenn Sie sich entscheiden, es könnte helfen, um das Problem zu diskutieren, nutzen Sie Feedback, lassen Sie Ihren Vorgesetzten, die wissen, wie Sie sein Verhalten auswirkt. Dies erfordert Mut, aber zumindest wissen Sie, dass Sie bemüht, die Dinge zu verbessern. Sprechen Sie mit Ihrem Vorgesetzten privat über seine oder ihre Aggressivität. Wenn das Problem, zum Beispiel, sagen, Kennzeichnung ist *„Ich habe ein Problem und ich brauche Ihre Hilfe, es zu lösen. Ich finde es schwierig, die Put-Downs zu behandeln, die Sie mir in letzter Zeit gegeben habe. Ich kann meine Aktionen nicht verteidigen, wenn du mich, Namen anrufst. Die Art, wie, die es jetzt ist, weiß ich nicht wie meine Leistung zu verbessern oder was Sie wirklich wollen, von mir. Könnten Sie mir Beispiele dafür, warum Sie denken ich bin unwissend?"*

Wenn die Situation nicht ändert, gehen Sie nicht höher bis zu seinem Vorgesetzten zu beschweren. Stattdessen:

- Setzen Sie sich mit es, so lange wie Sie können, dann fordern Sie eine Überweisung an eine andere Position in der Gesellschaft;

- Sprechen Sie mit jemandem in Ihrer Personalabteilung; oder

- Lassen Sie für grünere Weiden an anderer Stelle.

Gehen Sie weiter oben die Befehlskette, nur dann, wenn der Vorgesetzte Verhalten der Rest des Personals betrifft. Nur Gruppe

Beschwerden schlecht Supervisor verdrängen können und dann nur, wenn die Beschwerde korrekt behandelt wird. Sicherstellen Sie, dass die Gruppe Fakten verwendet, um seine Beschwerden zu erklären. Haben Sie Details zu was ist eigentlich passiert, Kosten in US-Dollar, Schäden an Kundenbeziehungen, Verzögerungen, unbefriedigte Fristen, unnötige Überstunden und Produktionsausfälle, etc.. Haben Sie die Abteilung Human Resources Exit Interviews mit Mitarbeitern ansehen, wer an diesem Vorgesetzten in der Vergangenheit berichtet zu sehen, warum sie das Unternehmen verlassen. Sie können wegen der schlechten Supervisor getan haben.

Wenn nichts ändert und Sie das Gefühl, dass Ihr Vorgesetzter entfernt ist, der Stolz und die Freude, die Sie von Ihrer Arbeit zu erhalten, dann ist es Zeit zu gehen.

Wie wir gesehen haben, kann aggressives Verhalten eine Vielzahl von Formen nehmen. Wege für den Umgang mit einigen dieser lohnen im Detail diskutieren.

Sarkasmus

Einige Sarkasmus ist nichts anderes als ein harmloser Scherz. Es kann ist nicht bedrohlich und Spaß machen. Sarkasmus kann jedoch auch verletzend sein; entwickelt, um andere klein fühlen. Menschen Gefühl ein der Macht auf andere Menschen Winden zu sehen. Verletzend Sarkasmus ist eine Form der indirekten Aggression – eines der heimtückischste, die meisten manipulativ und hinterhältigen Methoden, um Ihren Weg.

Menschen, die verletzend Sarkasmus oft nicht fühle mich sehr gut über sich selbst, so dass sie versuchen, andere zu setzen, sich wichtiger fühlen. Das Spiel wird fortgesetzt, wenn andere defensiv reagieren oder handeln verletzt. Sarkastisch Leute wollen andere zu ärgern und sich zu verteidigen. Erinnern Sie sich nicht negativ auf ihre Bemerkungen zu reagieren. Versuchen Sie, an die Fakten halten.

Denken Sie für eine Minute; Wer ist in der Steuerung der Situation wenn Sarkasmus verwendet wird? Sie sind (der Empfänger des Sarkasmus) *bis Sie Antworten*. Sollten Sie auf Sarkasmus mit mehr Sarkasmus reagieren? Nein - Wenn Sie dies tun, empfehlen Ihnen oft nur mehr vom gleichen. Stattdessen versuchen Sie zu analysieren, warum die Person könnte das Bedürfnis, Sie legte. Haben Sie eine Vorstellung davon, was wirklich den Sarkasmus fordert, werden Sie in der Lage, mit dem eigentlichen Thema befassen.

Nicht reagieren auf Sarkasmus - schalten Sie ihn aus. Die sarkastische Person wissen nicht was zu tun ist, weil du nicht spielst "Regeln." Wenn es nicht mehr Spaß, Dinge auf Sie zu werfen ist, dauert der Täter seine oder ihre sarkastischen Bemerkungen an anderer Stelle.

Wenn man nicht ruhig bleiben, und du spürst, dass der Sarkasmus eine Reaktion gerechtfertigt, können Sie dies als Ihr erster Satz,

„Ihre letzte Bemerkung war sehr sarkastisch und herabgewürdigt. Put-Downs zu verletzen."

Fügen Sie eines der folgenden Elemente:

„Erklären Sie, warum Sie das gesagt, was du getan hast?" Oder,

„Warum Sie mir eine Enttäuschung wie das?" Oder,

"Könnten Sie erklären, warum Sie das gesagt, was du getan hast?" Oder,

„Was ist es, die Sie wirklich wollen, mir zu sagen, dass Sie mit Sarkasmus vertuschen sind?"

Und wenn Sie alles versucht haben, sollte dieser Zinger sie in ihren Tracks beenden:

„Worum es mir geht, das macht Sie so eingeschüchtert, die Verwendung solcher schneiden, sarkastische Bemerkungen fühlen?"

Machen kriegerisches Volk Konto für ihre Handlungen. Sie sind oft nicht bewusst, wie zerstörerisch sein Verhalten zu anderen ist.

Wann war ich der Recherchen für mein Buch, *das Pink-Collar Ghetto zu entkommen* (jetzt mit dem Titel *The Business-Frauen-Bibel)* ich interviewte mehr als 700 Manager (695 davon Männer) um zu sehen, warum sie waren nicht mehr Frauen zu fördern. Zunächst stieß ich auf eine gekreuzt Arme defensive Haltung von einem Großteil der Führungskräfte. Ich wusste, dass sie auf die defensive, wenn der Sarkasmus begann zu fließen. Meine instinktive Reaktion war Sarkasmus mit Sarkasmus zu kämpfen, aber stattdessen, ich stand wieder aus der Situation und versucht, es zu analysieren. Ich kam zu dem Schluss, dass diese Manager das Gefühl hatten, als ich fragte *„Warum sind nicht Sie Förderung mehr Frauen?"* , dass ich sie diskriminierenden Verhaltens beschuldigt wurde.

Ich versicherte ihnen vollständig zu erklären, was ich dort war, um zu erreichen: dass ich wirklich, ihre Beiträge gebraucht um herauszufinden, welche „*Fehler*" Frauen, die machten hielt sie davon ab, gefördert. Ich habe einige Beispiele anderer Unternehmen mir gegeben hatte und fragte sie, ob das gleiche in ihrem Unternehmen als auch zutraf. Bald merkte sie, dass ich es nur für Informationen und ihre Hilfe nicht, sie drücken in die Verteidigung des Mangel an Frauen in Führungspositionen in ihrem Unternehmen zu erhalten. Die meisten waren dann sehr kooperativ. Sie hätte nicht aber wenn ich defensiv zu ihren Sarkasmus geantwortet hatte.

Ignorieren oder die leise Behandlung

Eine andere Form der indirekten Aggression ignoriert andere, schmollen oder Ihnen die Silent-Behandlung durch die Weigerung, wichtige Fragen mit ihnen zu diskutieren. Einige Aufsichtsbehörden verweigern sogar an einen Mitarbeiter über alles tagelang sprechen, obwohl sie Mitglieder der gleichen Abteilung sind! Dies ist Dirty Pool, ist eine andere Form der indirekten Aggression und fast so destruktiv wie rachsüchtig Sarkasmus.

Diese negative Handlung ist eine no-win-Situation für beide Beteiligten. Oft die Person, welche die leise Behandlung gewinnt die Schlacht, aber den Krieg verlängert. Wenn Fragen nicht durch Diskussion geklärt sind, werden sie später unweigerlich wieder auftauchen.

Brian war stolz, wenn seine Abteilungsleiter lobte ihn vor seinen Mitarbeitern und Vorgesetzten für die hervorragende Arbeit, die er an einem Projekt getan hatte. Brian hatte hart gearbeitet, um das Projekt durchzuführen und fühlte, dass er das Lob verdient. Später an diesem Tag bat er seinen Vorgesetzten, Harry, um technische Beratung in Bezug auf sein neuestes Projekt. Harry war sehr abrupt, und sagte ihm, es selbst herauszufinden. In der nächsten Woche erhielt Brian Harry, der als verfügbar oder unterstützende war nicht wie üblich die kalte Schulter.

Brian wollte mit Harry sprechen. Er sagte: „*Ich habe ein Problem und ich brauche deine Hilfe bei der Lösung von it.*" Er pflegte Feedback um zu erklären, wie er fühlte, als Harry seine Hilfe zog und ihn bat, zu erklären, warum dies geschah.

Harry räumte ein, dass er aufgeregt war, wenn Brian Lob von der Abteilungsleiter erhielt und, dass er eifersüchtig war, weil dies nie hatte ihm in der Vergangenheit geschah. Er versprach, in Zukunft mehr zur Verfügung stehen.

Wutanfälle

„Wie gehe ich mit meinem Chef um? Er hat Wutanfälle in regelmäßigen Abständen. Er knallt das Telefon, knallt seine Schreibtischschublade, wirft Dinge und knallt seine Bürotür. Ich bin völlig entnervt durch sein Verhalten und sehr zittrig und nervös zu werden. Was soll ich tun, wenn dies in der Zukunft passiert?"

Erwachsene, die noch auf Wutanfälle Temperament zurückgreifen noch nicht ganz erwachsen. Wenn es der Vorgesetzte mit den Wutanfall ist, es ist eine Form von Mobbing und die meisten Mitarbeiter sind von dieser Art von Verhalten gesetzlich geschützt. Diese Frau beschlossen zu versuchen, die Situation selbst zu behandeln. Ein Freund riet ihr, ihr Chef tragen eine Motorhaube und Windel in einem Hochstuhl sitzen Hämmern einen Löffel auf dem Tablett zu stellen.

Sie verwendet diese Stressabbau das nächste Mal, das er hatte einen Wutanfall und festgestellt, dass die Hervorbringung dieser humorvollen Vorstellung sie hielt vor dem Verlust ihrer Cool mit ihm. Sie hatte sogar den Mut eines Tages (nachdem er niedergelassen hatten) zu Fragen: *„Sie sind fertig?"*

„Was fertig?" Er donnerte.

„Ich fragte mich, ob Sie fertig mit Ihrem Wutanfall waren?"

Er saß still für eine Minute, lächelte verlegen und sagte: *„Ich denke, das ist, was Sie es nennen würde, würden Sie nicht? Ja, ich habe fertig mit meinen Wutanfall."*

Sie taten das gleiche, das nächste Mal, das er einen Wutanfall, mit der gleichen lächelnden Reaktion, hatte bis schließlich sie nicht haben, etwas zu sagen. Er würde kommen, um seine Bürotür und sagen: *„Es ist okay, jetzt – ich bin fertig."* Die schöne Ausgliederung dieser Situation war, dass er bald aufgehört mit Wutanfällen völlig.

Humor kann man durch viele schwierige Situationen. Das obige Beispiel zeigt, dass Humor Wut diffundieren kann. Irgendwie, wenn wir über etwas lachen können, verringert sich die Spannung. Lustige geistige Bilder oder sogar einen Lieblings-Cartoon in der Nähe von Ihrem Schreibtisch zu sehen, die lustige Seite der Situationen erinnern.

Sexuelle Belästigung

Sexuelle Belästigung ist in der Regel als ein Problem für Frauen am Arbeitsplatz gedacht, aber Männer haben auch unerwünschte sexuelle

Annäherungsversuche an sie gerichtet.

Dieses Werk Problem hat seit Jahrhunderten die Mitarbeiter betreffen. Gesetze in Bezug auf Belästigung unterliegen einem raschen Wandel. Ob du ein Mann oder eine Frau bist, fordere ich Sie auf die lokale Gesetzgebung zu untersuchen. Erfahren Sie mehr über sexuelle Belästigung und wie Sie zu reduzieren oder mit ihr umgehen. Die Forschung zeigt, dass 70 bis 80 Prozent der Frauen eine oder mehrere Formen von sexuellen Übergriffen durch Vorgesetzte oder Kollegen erlebt haben. Zweiundfünfzig Prozent von ihnen verloren gehen oder einen Job wegen es verlassen. Dies hat zu stoppen!

Die folgenden Arten von Verhalten können als sexuelle Belästigung gelten;

- Unerwünschte sexuelle Bemerkungen wie zum Beispiel Witze, Anspielungen, Hänseleien und verbale Misshandlung;

- Sticheleien über jemandes Körper, Kleidung, Alter oder Familienstand;

- Displays von pornografischen oder anstößige Bilder;

- Sexuelle Witze per e-Mail versenden;

- Schabernack, die Peinlichkeit oder Verlegenheit verursachen;

- Unerwünschte Einladungen oder Anfragen, ob indirekt oder explizite;

- Einschüchterung;

- Schielen oder andere suggestiven Gesten.

- Herablassend oder paternalistischen Behandlung, die Selbstachtung untergräbt;

- Unnötigen körperlichen Kontakt, wie berühren, streicheln, kneifen, Stanzen oder Körperverletzung.

Ein verwandtes Problem ist eine Art umgekehrter Diskriminierung, das auftritt, wenn Aktionen und Boni, die einem Mitarbeiter als Gegenleistung für sexuelle Gefälligkeiten vergeben werden, während andere Mitarbeiter, die Anerkennung durch gute Arbeit verdient haben übergangen werden.

Wenn Sie das Objekt der sexuellen Belästigung sind, sollten Sie:

182

1. Tell die Person, die Sie gegen alles, was er/sie tut oder sagt. Lassen Sie ihn oder sie wissen, dass Sie wirklich so gemeint! Gegebenenfalls zu erklären, dass dieses Verhalten als sexuelle Belästigung eingestuft werden könnte und Sie erwarten, dass es sofort zu stoppen. Halten Sie einen schriftlichen Nachweis von Gelegenheiten tritt Belästigung und was gesagt wurde, wenn Sie widersprochen. Das Protokoll sollte enthalten, Termine, Zeiten und Namen der Zeugen, etc.

2. Wenn die Belästigung erneut auftritt, wiederholen Sie Ihre früheren Einwände. Sichern sie Sie mit einem Brief oder einer E-mail. Beziehen sich auf Ihre früher gesprochenen Beschwerde. Geben Sie nur die Fakten. Machen Sie *mindestens drei Kopien* dieses Schreibens. Senden Sie eine Kopie der betreffenden Person und seiner oder ihrer Vorgesetzten. Bewahren Sie eine Kopie für Ihre Unterlagen. (Weitere Exemplare können mit Ihrem eigenen Vorgesetzten gesendet werden und der Chief Executive Officer von Ihrem Unternehmen, wenn Sie, es denken ist angebracht.)

3. Wenn das Verhalten weiterhin oder unterlässt die Firma oder die Vereinigung beschäftigen, eine formelle Beschwerde mit Ihrem regionalen Zweig der Europäischen Anti-Diskriminierung von Ihrem Staat oder Gebiet. Rufen Sie im Zweifelsfall die Regierungsbehörde und bitten Sie, an einen ausgebildeten Berater sprechen. Wenn die Situation ernst genug ist, beinhalten die Polizei durch Hinterlegung einer sexuellen Übergriffen kostenlos.

Hinweis: Wenn der erste Vorfall ernst genug ist, geben Sie Ihre Beschwerde *mündlich* und schriftlich (mit Kopien an geltenden weitergegeben) und eine formelle Beschwerde mit der Regierungsbehörde.

Die meisten Menschenrechte Codes jetzt angeben, dass der Verantwortliche für den Akt der sexuelle Belästigung, plus Betreuern, Managern oder Leute in Positionen der Behörde, die die sexuelle Belästigung kennen und nehmen Sie nicht sofort geeignete Maßnahmen, sowie das betreffende Unternehmen, alle in einer Klage vor dem Regierung Körper benannt werden kann.

Nicht mehr können andere in Machtpositionen wegschauen und ignorieren die Tatsache, dass sexuelle Belästigung stattfindet. Ein Supervisor, der nichts über die sexuelle Belästigung eines Mitarbeiters gilt als die Belästigung geduldet haben. Wenn der Arbeitnehmer weiß, dass die Vorgesetzten beobachtet oder die Situation kennt, kann er oder sie die Vorgesetzten in den Vorwurf der sexuellen Belästigung enthalten. Unternehmen sollten formale sexuelle Belästigung Richtlinien veröffentlicht, wo alle Mitarbeiter, die sie sehen können haben.

VORGESETZTEN MIT MANGELHAFT AUFSICHTSRAT FÄHIGKEITEN

Viele Vorgesetzte haben leider wenig oder gar keinen Aufsichtsrat Ausbildung hatte. Jeder profitiert von dieser Art des Trainings. Auch wenn Vorgesetzte für die Ausbildung zahlen müssen, es ist eine der besten Investitionen, die sie zur ihren zukünftigen Erfolg leisten können.

Vorgesetzte, die Aufsichtsrat Ausbildung fehlt kann sehr frustrierend, für zu arbeiten. Sie können nicht wissen, wie man delegieren, wie man Disziplin Untergebenen oder wie man verschiedene Arten von Angestellten zu motivieren. Oder auf verschiedene Weise können sie machen es schwierig für ihre Mitarbeiter effizient arbeiten. Wenn Ihr Vorgesetzter dazu gehört, müssen Sie aktive Maßnahmen ergreifen und schlage vor, dass die Firma ihn oder sie mit Aufsichtsrat Ausbildung bieten.

Armen delegation

„Mein Chef ist gut mit Menschen, aber ist manchmal vage, wie er mich, Dinge zu tun will. Er gibt unklare Anweisungen, und dann ändert seine Meinung am nächsten Tag."

Du wirst Erfolg haben mit dieser Art von Chef, wenn Sie die Details der Arbeit ausgefüllt, die er an Sie delegiert. Verwenden Sie in Anlehnung an, um sicherzustellen, dass sagt er ursprünglich ist, was Sie eigentlich hören. Wenn es unklare Bereiche, Fragen Sie, was er will. Ist er in die Gewohnheit, am nächsten Tag seine Meinung ändert, notieren Sie sich die Anweisungen, zeigen Sie die Liste zu ihm und bestätigen Sie seinen Anweisungen zu.

Später zeigen Sie Ihre Verwirrung, wechselt er seine Anweisungen und bringen Sie Ihre Liste von Anweisungen, die früher gemacht. Aktualisieren Sie die Anweisungen, wie gewünscht. Bald wird Ihr Vorgesetzter erkennen wie oft er seinen Anweisungen ändern. Er kann lernen, mehr Zeit, wenn seine Forderungen zu formulieren. Diese Person würde wahrscheinlich erheblich profitieren, durch die

Teilnahme an einem Zeitmanagement Kurs. Dies würde ihn um Zeit zu sparen, indem Sie planen vor dem Delegieren von Aufgaben an Untergebene zu unterrichten.

Manchmal sind die Aufsichtsbehörden unorganisiert. Sie sind diejenigen, die erklären, dass sie wissen, wo alles auf ihrem unordentlichen Schreibtisch ist. Sie hassen Details. Dieser Boss hasst schlechte Nachrichten, also stress, was Sie über Dinge zu tun, anstatt auf das Problem eingehen.

„Mein Chef fragt mich, Dinge zu tun, die wirklich nicht mein Job."

Verwenden Sie in Anlehnung an, um sicherzustellen, dass Sie verstehen, was Ihr Vorgesetzter von Ihnen erwartet. Haben Sie Ihre Stellenbeschreibung aktualisiert. Dann passt sprechen Sie mit Ihrem Vorgesetzten zu sehen, ob jemand anderes die Pflicht umgehen kann, die Sie fühlen Ihre Position nicht.

OBSESSIVE PERFEKTIONIST

„Mein Chef ist ein Perfektionist, der manchmal zu viel von seinen Mitarbeitern erwartet."

Ihr Chef Bedürfnisse antizipieren. Nicht überspringen Sie Details und überprüfen Sie jede Aufgabe vor der Übergabe. Alternativen zu geben. Haben Pläne B und C zur Verfügung, wenn sie nötig sein sollte. Senden Sie neue Ideen in schriftlicher Form, einschließlich der für und wider und die möglichen Alternativen.

Arme disziplinarische Technik

„Mein Chef mich Disziplinen in der Öffentlichkeit."

Dies ist ein großer *Fauxpas* seitens Ihres Vorgesetzten. Der erste Versuch sollte die Person verstehen und einfühlen mit Ihren Gefühlen. Mit der Technik der Rückmeldungen, um die Vorgesetzten wissen, wie demütigend es ist, wenn er oder sie Sie vor anderen Disziplinen zu lassen. Erklären Sie, dass Sie viel leichter Kritik akzeptieren könne, wenn es privat erhielten. Du musst vielleicht hinzufügen, dass wenn Sie in Zukunft öffentlich diszipliniert sind, Sie einfach Fuß entfernt werden.

Übermäßige Orientierung am Wettbewerb

„Mein Chef ist ein sehr wettbewerbsorientierte Person. Er will mich, mit Kollegen zu konkurrieren und ich will nicht."

Sie können in den falschen Beruf sein. Im Wettbewerb gegen andere Mitarbeiter ist das beliebteste Systemmanagement nutzt um Mitarbeiter zu mehr Umsatz.

Viele Menschen reagieren viel besser auf die Herausforderung gegen ihre eigenen Verkaufsrekorde als für den Wettbewerb mit anderen. Unternehmen sollten sicherstellen, dass die Standards der Wettbewerb fair zu denen auf allen Ebenen der Erfahrung. Wenn Sie mit dem Unternehmen vertraut sind, können nicht Sie voraussichtlich mit jemandem mit einem festgelegten Gebiet und Klientel zu konkurrieren. Auszubildende mit sechs Monaten Erfahrung sollte in das Unternehmen mit der gleichen Erfahrung gegen andere konkurrieren. Viele im Vertrieb genießen Wettbewerb. Andere nicht, sondern werden ermutigt, sich realistische Ziele gesetzt.

Viele sales Supervisor kann sehr stressig zu erarbeiten. Durchsetzungsfähige oder aggressives Verhalten von ihren Mitarbeitern erwarten. Schwächling Verhalten ist nicht akzeptabel. Sie müssen sorgfältig vorbereiten, ein Problem mit so einem Chef zu diskutieren. Achten Sie darauf, dass Sie mehrere gangbare Lösungswege vorzuschlagen, bevor Sie versuchen, Änderungen zu verhandeln haben.

Nichtbeachtung der Backup-Personal

"Mein Chef nicht mir sichern wenn ich Ärger mit Kunden zu bekommen. Sie immer nimmt der Client-Seite und ich verteidige mich, obwohl ich im Recht bin."

Vorgesetzte, die automatisch die Client-Seite in einem Kunden-Mitarbeiter-Streit nehmen tun ihre Untergebenen ein großes Unrecht. Bis der Arbeitnehmer eine Chance, seine oder ihre Seite der Geschichte zu erklären hat, sollte der Supervisor neutral bleiben.

Der Supervisor sollte alle Fakten des Kunden aufnehmen und versichern dem Kunden, dass die Angelegenheit untersucht werden.

Wenn Ihr Vorgesetzter nicht, Sie wieder auf, wenn Sie wissen, dass Sie Ihre Aufgaben ordnungsgemäß tragen, verwenden Sie die Feedback-Technik um zu erklären, wie Sie sich fühlen über zu Unrecht verantwortlich gemacht.

Sagen, *„Ich habe ein Problem und ich brauche Ihre Hilfe, es zu lösen. Letzte Woche wollte ein Kunde mich, die Regeln für sie. Ich erklärte ihr, dass ich strenge Richtlinien, hatte, die ich wurde erwartet, zu folgen und sagte, dass ich nicht tun, was sie wollte. Sie dann sprach mit*

Ihnen und haben ihren Weg. Dasselbe geschah mit vier Kunden im vergangenen Monat. Ich fühlte mich ziemlich töricht, als sie durch mein Büro kam, um mir zu sagen, sie bekommen hatte, was sie wollte. Ich frage mich, ob die Regeln sich geändert haben und wie ich diese Art von Problemen in der Zukunft bewältigen."

Nichtbeachtung der Anerkennung für besondere Verdienste zu schenken

Ich habe gehört, dass sowohl Männer als auch Frauen sagen (und wir gehen davon aus, dass der Chef ist ein Männer), *„dieses Berichts die ganze Woche gearbeitet und mein Chef hat volle Punktzahl dafür. Das ist das letzte Mal wird er das für mich tun!"*

Wenn Ihr Vorgesetzter "" Ihre Ideen stiehlt und Kredit für sie nimmt, habe Sie ihn gut aussehen. Er braucht Sie, um dies zu tun. Wenn Sie ihm den Kredit nehmen, lassen Sie sich nicht, halte er dich zurück.

Zum Beispiel, wenn Sie eine neue Politik und Verfahrenshandbuch für Ihre Abteilung schreiben, können Sie Supervisor volle Punktzahl für den Inhalt nehmen. Er hat das Recht (gemäß der bestehenden ungeschriebenen Regeln des Geschäfts) verwenden Sie Ihre Ideen und tun es mit gutem Gewissen. Nach Geschäftsregeln bist du (untergeordnete) da zu Ihren Vorgesetzten oder Manager, die gut aussehen. Daher Ihre Ideen werden Ihre Vorgesetzten Ideen und der Vorgesetzten ist nicht zu brechen alle Regeln indem man den Kredit. Die meisten Männer und Frauen mögen diese Regel. Viele Vorgesetzte nicht das Gefühl, dass dabei etwas falsch, weil "jeder tut es."

Ich stimme überhaupt nicht mit dieser Geschäftspraxis und Aufsichtsbehörden, Anerkennung zu zollen, wo der Kredit fällig zu fördern. Vorgesetzte, die ihre Untergebenen Ideen stehlen halten Sie de-motivieren nur. Die Chancen stehen, dass sie schlechte Vorschläge oder keine Vorschläge überhaupt von ihren Mitarbeitern in Zukunft erhalten. Wenn ein Untergebener eine neue Methode zur Herstellung eines Erzeugnisses gekommen ist, sollte dieser Mitarbeiter bekommen, die Lob und Anerkennung, nicht der Supervisor. Was macht das schon, wenn die untergeordnete den Kredit für die gute Idee bekommt? Der Supervisor konnte den Bericht unter seinem Namen, aber geben Kredite an die Untergebenen, die geholfen haben, den Bericht zu erstellen.

Wenn Ihr Vorgesetzter eine altmodische Rampenlicht-Stealer ist und man kann nicht zusammen mit ihm, senden Sie Ihr neue Ideen oder Anregungen ihm oder ihr in Form eines Memos. Bitten Sie um Ihren Vorgesetzten Meinung über das Verdienst Ihrer Idee. Dann ist es in schriftlicher Form. Oder bieten Sie Ihre Vorschläge in einer Sitzung, wo andere wissen, dass es *Ihre* Idee ist.

„Ich habe mein Chef in einer schauspielerischen Leistung ohne Lohnausgleich arbeiten. Wenn er Weg ist, habe ich seinen Job zu behandeln sowie meine eigenen. Ich glaube nicht, das ist fair."

Verwenden Sie die Feedback-Technik, um Ihr Problem zu erklären. Wenn das nicht funktioniert, betrachten Sie die Erfahrung als eine Entwicklungsphase Ihres Arbeitsverhältnisses. Fragen Sie Ihren Vorgesetzten welche Pflichten Sie lassen Folie in diesem Zeitraum Doppel-Pflicht.

Es sieht hervorragend auf einem Lebenslauf, wenn man hinzufügen *„Schauspielerei Aufsichtspflichten beim Vorgesetzten entfernt."* Diese Aussage kann helfen, künftige Aufsichtsrat Positionen kommen. So nehmen Sie die zusätzliche Arbeit wie auch immer, wenn Sie, dass Sie es schaffen denken, zwei Jobs für kurze Zeiträume zu behandeln.

Störungen

Dennis hatte ein Problem mit seinem Manager, Jim. Dennis war in seiner Position als Supervisor von vier Mitarbeitern neu. Unter dem Deckmantel der *„helfen"* ihn, Jim erlaubt Dennis Mitarbeiter umgehen, Dennis um Hilfe direkt von ihm zu erhalten.

Jim war eines der Hauptregeln im Geschäft durch eine Aushöhlung der Kontrolle zu brechen und Autorität Dennis mussten Vorgesetzter seine Mitarbeiter richtig. Es ist eine strenge Regel im Geschäft über die Linie des Befehls; Manager sollen nicht umgehen, den Vorgesetzten um Arbeit direkt an den Supervisor Untergebenen zu geben. Auch sollten Führungskräfte engagieren in Sachen Disziplin oder in den Leistungsbewertungen, die der Vorgesetzte Mitarbeiter betreffen. Dennis wurde empfohlen, die Feedback-Technik verwenden, um zu erklären, dass seine Gruppe Wirksamkeit beeinträchtigt war, wenn er nur teilweise Kontrolle über seine Untergebenen Arbeit hatte. Er sollte Jim daran erinnern, dass er, Dennis letztlich verantwortlich für alles, was er und seine Mitarbeiter tun und dass er die vollständige Kontrolle über seine Arbeit effektiv zu erledigen braucht.

Nichtverfügbarkeit für Mitarbeiter und Kunden

Shirley fragte, wie sie ihrem Vorgesetzten, ihr zu sagen könnte wo er war. Gab es eine in-out-Board, aber er es selten verwendet und oft durch die Hintertür verlassen. Er war selten verfügbar: wurde in

Sitzungen, aus dem Büro oder hinter einer verschlossenen Tür zu sitzen.

Shirley wurde geraten, Gelegenheiten aufzuführen, wenn sie gezwungen war, Probleme auf eigene Faust zu behandeln und ihr Vorgesetzter eine Liste der Probleme, die entstanden sind, weil er nicht zur Einsichtnahme zu geben. Dann sollten sie ihrem Vorgesetzten Fragen, wenn es gibt eine alternative Vorgesetzten, die sie konsultieren könnte, wenn er nicht erreicht werden kann. Sie möchte auch Fragen, ob er ihr die Behörde (schriftlich) geben würde, um solche Situationen zu handhaben, wenn er nicht zur Verfügung stand.

Missachtung der Privatsphäre des Mitarbeiters

„Mein Vorgesetzter wissen alles über mein persönliches Leben will und ich will nicht darüber reden."

Sagen, *„Ich bevorzuge es, eine klare Trennung zwischen meinem privaten und geschäftlichen Leben zu halten. Ich habe festgestellt, es ist besser für mich."* Wenn Ihr Vorgesetzter weiter drückt, Fragen: *„Warum ist mein Privatleben so wichtig für dich?"* Der Supervisor ist somit gezwungen, seine oder ihre Aggressivität ausmachen.

Die Nichtbeachtung Wachstumschancen

Andrew fühlte mich frustriert, weil seine Vorgesetzten sich weigerte, ihm Aufgaben geben, die ihm für seine nächste Chance, Promotion vorbereiten würde. Sein Titel war Käufer 1 (der erste Schritt auf der Leiter für den Einkaufsleiter Position). Seinem Vorgesetzten, Mel, hatte seit fünf Jahren in der Käufer-2-Position. Er weigerte sich, Andrew nichts in Bezug auf eine zukünftige Förderung lernen zu ermöglichen.

In dieser Situation fühlte Mel, dass Andrew ein *„Ferse-Nipper"* (jemand nach seinen Aufsichtsrat Job); während Andrew spürte, dass Mel in gesperrt wurde seine position und von Andrew es Werbe Erwartungen bedroht.

Mel nicht verstanden, dass seine Zurückhaltung vorzubereiten Andrew für seine Position war, warum er bewegt sich weiter in das Unternehmen nicht. Oft, Aufsichtsbehörden, die niemand bereit, über ihre Position haben wird sich für eine Promotion übersehen. Andrew wurde empfohlen, diese Informationen an Mel es Aufmerksamkeit zu bringen. Wenn das nicht funktioniert, könnte er eine Position vergleichbar sein bestehendes oder für eine Förderung in einer anderen Abteilung versuchen eine seitliche Bewegung berücksichtigen.

Er war zunächst zurückhaltend, in eine andere Abteilung zu bewegen, da ein solcher Schritt einen Umweg von den direkten Weg auf der Einkaufsleiter Position dargestellt. Als ich erklärte, dass dies möglicherweise die einzige Weise, die er Mel Stellung umgehen konnten, stimmte er zu, es zu versuchen. Er ist jetzt der Einkaufsleiter und Mel betreut.

DIE SANFTE ART DER UNTER AUFSICHT

Ein wichtiger Faktor Ihrer Beziehung mit Ihrem Vorgesetzten ist Ihre eigene Einstellung zur Aufsicht. Sogar die besten Mitarbeiter brauchen manchmal Orientierung und auch Korrektur von ihrem Vorgesetzten. Es ist wahr, dass es schwierige Vorgesetzte, die gewohnheitsmäßig die nötigen Hinweise in negativer Form als Kritik geben. Es gibt aber auch Mitarbeiter, die auch bereit sind, berechtigte Korrektur als Kritik wahrzunehmen.

Die Kunst der unter Aufsicht besteht aus in der Lage zu akzeptieren, dass Vorschläge, die Ihnen hilft, Ihre Leistung verbessern. Ob diese Vorschläge zu Ihnen in die harte Form von Kritik oder in die mildere Form der Korrektur oder Anweisung kommen, müssen Sie lernen, wie man sie in einer positiven Weise zu behandeln. Die folgenden Schritte können Sie in Ihrem Bemühen, die feine Kunst der unter Aufsicht lernen helfen.

Wenn Ihr Vorgesetzter korrigiert oder Sie kritisiert:

1. Steuern Sie Ihre Gedanken und Verhalten. Denken Sie daran, dass es möglicherweise etwas Wahrheit in der Kritik (Sie werde es vermissen, wenn Sie konzentrieren sich nur auf wie Sie sich davor schützen können).

2. Reagieren Sie nicht verärgert. Stattdessen hören Sie gut zu den Kommentaren.

3. Ask für weitere Informationen, wenn die Kritik vage ist. Zum Beispiel, wenn Ihr Vorgesetzter sagt: *„ich mag es nicht Ihre Haltung"* Fragen, *„Was ist es über meine Einstellung, die Sie betrifft?"* Ihrem Vorgesetzten mit reagiert möglicherweise *„gut, Sie waren unhöflich zu diesem Client wenn Sie ihr ein paar Minuten serviert vor. Sie hielt ihr viel zu lange warten, bevor Sie Ihre*

betreut" Können Sie nicht mögen, was Sie hören, aber zumindest haben Sie etwas bestimmtes zu bewältigen.

4. Nutzen die Technik der in Anlehnung an Ihr Verständnis des Problems zu bestätigen.

5. Falls die Kritik gilt, entschuldige mich und lassen Sie Ihren Vorgesetzten wissen, welche Schritte Sie Unternehmen können, um das Verhalten oder das Problem zu beheben. Schuld Reisen hinter sich zu lassen. Lassen Sie sich nicht die Kritik Sie überwältigen und Auswirkungen auf den Rest des Tages; stattdessen entscheiden Sie einfach, dass Sie nicht den gleichen Fehler wieder machen.

6. Vor allem nicht steigen Sie in eine Schale, zu regieren oder schlechten Leistung zu geben, sollten Sie für etwas kritisiert werden. Wir richten oft diese Art der Abwehrmechanismus in uns selbst. Wenn wir das Gefühl, dass etwas oder jemand uns weh tut (vor allem ein Supervisor) wir wahrscheinlich wieder ausschalten und *„unsere Wunden zu lecken."*

KAPITEL 7

Umgang mit schwierigen mitarbeitern

In gewisser Weise jeder von Ihrem Unternehmen beschäftigt ist Ihr Kollege, aber für die Zwecke dieses Kapitels, "Kollege" bezieht sich auf Mitarbeiter, deren Verhalten am Arbeitsplatz betrifft Sie, aber mit wem haben Sie keine direkte hierarchische Beziehung (sie tun nicht Vorgesetzter Sie; Sie nicht sie zu überwachen). Umgang mit schwierigen Mitarbeitern kann tückisch sein, denn wenn Sie versuchen, sie zu Verhaltensänderungen und behandeln es nicht genau das richtige, sie denken können, dass Sie versuchen sie Chef. Und Kollegen bossing, wenn Sie nicht ihrem Vorgesetzten ist natürlich ein No-No klassischen Arbeitsplatz. Wie bei anderen Gruppen von schwierigen Menschen, nimmt Co Arbeitnehmer schwierig Verhalten eine Vielzahl von Formen.

UNPROFESSIONELLES VERHALTEN

Die meisten Mitarbeiter wollen einen guten Job machen und ihre Unternehmen wichtig sein. Menschen, die verpflichtet sind, den besten Job möglich, stellen hohe Anforderungen an ihre eigene Arbeitsleistung und verdiene dir das Recht sehr stolz auf ihre Arbeit sein. Ihre durchweg professionellen Verhaltens bringt sie auch das Vertrauen und den Respekt der Vorgesetzten, Kunden und Kollegen.

Die Professionalität von Ihren Kollegen wird zu einem großen Teil bestimmen, ob Ihr Arbeitsplatz sympathisch ist oder nicht. An den meisten Arbeitsplätzen die Arbeitsplätze der Menschen sind unabhängig und Effektivität und Produktivität des Arbeitnehmers ist in der Regel in irgendeiner Weise, wie gut andere mit ihren Aufgaben im Unternehmen gebunden. Das unprofessionelle Verhalten eines Mitarbeiters kann die Effizienz vieler beeinflussen. Obwohl die meisten von uns lieber Leben und lassen Leben, wenn unsere eigene Leistung co-Worker Ineffizienz stört ist es nützlich zu wissen, welche Maßnahmen ergriffen werden, um das Problem zu beheben.

Drückeberger

Haben Sie Mitarbeiter, die nicht ihren Anteil an der Arbeit, aber mehr als ihr Anteil des Gehalts erhalten? Wenn Sie das Gefühl, dass dies wahr ist, diskutieren sie mit Ihrem Chef. Unternehmen, die eine

Verdienst-System ziemlich selten implementieren Gesicht dieses Problem.

Menschen können eine Vielzahl von Taktiken verwenden, um ihre Aufgaben zu vermeiden. Gewohnheitsmäßig spät und nicht an ihrem Schreibtisch sind zwei der häufigsten Tricks. Es gibt drei Arten von Zeit-Beobachter. Angenommen, alle drei Typen verfügen über einen Termin von 10:00.

- Typ-1-Leute kommen recht pünktlich 10:00

- Typ 2 Personen kommen am 10:10 und voll Glauben sie sind pünktlich.

- Typ 3 Menschen kommen am 09:50 und Gefühl, als ob sie "nur dies gemacht haben!"

Typ 2-Benutzer davon ausgehen, dass andere Menschen warten dagegen nicht. Diese falsche Annahme hat viele eine Person aus einen Verkauf zu erhalten, ein Geschäft abgeschlossen und erhalten einen Vertrag gehalten. Menschen nicht gerne gehalten werden warten! Sie spüren, dass ihre Zeit ist wichtig - und wird behandelt, als ob es nicht widersprechen.

„Mein Freund und ich oft zu Mittag oder besuchen Sie Sitzungen zusammen, aber sie ist immer zu spät. Neben der Verwendung von Feedback, was kann ich tun, um diese Situation zu lösen?"

Lassen Sie sie wissen, was die Folgen sein werden wenn sie Sie das nächste Mal warten hält. Sag ihr, dass wenn sie nicht bereit ist, wenn Sie für ihr kommen, Sie ohne sie verlassen. Dann tun Sie es! Wenn Sie sind, sie für das Mittagessen zu treffen, warten Sie nur zehn Minuten vor der Bestellung Ihre Mahlzeit.

George arbeitet an einer Rezeption ein Regierungsamt und beschäftigt sich direkt mit der Öffentlichkeit. Walter, ein Kollege ist oft zu spät zur Arbeit. Das macht Georges Arbeit doppelt so gut besucht, denn er hat den Schreibtisch selbst zu decken.

Mit Feedback, er sagte, *„Walter, Sie wissen wahrscheinlich nicht die Doppel-Arbeitsauslastung ich habe jedes Mal, wenn Sie zu spät kommen. Dies macht unsere Abteilung schlecht aussehen. Was denken Sie, Sie können tun, um dies in Zukunft zu stoppen?"* (Beachten Sie, dass George konzentrierte sich auf die Folgen für die Abteilung, keine persönliche Beschwerde fühlte er.)

194

(a) das Problem - George hat eine Doppelbelastung, wenn Walter zu spät zur Arbeit ist.

(b) seine Gefühle oder Reaktionen – *„Das macht unsere Abteilung schlecht aussehen."*

(c) die Lösung - fragte George Walter, das Problem zu lösen.

Betty ist die Rezeption besetzt. Zu ihren Aufgaben gehört, das Telefon für ihr Ressort zu beantworten. Sie haben in-Out-Boards, die alle Mitglieder des Personals sollen um auf dem neuesten Stand zu halten. Leider lässt einen Mitarbeiter, Mildred ihrem Schreibtisch und auch im Büro, ohne dass Betty wissen, wo sie zu finden. Noch hat Mildred anderen Bediensteten, die ihr Handy für sie zu beantworten, wenn sie nicht in der Lage ist. Wenn Kunden für Mildred Fragen, stellt Betty den Anrufer durch zu ihrem Schreibtisch. Wenn Mildred nach den ersten paar Ringe nicht antwortet, wird der Anruf an Betty zurückgegeben.

Betty sagte, sie fühlte sich wie ein Narr, wenn sie mussten erklären, dass sie nicht wusste, wo Mildred war oder wann sie zurückkehren würde.

Mit Feedback, begann sie ihr Gespräch mit Mildred mit den Worten: *„Ich habe ein Problem und ich brauche deine Hilfe bei der Lösung von it."* Dann fragte sie Mildred, was würden sie vorschlagen, um das Problem wiederholt zu stoppen. (Dies sichert das Problem in Mildred es Runde, wo er hingehört.) Mildred noch zuckte es Weg, so Betty hinzugefügt, *„Ich brauche Ihre Zusammenarbeit, damit ich meinen Job richtig für das Unternehmen tun können. Es muss ziemlich dumme an den Client angezeigt, wenn ich muss zugeben, dass ich nicht weiß, wo Sie sich befinden. Können wir nicht finden eine Lösung, die beide von uns akzeptiert werden kann?"*

Bettys Persistenz produzierte schließlich einen Kompromiss, der für beide Frauen akzeptabel war. Mildred vereinbart, dass sie wissen, wo sie war und arrangiert für einen Kollegen, ihr Telefon zu beantworten, wenn sie von ihrem Schreibtisch weg war Betty lassen würde.

Buck-passers

Buck-passers sind Mitarbeiter, die ihre Arbeit auf den Schreibtischen der anderen Menschen zu verlagern. Sie tun dies durch ihre eigenen Verantwortlichkeiten so eng wie möglich zu definieren. Sie sind geschickt zu bestimmen, warum bestimmte Aufgaben ein fremdes verantwortlich sind.

Shirley berichtet folgende Problem: *„die Frau an der Schaltanlage scheint, fordert mich zu übertragen, wenn sie nicht sicher, wem sollte der Anrufer zu sprechen. Ich bin zu beschäftigt mit meiner eigenen Arbeit Teil ihrer Arbeit zu tun."*

Shirley sollten überprüfen Sie zunächst ihre Stellenbeschreibung um festzustellen, ob diese Aufgabe der ihr zugewiesenen Aufgaben gehört. Wenn dies nicht der Fall ist, sollten sie mit ihrem Chef sprechen. Sie das Gespräch anfangen würde *„Ich habe ein Problem und ich brauche Ihre Hilfe, es zu lösen. Sally am Switchboard ist mir Anrufe, wenn sie nicht sicher, wem sollte der Anrufer zu sprechen. Soll ich dies tun, oder sollte ich schlage vor, sie die Anrufe durchgestellt an jemand anderen?"* Dadurch wird ihr Chef wissen, was vor sich geht, und zu entscheiden, was er oder sie will Shirley über das Problem zu tun.

Andere Buck-passers weigern sich ihren Fehler zuzugeben. Sie sagen, *„die mich? Ich habe es nicht!"* Wenn sie **wissen,** sie sind im Unrecht.

Bewältigen Sie, dies durch den Erwerb als viel Sachinformationen wie möglich, um zu beweisen, dass die Person tun, was sie taten. Wieder, sprechen Sie mit Ihrem Vorgesetzten über Ihre Bedenken über die co-Worker Versagen, Verantwortung für seine Fehler zu übernehmen. Erklären Sie, dass Sie wissen, dass jemand einen Fehler machen kann, sondern dass es tut dir weh und andere Mitarbeiter wenn Mitarbeiter versuchen zu tun, ihre Fehler sind ein fremdes Verschulden.

Putter-Angebote

Einige Mitarbeiter sind anfällig für Dinge – manchmal ewig abschrecken. Hier sind fünf Haupttypen von Putter-Angebote:

1. ***Eile-Up Art.*** sie warten, bis die Last-Minute und arbeiten rund um die Uhr, Termine einzuhalten.

2. ***Ich werde morgen entscheiden*** . sie Entscheidungen aufzuschieben, bis Ereignisse lösen die Situation oder einer Entscheidung ist aufgezwungen.

3. **Perfektionisten.** sie alle Aufgaben fehlerfrei, egal wie unbedeutend ausführen müssen. (Diese Menschen müssen lernen, zwischen wichtigen und unwichtigen Aufgaben zu unterscheiden.)

4. ***Ich zeige EM*** . Verzögern sie Abschluss Zuordnungen und dadurch ein Gefühl der persönlichen macht und Kontrolle zu behalten. Dies geschieht normalerweise wenn sie delegiert sind, eine Aufgabe, die sie wollen nicht zu tun, oder jemand anderes das Gefühl sollte tun

5. **Muddler.** Setzen sie von der Arbeit wegen schlechten Gewohnheiten, mangelhafte Organisation oder Mangel an festgelegten Verfahren. Vielleicht gehen sie im Kreis, immer weniger erreicht, wie die Zeit vergeht. Diese Menschen etwas anfangen, aber lassen Sie es für eine andere Aufgabe vor Abschluss der Originalschalter.

AGGRESSIVES VERHALTEN

Die Vorschläge in früheren Kapiteln für den Umgang mit aggressivem Verhalten werden zur Lösung von Problemen dieser Art von Kollegen nützlich sein. Eine durchsetzungsfähige Reaktion ist in der Regel die beste Vorgehensweise.

Übermäßige Leistungsträger und wettbewerbsfähige Typen

Wenn einige Ihrer Mitarbeiter über Leistungsträger, die versuchen sind, sich unzulänglich fühlen, tun, was Sie können. Lassen Sie sich kein Kollege versuchen, für Sie Maßstäbe. Leistungsstandards mit Ihrem Unternehmen sollte auf durchschnittliche Leistung, nicht hoch oder ein über-Überflieger Leistung beruhen. Sprechen Sie mit Ihrem Vorgesetzten, wenn Sie das Gefühl, dass die Leistungsstandards ungerecht sind.

Hier ist ein Beispiel: Jill hatte Probleme mit einem Kollegen Sue, die für immer mit ihr, auch in den banalsten Dingen im Wettbewerb war. Zum Beispiel gehalten Sue herausfordernde Jill nehmen einen Schreibtest mit ihr zu sehen, wer schneller eingeben können. Jill hatte dies auf ihre Uhr Stunde schon zweimal gemacht und fand sie 65 w.p.m. mit zwei Fehlern eingegeben. Sue eingegeben 80 w.p.m. mit acht Fehlern und fühlte, dass sie eine bessere Sekretärin war. In Wirklichkeit verbrachte Sue einen Großteil ihrer Zeit am Arbeitsplatz ihre Fehler zu korrigieren. Jill widersprochen wenn Sue ihr armen Sport genannt, weil sie sich weigerte, ein Dritter test machen.

Jill verwendet die Feedback-Technik, um Sue, die wissen, wie sie sich fühlte über Sues wettbewerbsfähige Herangehensweise an Dinge zu lassen. *„Sue, es ist nicht wichtig für mich, wer die bessere Typist ist, aber ich bin immer aufgeregt, weil Sie darauf zu halten, ich mit Ihnen zu konkurrieren. Warum haben Sie das Gefühl haben immer zu den besten in allem, was Sie tun?"*

„Ich gern gewinnen."

"Haben Sie jemals darüber nachgedacht was andere fühlen könnten, wenn Sie versuchen, sie zu zwingen, zu konkurrieren?"

"Jeder konkurriert."

"Haben Sie dies mit anderen ausgecheckt?"

"Nein, ich habe nicht."

"Dann Sie vielleicht sollten. Zum einen will ich, mit anderen zu konkurrieren. Solange ich den besten Job ich kann mache, ich habe nicht zu wissen, ich bin besser als andere."

Sue nicht vollständig zugestehen, aber dachte, mehr über ihre konkurrenzfähigen Annäherung an das Leben. Sie rettete im Wettbewerb um Situationen, die seine Verwendung gerechtfertigt. Weil sie in der Verkaufsabteilung ihres Unternehmens gearbeitet, konnte sie ihre Wettbewerbsfähigkeit gegenüber anderen Unternehmen Umsatz statt gegen Kanal ihre Mitarbeiter.

Wichtige Typen

Wenn andere (vor allem denen, die Sie über einen Pfifferling geben nicht) Sie unfair kritisiert, versuchen Sie Folgendes: ruhig bestätigen Ihre Kritiker, dass es *möglicherweise* etwas Wahres dran sein, was er oder sie sagt. Dies ermöglicht es Ihnen, bequem, Kritik zu erhalten, ohne dabei ängstlich oder defensive und gibt keine Belohnung für diejenigen über die manipulative Kritik. Zum Beispiel:

- **Stimme mit einem bestimmten Aspekt des Kommentars, das ist wahr.**

  "Du trägst diese schrecklich Bluse heute."

  "Das ist richtig, ich trage diese Bluse."

- **Stimme zu, dass der Kommentar gewisse Gültigkeit eventuell**

  "Du bist nicht sehr vorsichtig sein."

  "Vielleicht bin ich nicht sehr vorsichtig sein."

- **Stimme mit der Logik des Kommentars**

  "Wenn wir einen neuen LKW jetzt anstatt der alten Klapperkasten gekauft, wir wäre viel sicherer unterwegs und hätte nicht diese hohe Reparaturkosten."

„Du hast Recht. Ein neuer LKW hätte diese Vorteile. " (Anstatt, *„dort gehen Sie, einen anderen Weg, um unser Geld ausgeben. ")*

- **Für Verbesserungen ermöglichen**

„Ihre Kleider passen Sie nicht richtig. "

„Ich bin sicher, dass sie besser passen könnte. "

- **Empathie zu zeigen**

„Du bist ungerecht. "

„Ich kann sehen, dass Sie das Gefühl, dass ich ungerecht bin. "

Unterbrecher

Nicht alle Unterbrechungen oder Unterbrecher sind nicht gerechtfertigt. Eine bestimmte Anzahl von Unterbrechungen sind Teil eines Auftrags und niemand erwartet, dass Mitarbeiter, insgesamt aus sozialen Austausch abzusehen. Es ist, wenn Unterbrechungen ausarten, dass Handlungsbedarf besteht.

Erstens halten Sie ein Protokoll, um festzustellen, wer Ihre Unterbrechungen, wann und für wie lange macht. Sie können feststellen, dass ein großer Teil des Tages verbrachte ist Umgang mit Unterbrechungen. Wenn Sie das Gefühl, dass sie Sie von Ihrem "echten" Arbeit zu halten sind, müssen Sie Ihre Haltung ändern. Vielleicht der Umgang mit diesen so genannten Unterbrechungen ist wirklich ein wichtiger Teil Ihrer Arbeit, so wichtig wie Abschluss berichten. Wenn das der Fall ist, müssen Sie reagieren, indem Sie selbst sagen, *„das ist mein Job ruft!"*

Wenn Ihre Log jedoch zeigt, dass viele Unterbrechungen nicht berufsbezogene sind, müssen Sie Ihre Ergebnisse analysieren näher. Einige diese Unterbrechungen können deine Schuld sein, in dem Sinne, dass Sie bereit sind, unterbrochen werden vorkommen oder ungern Leute sagen du bist zu beschäftigt, um mit ihnen zu reden. In diesem Fall müssen Sie Ihr eigenes Verhalten zu ändern.

Versuchen Sie Folgendes:

- Wenn Leute einfach nur chatten wollen, deuten darauf hin, dass sie dich erwischen, während der Kaffeepause.

- Festlegen von Zeitlimits für Besprechungen und bei ihnen bleiben.

- Wann immer möglich treffe Leute in ihren Büros, also lassen Sie wann *Sie* wollen.

Einer der Debbies Kollegen verwendet, um die Tatsache zu ignorieren, die Debbie war am Telefon und starten mit ihr zu reden. Debbie fand es unmöglich, richtig zu konzentrieren, ihre Anrufer durch störende Verhalten ihres Mitarbeiters.

Debbie konnte ihre Mitarbeiter übergeben haben ein Stück Papier und einen Stift darauf hinweist, dass sie eine schriftliche Nachricht hinterlassen könnte. Später mit Feedback, erklären Debbie an ihre Kollegen die Schwierigkeiten, die durch ihr Verhalten.

PERSÖNLICHE KONFLIKTE

Manchmal stimmt die Chemie zwischen Ihnen und ein Kollege einfach falsch. Normalerweise würde Sie nur eine solche Person vermeiden können persönliche Konflikte jedoch ernst, wenn Ihr Job erfordert, dass Sie zusammenarbeiten.

„Habe ich nicht bekommen, zusammen mit meinem Kollegen und mein Chef nicht etwas über die Situation. Wir sind am gegenseitig an die Gurgel aller Zeiten."

Das erste, was, das Sie tun können, ist, versuchen Sie, die anderen Mitarbeiter mit Ihnen über das Problem sprechen. Sie können beginnen, mit den Worten: *„Jim, sind wir immer gegenseitig an die Gurgel. Dies betrifft unsere Produktivität und sowohl unsere Aufstiegschancen in der Firma. Können Sie an nichts denken, wir können tun, um das Problem zu stoppen, wir haben?"*

Wenn der erste Versuch fehlschlägt, sollten Sie Ihren Vorgesetzten dann direkt wenden. Beginnen Sie mit den Worten: *„Ich habe ein Problem und ich brauche Ihre Hilfe, es zu lösen. Jim und ich scheinen auf verschiedenen Wellenlängen und sind wir immer gegenseitig an die Gurgel. Ich habe versucht, unsere Unterschiede zu beheben, aber es scheint nicht funktioniert zu haben. Können Sie vorschlagen, was ich tun kann, damit wir besser und produktiver sein?"* Wenn der Konflikt wirklich beeinflusst Ihre und Jims Produktivität, Ihrem Vorgesetzten muss bewusst zu sein. Es wird dann der Supervisor Verantwortung zur Lösung des Problems.

DURCHFÜHRUNG VON EFFEKTIVE MEETINGS

Methoden der Leitung der Sitzungen unterscheiden sich geringfügig von denen für den Umgang mit Kollegen, in der Regel, weil die Position des Stuhls Ihnen eine Autorität über die anderen Teilnehmer gibt. Aber obwohl der Stuhl bestimmte Befugnisse, die anderen Mitglieder der Gruppe nicht hat, ist es weitgehende Einigkeit darüber, dass die erfolgreichsten Stühle nicht "" die Sitzung Chef. Ihre Aufgabe ist es, (a) es möglich machen für alle Beteiligten bringen ihre Kompetenz und (b) sicherzustellen, dass der Zweck der Sitzung innerhalb der vorgegebenen Zeit erreicht ist.

Wenn Sie jemals eine Sitzung geleitet haben, wissen Sie, wie schwierig es ist, diese beiden Dinge gleichzeitig zu tun. Sie möchten Dinge zu bewegen ohne dabei einen wertvollen Beitrag. Möchten Sie Beiträge zu fördern, während die Kontrolle der Menschen, die drohen, die Tagung "übernehmen".

Es gibt eine Vielzahl von Techniken, die hilfreich sind für den Umgang mit den besonderen Problemen der Sitzungen. Zum Beispiel, wenn jemand zu gesprächig ist, können Sie mit unterbrechen *„das ist ein interessanter Punkt. Was tun, den Rest denken Sie darüber?"* oder, *„Wir haben machen Byron, die ganze Arbeit machen. Was tun, den Rest denken Sie darüber?"*

Wenn die Sitzung im Gange ist und die Gemüter Fackel, ist es der Stuhl Aufgabe Punkte der Vereinbarung zu betonen und strittige Punkte zu minimieren. Sie machen aufmerksam auf die Ziele des Treffens oder direkte Fragen rund um das Thema. Oder Sie können einen Beitrag eines Teilnehmers, den Sie kennen gut Beilegung von Streitigkeiten können bitten: *„Was denken Sie, Alex?"*

Sogar *vor* eine Besprechung beginnt wenn Sie vermuten, dass es persönliche Konflikte, sprechen Sie mit den Beteiligten. Fragen sie ihre negative Haltung gegenüber einander aus den Meetingraum verlassen.

Zum Beispiel bist lassen Sie uns sagen du Teamleiter für ein Projekt wo mehrere Ihrer Kollegen zusammenarbeiten müssen, in Harmonie zu erledigen. Sie wissen, dass Bill und Jim einander mögen, weil sie einen heftigen Streit in der letzten Sitzung hatten und einer von ihnen stürmte aus. Vor dem nächsten Treffen Sie sozusagen, *"Bill, ich habe beschlossen, mit Ihnen zu sprechen vor dem Treffen. Ich werde auch mit Jim reden. Ich erwarte die beiden von Ihnen, um an diesem Treffen voll teilzunehmen, und Sie werden nicht in der Lage sein, dies zu tun, wenn*

Sie sich gegenseitig verärgern. Kann ich mich darauf verlassen, dass du zusammenarbeite? "

Wenn du irgendwelche Widerstände oder Widerstände sehst, musst du vielleicht hinzufügen: *"Wenn wir eine Wiederholungsperformance der letzten Woche haben, muss ich mit deinem Manager sprechen, damit wir dieses Projekt beenden können."*

Hier sind einige Tipps, die es Ihnen ermöglichen, die Reichweite der schwierigen Teilnehmer, die Sie bei einem Treffen treffen könnte, zu behandeln:

Umgang mit Problem-Teilnehmer an den Sitzungen

Teilnehmer ist: Allzu gesprächig - in dem Maße, in dem anderen Teilnehmern Gelegenheit beizutragen haben.

Teilnehmer kann sein: Ein "begierig Biber;" außergewöhnlich gut informiert, natürlich wortreich oder nervös.

Was zu tun ist: Interrupt mit *"das ist ein interessanter Punkt... Mal sehen, was alle anderen denkt."* Rufen Sie direkt auf andere. Deuten darauf hin, *„Lass uns anderen zu arbeiten."* Wenn die Person für einen Atemzug, danken ihm oder ihr, die relevanten Punkte zu bekräftigen und weiterziehen.

Teilnehmer ist: Beteiligung an Seite Gespräche mit anderen in der Gruppe.

Teilnehmer kann sein: Über etwas reden beziehen sich auf die Diskussion; eine persönliche Angelegenheit diskutieren oder uninteressiert an dem Thema in der Diskussion.

Was zu tun ist: Direkt eine Frage an die Person. Wiederholen der letzten Idee oder Anregung, die von der Gruppe zum Ausdruck gebrachten und fordern Sie die Person die Meinung.

Teilnehmer ist: Intensive - soweit die Ideen und Meinungen anderer abgelehnt oder andere unfair behandelt werden.

Teilnehmer kann sein: Ist ernsthaft verärgert über das Thema unter Diskussion, verärgert durch persönliche oder Job Probleme, intolerant gegenüber anderen, wenig Empathie oder eine negative Denker.

Was zu tun ist: Ihr Temperament im Zaum halten. Versuchen Sie, einiges zu finden, was gesagt wird; Holen Sie sich die Gruppe zu sehen, und fahren Sie dann mit etwas anderes. Sprechen Sie die Person privat und darauf hinweisen, was seine Handlungen auf den Rest der Gruppe zu tun. Versuchen Sie, die Person, die Zusammenarbeit zu gewinnen. Ermutigen Sie die Person, die auf positive, nicht negative konzentrieren.

Teilnehmer ist: Kann nicht selbst zum Ausdruck bringen, dass jeder versteht,.

Teilnehmer kann sein: Nervös, schüchtern, aufgeregt oder nicht zur Teilnahme an Diskussionen

Was zu tun ist: Umzuformulieren, bekräftigen, was die Person sagte, bitte um Bestätigung der Genauigkeit. Die Person genügend Zeit, um seine oder selbst zum Ausdruck bringen. Helfen Sie dem betroffenen entlang ohne herablassend sein.

Teilnehmer ist: Immer auf der Suche Genehmigung.

Teilnehmer kann sein: Auf der Suche nach Beratung;

Versuchen, Führer, seine Sicht zu unterstützen oder versuchen, Führer zur Stelle.

Was zu tun ist: Zu vermeiden, Partei zu ergreifen, vor allem, wenn die Gruppe Ihre Sicht der Dinge übermäßig beeinflusst wird.

Teilnehmer ist: Mit anderen Teilnehmer Gezänk.

Teilnehmer kann sein: Tragen auf einem alten Groll oder Gefühl sehr stark über das Thema.

Was zu tun ist: Betonen Punkte der Vereinbarung, minimieren strittige Punkte. Lenken Sie die Aufmerksamkeit der Teilnehmer auf die Ziele des Treffens. Fristen des Treffens zu nennen. Bitten Sie die Teilnehmer das Problem vorerst zurückstellen.

Teilnehmer ist: Zu ruhig, nicht bereit, einen Beitrag leisten.

Teilnehmer kann sein: Gelangweilt, nicht gleichgültig, ängstlich, unsicher; mehr gut informiert oder erfahrener als der Rest der Gruppe.

Was zu tun ist: Direkte Fragen an die Person, dass Sie ziemlich sicher sind, kann er oder sie zu reagieren. Nutzen Sie die Person wissen, oder indem man sie als eine Ressource Person erleben.

Teilnehmer ist: Suche nach Aufmerksamkeit.

Teilnehmer kann sein: Gefühl, minderwertig oder versteckt sich einen Mangel an Wissen von Clownerie um.

Was zu tun ist: Halten Sie erinnern die Person über das Thema diskutiert. Sprechen Sie mit der Person privat. Zeigen Sie, was seine Handlungen mit dem Rest der Gruppe.

Teilnehmer ist: Uninvolved und unwillig zu neuen Aufgaben anvertrauen.

Teilnehmer kann sein: Lazy; auch bereits gebucht oder das Gefühl, er oder sie sollten nicht zu dem Treffen in erster Linie gefragt haben.

Was zu tun ist: Ask für Informationen rund um die Person Zeitplan. Bitten Sie die Person für Aufgaben ehrenamtlich (andere in Gruppe müssen auch). Stellen Sie sicher, Sie Fragen die richtigen Leute zu treffen.

Teilnehmer ist: Bereits über andere Dinge, die neue Aufgaben übernehmen verpflichtet.

Teilnehmer kann sein: Der eigenen Fähigkeiten und Fähigkeiten oder fehlt in der organisatorischen Fähigkeiten Unaware.

Was zu tun ist: Ask für Informationen rund um die Person Zeitplan. Bitten Sie die Person, ob er oder sie bereits stark engagiert ist. Sagen Sie der Person, dass Sie auf ihn oder sie zu zählen sind. Senden Sie die Person zu einem Zeitmanagement Seminar.

Teilnehmer ist: Eine Buck-passer, die anderen die Schuld für etwas negatives, was geschieht und nicht neu akzeptieren, bereitwillig Aufgaben.

Teilnehmer kann sein: Kann nicht zugeben, Fehler zu machen oder Angst, Risiken einzugehen.

Was zu tun ist: Machen die Person Konto für seine Handlungen. Fragen Sie nach Fakten, um Behauptungen zu sichern. Privat Fragen, warum die Person nicht neue Aufgaben akzeptieren.

Nehmen wir an, dass Sie eine Besprechung und Delegierter Projektaufgaben zu einer Gruppe den Vorsitz. Was tun Sie, wenn Sie ein Folgetreffen haben und diese faule Ausreden bekommen?

a. „Ich wusste, ich war dafür verantwortlich!"

b. „Ja, ich möchte nicht das tun!"

c. „Ich dachte, dass Sie nicht benötigen, bis nächste Woche."

Die nachstehenden Follow-Through-Techniken helfen Ihnen sicherzustellen, dass Teilnehmer zu durch folgen.

1. Stellen eine Agenda mit Fristen (geben sie ihnen vor der Sitzung). Folgen Sie dann der Tagesordnung.

2. Während der Besprechung delegieren Verantwortung Bedarf.

3. Feste Zeit Fristen für jedes Engagement.

4. Am Ende des Treffens, bitten zu bestätigen, dass er oder sie die Aufgabe versteht jedes einzelnen. *„Was es ist, du musst vor unserem Treffen am Dezember 10th? Sam...? Sally...? Bronwyn...?"*

5. Follow-up mit schriftlichen Informationen (Besprechungsnotizen).

KAPITEL 8

Umgang mit schwierigen Untergebenen

VERSTÄNDNIS DER KONTROLLFUNKTION

Es gibt fünf wesentliche Elemente des Vorgesetzten Rolle. Die Person mit vollständigen Aufsichtsrat Status hat die Verantwortung für:

- Delegieren von Arbeit;

- Überprüfung der Arbeit;

- Die Durchführung von Leistungsbeurteilungen.

- Disziplinierung Untergebenen; und

- Einstellung seine oder ihre eigene Mitarbeiter.

1. *Arbeit delegieren.* Dies beinhaltet Aufgaben, Ihre Untergebenen zu geben, für die Fertigstellung.

2. *Überprüfung Arbeit.* Geschieht dies, um zu sehen, dass Mitarbeiter Aufgaben ordnungsgemäß zu erledigen. Man werde prüfen, die Quantität und Qualität der Arbeit durchgeführt und wie lange es dauerte, um abzuschließen.

3. *Conducting Leistungsbeurteilungen.* Sollten Sie und niemand anders die Verantwortung für die Leistungsbeurteilung für Ihre Untergebenen zu tun haben. Ihr Vorgesetzter sollten sie, nicht tun, weil er oder sie nicht direkt für die Arbeit Ihrer Untergebenen verantwortlich ist. Ihr Vorgesetzter könnte Ihre Ergebnisse zu sehen, ob sie fair sind, aber Sie füllen die Beurteilung auf jeden Mitarbeiter betreuen Sie überprüfen

4. *Disciplining Untergebenen.* Da machen Ihre Mitarbeiter landet man entweder gut oder schlecht, brauchen Sie dieses Steuerelement, um Produktion und/oder Verhalten Probleme zu beheben. Jedoch wegen der Gefahren der *„Kündigungsschutzklagen"* Anzüge, viele Unternehmen organisieren für der tatsächlichen Abschuss von Mitarbeitern, von denen speziell behandelt werden bei der Umsetzung geschult.

5. *Einstellung von Personal.* Wenn möglich, so viel eingegeben haben, wie Sie in der Einstellung von Menschen, die für Sie arbeiten können. Wenn Sie auf verschiedenen Wellenlängen sind, es ist schwierig für Sie und Ihre Mitarbeiter als Team arbeiten.

Leider entscheiden die meisten Beschäftigung Interviewer, ob sie eine Person innerhalb der ersten vier Minuten des Gesprächs einstellen werden. Stützen sie ihre Entscheidung, was sie sehen, hören und glauben. Sie evaluieren die Person, die non-verbale Sprache - wie sie laufen, sprechen, sitzen und schütteln sich die Hände- und ihre Kommunikationsfähigkeit - wie gut sie sich, ihre Selbstachtung, usw. ausdrücken. Wenn Sie in diesem eine Zeit, die sie nicht geeignet, Ihre Körpersprache wird ihnen sagen, so kurz und Sie erhalten kein gutes Gespräch von ihnen.

Zu diesem Zeitpunkt noch nicht in dem Interview Interviewer einmal begonnen, Fragen zu stellen, die Artikelwörter von, ob sie die Person einstellen sollte

Haben Sie die Verantwortung für die Einstellung von Personal, halten Sie einen offenen Geist bis zum Ende des Interviews. Auf diese Weise wird Ihre Entscheidung auf konkretere Informationen basieren.

Wie wird Ihre Aufsichtsbehörde Position gerecht? Wenn Sie nur die ersten beiden Aufgaben haben, sind Sie in der Lage sein "Hand führen". Ich glaube, dass alle Blei Handpositionen abgeschafft werden sollte, denn dies ist eine no-win-Situation für diese Mitarbeiter. Wenn Sie nicht die Verantwortung für die Durchführung von Leistungsbeurteilungen und Disziplin Personal haben, Sie erhalten nur token Respekt von Ihren Untergebenen und haben wenig Kontrolle über das Ergebnis ihrer Arbeit.

Wenn Sie nicht die Kontrolle über Ihre Mitarbeiter und sie machen einen unbefriedigenden Job, wer schlecht aussieht? Sie tun! Wenn Ihr Unternehmen Sie in dieser Position bringt, sprechen Sie mit Ihrem Manager und bitten Sie, dass Sie die ersten vier Aufgaben (und das Fünftel, wenn möglich). Wenn Ihr Antrag abgelehnt, bitten Sie, dass der Manager kümmern sich um die Delegation und Verantwortung sowie Überprüfung und Ihre Gründe zu erklären.

ÜBERWACHUNG DER EHEMALIGEN KOLLEGEN

Sie und einige andere, mit denen Sie zusammenarbeiten haben beantragt, um die Position des Vorgesetzten gefördert werden. Sie wurden ausgewählt. Wie sollten Sie den ersten Tag im neuen Job wo bist du plötzlich verantwortlich für die Überwachung Ihrer ehemaligen Kollegen umgehen? Sie werden wahrscheinlich fehl, wenn Sie dieser erste Tag oder Woche richtig behandeln. Es ist notwendig, keine negativen Gefühle zu entfernen, die Ihre neuen Untergebenen haben könnten. Welche Probleme kann auftreten, wenn Sie die neue Aufsicht von mehreren Ihrer ehemaligen Arbeitskollegen ausgewählt wurden?

- Sie können eifersüchtig, neidisch oder wütend sein;

- Sie kennen Ihre Schwächen und vielleicht nutzen Sie die Vorteile von euch;

- Ehemalige Kollegen frönen Bemühungen zu sabotieren, Bande auf Sie oder werden un-kooperative;

- Sie können Bevorzugungen von Ihnen erwarten, wenn Sie einen Freund oder erwarten, Sie Vorurteile ihnen gegenüber zu zeigen dass, wenn sie wissen, dass Sie ihnen nicht gefallen;

- Sie zeigen nicht Respekt für Sie als Vorgesetzten;

- Sie können sich von Ihnen entfremden;

- Sie können fühlen, dass sie besser qualifiziert sind als Sie;

- SIE gehen auf eine Kraft oder Ego-Trip und mismanage Ihre Aufgaben.

Um dies zu lindern, sollte eine bestimmte Reihe von Schritten *bevor* getroffen wurden, die Sie in Ihrem Job gestartet:

- Der Manager war verantwortlich dafür, dass Sie die Förderung sollte der erfolglosen Kandidaten erklären, warum sie für die Position ausgewählt wurden nicht.

- Auf den ersten Tag, den der Supervisor die Position einnimmt, sollte den Manager ein Treffen mit dem neuen Vorgesetzten und seine/ihre Mitarbeiter anrufen. Der Manager stellt die neuen Supervisor für das Personal ein Statement wie, *„Ich erwarte euch alle auf die gleiche Leistung für unsere neuen Vorgesetzten zu geben, wie bei Bill Jones, der jetzt an eine andere Position* *befördert worden."* Der Manager dann übergibt das Treffen an dem neuen Vorgesetzten und verlässt den Raum.

Wie Sie weiterhin mit der Sitzung ab diesem Zeitpunkt ist entscheidend, wie Sie letztlich in die Position akzeptiert sind. Was würden Sie tun? Gehen Sie über welche Änderungen, die Sie machen wollte? Erklären Sie, dass Sie Ihr Bestes tun werde, um die Stelle zu besetzen? Wie würden Sie anfangen?

Wenn Sie nicht mit den negativen Gefühlen, die es gibt beschäftigen, werden Sie sind vom ersten Tag verloren und wahrscheinlich zu setzen mit vielen negativen Handlungen von Ihren ehemaligen Kollegen. Stattdessen beschäftigen Sie mit den großen Problem mit den Worten: *„Ich kenne einige von euch auf diese Stelle beworben und ich kann verstehen, wenn Sie enttäuscht, weil Sie waren nicht gewählt, um ihn zu füllen."* Jedoch unsere Firma hat mich in dieser Position ernannt und *um meine Aufgaben auszuführen, werde ich die gleichen Zusammenarbeit Sie Bill in der Vergangenheit gaben erfordern."*

Der nächste Schritt ist auch entscheidend. Schauen Sie sich jede Person, die Sie führen, und Fragen Sie: *"Mary, kann ich auf dich, gib mir die gleichen Zusammenarbeit verlassen?"* Sehen Sie Marys Körpersprache, um festzustellen, ob Sie Probleme in der Zukunft erwarten können. Wenn sie zuckt mit den Schultern, lächelt und sagt, *"Klar,"* bist du nicht wahrscheinlich Probleme mit ihr in der Zukunft. Jeder Mitarbeiter die gleiche Frage und die Antworten zu beobachten. Ihre Körpersprache (sei es ihre Körperhaltung, Mimik oder Tonfall) wird Ihnen sagen, ob Sie Schwierigkeiten erwarten können.

Er/Sie würde erklären, *„Obwohl ich mit Ihnen gearbeitet habe, weiß ich wirklich nicht den vollen Funktionsumfang Ihrer Positionen. Also, ich haben ein Treffen mit jedem von euch in den nächsten zwei Wochen so weiß ich genau was Ihre Aufgaben sind."* Bei diesen Sitzungen würde der Supervisor die Stellenbeschreibung der Person zu besprechen und Fragen Sie ihren Berufswunsch. Wer immer noch verärgert scheint über die Förderung nicht immer sein, würde er oder sie sagen: *„Gibt es alles, was ich tun kann, um diesen Übergang einfacher für Sie machen?"* Dann könnte hinzufügen: *„Ich tue alles, was ich, um Sie für die nächste Promotion Gelegenheit vorzubereiten kann."*

Wenn der Mitarbeiter noch sperrt und versucht, das Leben für Sie unglücklich machen, starten Sie das Disziplinarverfahren um sicherzustellen, dass ihre Produktivität und Verhalten verbessert.

Ansonsten kann ihr negative Verhalten den Rest Ihrer Mitarbeiter kontaminieren.

Sollten Sie mit Ihren neuen Mitarbeitern Geselligkeit? Viele werden sagen, „Ja." Und Sie können, außer Sie in der Regel - kein diskutieren Geschäft während Geselligkeit verhängen müssen. Jedoch, wenn Sie mit nur einer Ihrer Mitarbeiter - Kontakte knüpfen sind was der Rest von ihnen denken? Sie können davon ausgehen, dass der Mitarbeiter sehen Sie sozial Begünstigung von Ihnen erhält. Sie müssen die vor- und Nachteile dieser Art von Freundschaft weiter abwägen. Es ist auch wichtig, dass Sie erkennen, dass Sie nun eine neue Peer-Gruppe haben und die Vergleichsgruppe anderen Aufsichtsbehörden ist.

Die beste Lösung ist, allmählich sich weg von Ihrer ehemaligen Peergroup zu entwöhnen. Ihr seid nun in der Position, wo Sie Ihren ehemaligen Kollegen züchtigen müssen, dasselbe wie alle Mitarbeiter, die Sie überwachen. Werden Sie psychologisch dazu bereit, indem man etwas Distanz zwischen Ihnen und Ihren neuen Mitarbeitern.

Manchmal holen Aufsichtsbehörden einen „Haustier" Mitarbeiter „mit Mord davonkommen" scheint ein anderes (die, die zusammen mit bekommen kann) Für trivial und unwichtige Dinge verantwortlich gemacht wird. Sie müssen immer gesehen als unvoreingenommene von jedem Mitarbeiter, die Sie überwachen. Wenn alle Mitarbeiter gleich behandelt werden, mögen sie denken, der neuen Supervisor ist die Behandlung eines Bediensteten mit Günstlingswirtschaft oder gegen sie voreingenommen ist.

Delegieren

Viele Vorgesetzte fehl, da sie die Fähigkeit fehlt, Aufgaben richtig, um ihre Mitarbeiter zu delegieren. Sie Ausreden wie:

- *„Ich brauche das jetzt abgeschlossen. Ich könnte diesen Job und drei andere beenden, wenn ich es selbst gemacht. Es würde dauern zweimal so lang, um jemand anderes zu trainieren, dann überprüfen Sie um zu sehen, sie haben es richtig!"*

- *„Diese Arbeit ist so wichtig, dass nur ich es tun kann."*

- *„Ich fürchte meine Mitarbeiter schlägt fehl."*

- *„Ich kann das besser als jeder andere tun."*

- *„Ich will nicht mein Volk zu denken, ich bin ein Tyrann."*

Viele versteckte Gründe stehen hinter der vorstehenden Ausführungen. Aufsichtsbehörden delegieren nicht genug Aufgaben, weil:

- Sie befürchten einen Verlust der Kontrolle. Es reflektiert direkt auf sie, ob ihre Mitarbeiter Fehler macht.

- Sie fürchten, ihren Arbeitsplatz zu verlieren. Einige Aufsichtsbehörden das Gefühl, dass wenn sie zu viel delegieren, sie keinen Job mehr um zu tun müssen. Ein anderer Ausdruck ist, *„Nehmen wir an, jemand auf meine Mitarbeiter wird besser als ich?"*

Viele Vorgesetzte sind ein wichtiger Faktor der Delegation nicht bewusst. Personal um sie erfolgreich zu pflegen Nichtbeachtung kann ihrem Wesen selbst übersehen, wenn man eine verantwortungsvollere Position gefüllt wird. Was beweist, dass es jemand bereit, über ihre vorhandene Position ist eine Möglichkeit Management zeigen, dass sie Anspruch auf Förderung besteht. (Eine Möglichkeit, dies zu beweisen ist es, sicherzustellen, dass es mindestens einen Mitarbeiter, der in einer Schauspiel-Position platziert werden kann, wenn der Supervisor entfernt ist.)

Motivation von Mitarbeitern

Ist natürlich viel mehr Aufsicht beteiligt als einfach zuweisen und Arbeit prüfen, Leistungsbeurteilung und Disziplinierung der Mitarbeiter. Zu einem großen Teil betreuenden Menschen ist eine Kunst, die hängt davon ab wie gut Sie Menschen motivieren können.

Vorgesetzte müssen Pygmalion-Effekt beobachten wenn Sie versuchen, Mitarbeiter zu motivieren. Wenn ein Vorgesetzter, dass Mitarbeiter schlau sind glaubt, wird er oder sie sie auf diese Weise behandeln. Wenn ein Vorgesetzter, dass Mitarbeiter des unabhängigen Denkens fähig sind glaubt, wird er oder sie sie auch so behandeln. Aber leider, wenn der Supervisor glaubt, dass sie faul, dumme oder langsam zu holen neue Ideen (oder haben Sie andere unerwünschte Attribute); Er/Sie wird sie oft auf diese Weise behandeln zu. Menschen reagieren, was sie wahrnehmen von ihnen gewünscht wird. Wenn Vorgesetzte hohen Leistung erwarten, ist das auch wahrscheinlich was sie bekommen. Wenn Vorgesetzte geringen Produktivität erwarten, das ist wahrscheinlich das, was sie bekommen.

Müssen Sie ändern Ihre Haltung gegenüber den Fähigkeiten Ihrer Mitarbeiter? Lassen Sie den Pygmalion-Effekt beeinflussen, wie Sie Ihre Mitarbeiter überwachen?

Einige Menschen sind durch ihr Interesse an der Arbeit selbst motiviert. Andere Motivatoren sind der Wunsch oder die Notwendigkeit:

- Geld;

- Akzeptanz von Kollegen;

- Wettbewerb/Herausforderung;

- Auszeichnungen;

- Status;

- Bessere Arbeitsbedingungen;

- Sicherheit am Arbeitsplatz;

- Promotion-Möglichkeiten;

- Ein besseres Büro;

- Zusätzliche Vorteile;

- Anerkennung für gute Arbeit.

Es ist möglich, dass Ihre Mitarbeiter nur von Ihnen zu hören, wenn sie Fehler gemacht haben. Es ist normal für uns alle zu Lob und Anerkennung für gute Arbeit erhalten möchten. Es ist der beste Motivator aller. Probieren Sie es aus. Sehen Sie, wenn Dinge nicht ändern.

Seien Sie sich bewusst, dass es nicht möglich, alle zu motivieren - Sie nur *einige motivieren* . Beginnen Sie mit unbefriedigenden Arbeitnehmer durch buchstabieren genau das, was Sie von ihnen erwarten (dokumentieren Ihre Anfragen richtig). Dann geben Sie ihnen ausreichend Gelegenheit, ihre Leistung zu verbessern. Wenn sie sich weigern, sich anzupassen, durch gute Arbeiter ersetzt werden. Es gibt zu viele hervorragende Menschen, die arbeitslos für Unternehmen, Foot-draggers auf der Gehaltsliste zu halten sind. Sie de-motivieren nur alle um sie herum.

Machen Sie sich vertraut mit einigen der Standardverfahren für Personalmanagement und versuchen, Ihr Unternehmen, sie zu benutzen wenn es nicht schon tut. Solche grundlegenden Werkzeuge der

Mitarbeiterführung als Stellenbeschreibungen und Leistungsbeurteilungen helfen Mitarbeiter spüren, dass sie wissen, was von ihnen erwartet wird und dass ihre Bemühungen anerkannt werden. Sie können sicher sein, dass Verfahren gibt, die es ihnen ermöglichen, ihre Fähigkeiten zu entwickeln und Angebote zu verdienen. Die Vorteile von einigen dieser Management-Tools sind in den Beispielen erläutert.

Standard-Motivations-Management-tools

„Meine Mitarbeiter erwarten Gutschrift für ihren Beitrag zu meiner Berichte und Projekte erhalten."

Wie im Kapitel über den Umgang mit schwierigen Vorgesetzten erwähnt, ist der Chef bei Nichtbeachtung Ihnen Kredit ein Hauptärgernis von Untergebenen. Es sicherlich kann nicht weh tun, wenn Sie Ihre Angestellten Kredit für Teil eines Berichts oder Projekt, können Sie es? Wenn Sie dies nicht tun, wirst du wahrscheinlich demotiviert haben sie für den nächsten Bericht oder Projekt, an dem sie beteiligt sind. Das Hauptziel der Aufsichtsbehörden soll die Motivation der Mitarbeiter ihr Bestes geben. Sinnvoll nicht der Ihnen Kredit für gute Arbeit?

„Meine Mitarbeiter erwartet von mir, Stellenbeschreibungen anpassen ihre eigenen Talente und Fähigkeiten zu ändern!"

Viele fortschrittlich denkende Unternehmen tun genau das. Anstatt die Mitarbeiter auf die Bedürfnisse des Unternehmens passen, passen viele Positionen um Talente und Fähigkeiten des Mitarbeiters übereinstimmen. Bis alle Firmen, die dies tun, müssen Mitarbeiter die Bedürfnisse der Position entspricht, die sie angestellt sind, um zu füllen.

„Ich glaube nicht vollständig an Stellenbeschreibungen weil sie nur, Mitarbeiter, Staat ermutigen," das ist nicht in meiner Stellenbeschreibung."

Wie bereits erwähnt, sind genaue und aktuelle Stellenbeschreibungen unerlässlich für einen Mitarbeiter, gute Arbeit zu leisten. Wie können Ihre Mitarbeiter möglicherweise tun einen guten job für Sie und Ihr Unternehmen, wenn sie nicht wissen, was genau von ihnen erwartet wird? Definieren Sie klar jede Aufgabe geben Leistungsstandards (Qualität, Quantität, Zeit- und gelegentlich) für jeden einzelnen. Dann und nur dann, werden Sie und Ihre Mitarbeiter wissen, was von ihnen erwartet wird.

„Meine Ausbildungsbudget ist gleich Null, aber meine Mitarbeiter wollen und erwarten Training."

Es ist kein schöner Ort für ein Vorgesetzter zu sein, aber es passiert in schlechten wirtschaftlichen Zeiten. Es ist nicht immer möglich für Unternehmen, die Mittel für die Ausbildung zur Verfügung zu stellen kann, es jedoch in der Regel einige Kompromisse. Einige Unternehmen haben Mitarbeiter unterzeichnen ein Dokument besagt, dass Mitarbeiter müssen ihre Firma die Kosten der Ausbildung, zu ersetzen sie das Unternehmen innerhalb von zwei Jahren der Ausbildung verlassen sollte. Alternativ könnte das Unternehmen für die Hälfte der Ausbildungskosten bezahlen.

Wenn Mitarbeiter Training benötigen, muss der Supervisor Management die Wirtschaftlichkeit des Trainings zeigen. Aufzuführen Sie die Art und Weise, in denen die Ausbildung des Unternehmens profitieren. Vor allem versuchen Sie, die finanziellen Vorteile für das Unternehmen zu identifizieren. Erweist sich das Unternehmen noch kleinlich, fördern Mitarbeiter zahlen für das Training selbst. Erklären Sie die Vorteile für sie zusätzliche künftige Gehalt im Vergleich zu den Kosten der Ausbildung - ist es eine Investition in ihre Zukunft.

„Meine Mitarbeiter wollen regelmäßige Leistungsbeurteilungen, aber meine Firma nicht Ihnen."

Es ist eine gängige Praxis in den meisten Unternehmen müssen mindestens eine jährliche Leistungsbeurteilung für jeden Mitarbeiter. Darüber hinaus werden Gutachten häufig am Ende der Probezeit des Arbeitnehmers durchgeführt. Sie sind sehr empfehlenswert, Mitarbeiter, bewusst zu machen wie sie tun. Einige Firmen bieten Leistungsbeurteilungen nach jedem besonderen Projekt.

Es gibt viele Arten von Leistungsbeurteilungen. Die meisten sind extrem schlecht, weil sie subjektive Dinge wie Haltung, Urteil und Initiative bewerten. Diese Art der Bewertung hängt stark von der Stimmung der Person, die Vorbereitung der Prüfung.

Stattdessen sollten Mitarbeiter bewertet werden, auf ob sie geplanten Ziele erreicht. Jedes Ziel würde Leistungsstandards enthalten. Diese Methode nimmt die Unsicherheit von Leistungsbeurteilungen. Der Mitarbeiter und dem Vorgesetzten wissen genau wie die Mitarbeiter tut, weil die Bewertung auf Fakten und nicht auf persönliche Eindrücke des Vorgesetzten beruht.

Wenn Ihr Unternehmen nicht regelmäßige Leistungsbeurteilungen durchführen, empfehlen Sie es zu starten, dies zu tun. Erklären Sie, dass Sie beabsichtigen, solche Beurteilungen für Ihre eigenen Mitarbeiter haben, auch wenn das Unternehmen nicht. In vielen Fällen bei einer Abteilung ein Beurteilungssystem initiiert Mitarbeiter in anderen Abteilungen bald die Vorteile und lobby für das System im gesamten Unternehmen verwendet werden. Probieren Sie es - Sie haben nichts zu verlieren.

„Mein Unternehmen muss keine Personalabteilung. Wie wähle ich den richtigen Gehalt reicht für meine Mitarbeiter?"

Rufen Sie Ihre Konkurrenten und finden Sie, was sie Menschen mit Fähigkeiten und Fertigkeiten, wie Sie Ihre Mitarbeiter bezahlen. Sehen Sie Zeitungsanzeigen Positionen wie jene in Ihrem Unternehmen beschreiben. Seien Sie nicht billig – es ist besser, etwas zu viel bezahlen als zu underpay und gute Mitarbeiter zu verlieren.

„Sollte ich folgen dem Trend der älteren, teureren Personal durch jüngere, weniger teure Mitarbeiter ersetzen?"

Dies ist eine schwierige Frage zu beantworten. Es ist oft die einzige Antwort, die einige Unternehmen zu wirtschaftlichen Problemen zu sehen. Eine junge Person mit $50.000 pro Jahr könnte einen senior, langfristige Mitarbeiter ersetzen, die möglicherweise fünf Jahre vom Ruhestand und verdient $90.000.

Viele Unternehmen bieten ihren Führungskräften Vorruhestand als humane Kompromiss. Einige Firmen jedoch beschließen einfach ihre senior, teurer Mitarbeiter überflüssig machen. Dies ist nicht nur in der Regel verheerend für die Mitarbeiter, sondern andere Mitarbeiter bald beginnen zu Fragen, wann die Reihe kommen wird. Mitarbeiter, die das Unternehmen behalten wollen, kann möglicherweise andere Jobs zu suchen und zu ungünstigen Zeiten verlassen. Moral kann leiden und beeinträchtigen die Produktivität.

Obwohl es einfachen Antworten auf dieses Problem nicht, müssen Unternehmen die vor- und Nachteile sorgfältig bevor Sie sich entscheiden, diesem Trend zu folgen.

Aggressive Mitarbeiter motivieren

Ein echter Test des Vorgesetzten Geschick kommt von Mitarbeitern, die schlecht motiviert sein, aber haben das Potenzial, große Vermögenswerte der Gesellschaft zu sein scheinen. Solche Mitarbeiter haben oft viel Energie, die sich negativ, aggressiv, sogar Ärger machen Verhalten zeigt. Dieses negative Verhalten kann durch verursacht werden:

- Das Gefühl, dass ihnen Sicherheit am Arbeitsplatz fehlen;

- Das Gefühl, dass ihnen die notwendige Ausbildung, Erfahrung oder Kenntnisse fehlen;

- Mangel an Selbstwertgefühl oder stolz auf ihre eigenen Fähigkeiten und Leistungen;

- Arbeiten Sie ihre Fähigkeiten und Fertigkeiten, die unter verwendet;

- Das Gefühl nicht passend ihre Arbeitsgruppe (vielleicht wegen der rassischen und kulturellen Unterschiede).

Diejenigen, die glauben passen sie nicht in ihre Positionen für aus irgendeinem Grund aggressiv gegenüber ihrer Firma, Top-Management, Vorgesetzte, Kollegen oder Kunden handeln kann. Vorgesetzte Mitarbeiter dieser Art "umdrehen" wollen könnte:

- Geben Sie authentische Komplimente auf der geleisteten Arbeit;

- An die Mitarbeiter zu erklären, wie wertvoll ihre Bemühungen sind für ihre Kollegen (Teil des Teams);

- Erläutern Sie die Bedeutung ihrer Arbeit für das Unternehmen;

- Zeigen Sie, dass ihre Ausbildung und weitere Qualifikationen auszustatten, mehr als nur eine befriedigende Arbeit zu tun;

- Ein gewisses Maß an Anerkennung für ihre Arbeit Leistungen zu sorgen;

- Bringen sie in Gruppensituationen; um ihren Rat bitten.

- Vorsichtig beschreiben Sie die Verantwortung ihrer Position zu und stellen Sie Leistungsstandards *erreichbar* .

Viele aggressive Mitarbeiter haben viel zu bieten. Sie möglicherweise sehr erfolgsorientiert und bereit, Herausforderungen anzunehmen und zu hohe Maßstäbe für sich selbst, um Anerkennung zu erreichen. Ihre Energie ist oft hoch, damit Vorgesetzte es schwierig finden, sie konstruktiv besetzt zu halten. Macht auch diese Menschen stimuliert und sie reagiert auch wenn gewisse Autorität gegeben, wie sie damit umgehen können. Delegieren Sie Aufgaben, die sie zu übernehmen, aber achten Sie sorgfältig auf Missbrauch von anderen Kollegen oder Kunden ermöglichen. Diese Mitarbeiter möglicherweise schlechte Arbeitgeber und nicht bereit, um Hilfe zu bitten, die sie benötigen. Sie bevorzugen, allein zu arbeiten. Geben sie wenn möglich diese Chance. Solche Mitarbeiter tendenziell auch Vielfalt genießen, so versuchen, ihre Aufgaben häufig zu ändern.

Mitarbeiter zu motivieren, die ungern ändern

Wenn Vorgesetzte möchten Änderungen in den Methoden, mit denen ihre Untergebenen Aufträge erledigen, überrascht der Widerstand treffen sie oft sie. Dies gilt vor allem jetzt mit so vielen technologischen Veränderungen.

Haben Sie Schwierigkeiten, anzupassen, um zu ändern? Können Sie eine Situation vorstellen, die in ihre Richtung zeigt nun, dass Änderung betrifft? Wenn Sie in der Lage, eine zu identifizieren sind, Fragen Sie sich: *„Was kann schief gehen, wenn ich weigere mich zu ändern?"* Dann entscheiden Sie, was die Vorteile einer Änderung, lieber jetzt als später, wenn Sie keine andere Wahl haben.

Betreuer und Trainer müssen sich bewusst der Etappen sein, die Menschen durchlaufen, bei der Einstellung um zu ändern, um ihnen den Übergang so reibungslos wie möglich zu helfen. Diese vier Phasen sind:

1. *entsperren:* in dieser Anfangsphase Sie Mitarbeiter benötigen, um auf ihren regelmäßigen Weg Dinge zu tun und neue Methoden zu identifizieren. Dabei werden alte Gewohnheiten zu brechen.

2. *ändern:* das neue Muster des Verhaltens oder der neuen Art und Weise etwas erklärt und beigebracht. Bevor dies der Supervisor geschehen kann muss erkennen die Vorteile der Änderung und die Gründe, warum es Widerstand provozieren könnte. Wege zur Überwindung Einwände gegen die Änderung sollte auch identifiziert werden.

3. *Refreezing:* Mitarbeiter-Nutzung der neuen Methode wird überwacht, bis es ergreift. Vorgesetzte müssen unverzagten fangen, die entschlossen sind, die alte Art und Weise zu tun. Etwas zu tun, die sie nie zuvor dauert sechs Wochen, zu binden. Etwas kann

anders als sie es in der Vergangenheit getan haben bis zu drei Monaten einer ständigen Überwachung nehmen; so geduldig zu sein.

4. *Engagement:* Menschen sind bereit, Pläne zu machen, die die neue Art zu nutzen.

EINWÄNDE GEGEN DIE ÄNDERUNG ZU ÜBERWINDEN

Neue Systeme, Methoden und Designs funktionieren nur, wenn man Menschen, neue Ideen zu akzeptieren. Sie müssten Ihre Ideen zu verkaufen. Dieses ist, wo Planung hereinkommt. Angenommen Sie, Sie einen schnelleren Weg der Verarbeitung von Kundenaufträgen gefunden haben. Bevor wir das neue System zu anderen erklären:

a. Schreiben Sie eine Zusammenfassung der bestehenden Methode;
b. Bestimmen die vor- und Nachteile dieser Methode;
c. Schreiben Sie eine Zusammenfassung der neuen Methode;
d. Bestimmen die vor- und Nachteile der neuen Methode;
e. Erwarten die Einwände andere erhöhen und entscheiden, was Sie sagen werden, um Ihre neue Idee zu verteidigen.

Die folgende Checkliste hilft Ihnen mit Einwänden von anderen effektiver zu bewältigen.

- Antizipieren und so viele mögliche Einwände wie möglich vorbereiten. Entwickeln Sie einen Plan für den Umgang mit jedem von ihnen.

- Fragen Sie die Mitarbeiter, ihre Einwände sehr konkret mit Beispielen zu erläutern.

- Begnügen Sie sich nicht mit oberflächlichen Gründe für den Widerstand gegen eine Änderung. Dig, bis Sie die wahren Gründe zu entdecken.

- Erarbeiten Sie eine praktische Möglichkeit jeden Einwand zu überwinden, wenn du nur kannst.

- Wenn Sie nicht in der Lage, einen Einwand zu überwinden sind, versuchen Sie, einen Weg finden, es zu kompensieren.

- Rally genug Vorteile, um der Person, die Unterstützung und Zusammenarbeit trotz der Einwand zu gewinnen.

- Finden Sie einen Weg, die Person Geist zu erleichtern; um es weniger riskant zu gehen zusammen mit Ihnen trotz der Einwand machen.

- Führen Sie mit gewöhnlichen oder chronischen Verweigerer Ihre Idee schrittweise ein. Versuchen Sie nicht, sofortige Akzeptanz oder Compliance zu erhalten. Der Einwand ist nichts anderes als eine Verzögerungstaktik – möglicherweise die Person natürlichen Widerstand gegen Veränderungen.

- Erwägen Sie erhebliche Einwände selbst anstatt zu warten, für andere zu tun. Dann erklären Sie, wie diese überwunden werden können.

KORREKTUR ODER DISZIPLINIERUNG MITARBEITER

Diese sind Antworten, die zeigen, Akzeptanz und Verständnis für die Gefühle der Person, denen Sie mit reden, und erkennen seine Bemühungen zu wachsen und sich verändern.

1. *„Haben Sie das Gefühl, du bist nicht immer Zusammenarbeit von...?"*

2. *„wie kann ich Ihnen helfen dieses Hindernis entfernt bekommen?"*

3. *„Sie glauben, Sie haben die Fähigkeiten, um diese Aufgabe erfüllen?"*

Explorative Fragen

Dies sind Antworten zu ermutigen, weitere Untersuchungen gemacht, obwohl die Fakten unangenehm sein können.

1. *„Erzähl mir mehr darüber."*

2. *„Was scheint die Schwierigkeit dabei?"*

3. *„Wann hat dieser ersten Start?"*

4. *„Wie bezieht dies auf Ihre Leistung?"*

„Ich weiß nie, wie man eine Leistung Personalgespräch zu starten, wo muss ich jemandes Verhalten zu korrigieren. Soll ich anfangen, indem der Person ihre guten Eigenschaften und Attribute zu sagen, bevor ich auf diejenigen konzentrieren, ich möchte, dass veränderte?"

Start von geben einen kurzen Überblick des Mitarbeiters Verhalten (versucht, die gute Nachricht-Aspekt hervorheben) dann diskutieren das Verhalten korrigieren und durch Neuausrichtung auf die Stärken des Mitarbeiters beenden möchten.

Denken Sie an Gesprächen mit ehemaligen Chefs hatte. Hast du ein Wort gehört, was sie sagten, während sie ihre Ansichten wurden auf was Sie richtig gemacht haben? Wahrscheinlich hast du nicht. Wir scheinen zu warten, bis das besondere Wort "aber" und nur selten hören wir nichts, das ihm vorausgeht. Die meisten Menschen tun Dinge richtig rund 95 Prozent der Zeit, aber über 5 Prozent, die Korrektur erfordert verletzt fühlen.

Aus diesem Grund sollten Sie beginnen, im Gespräch über 5 Prozent, die sie getan haben falsch. Erklären Sie, dass das wichtigste ist, dass sie aus ihren Fehlern lernen und lassen Sie sie nicht wieder. Dann können Sie den Rest des Interviews verwenden, um ihnen zu sagen, was sie gerade getan haben. Dies schließt die Sitzung mit positiven Gefühlen und führt ein angenehmer Ende für euch beide. Der Mitarbeiter weiß, was korrigiert werden, aber ist nicht mit einem Gefühl des Versagens verlassen.

UMGANG MIT UNPRODUKTIV VERHALTEN

Der Begriff "unproduktiv Verhalten" umfasst eine Vielzahl von Produkten von hartnäckigen Ineffizienz, Diebstahl. Beheben Sie einige davon benötigen Sie wenig mehr als unübertreffliche Kommunikationsfähigkeiten. Andere müssen Sie alle Überwachungs- und Management-Fähigkeiten auf deinen Befehl ausüben.

Herumlavieren Mitarbeiter

Im heutigen komplexen Management Umfeld wird es zunehmend wichtig, auch kleinere Fehler zu vermeiden. Herumlavieren kann ein Symptom für ein Vorgesetzter nicht korrekt übertragen oder Verantwortlichkeiten klar zu definieren. Formale Richtlinien und Verfahren Handbücher, die Verantwortung definieren würde einige der dieser Abwälzung beseitigen.

Es ist nicht genug für Vorgesetzte, Mitarbeiter, wie für ihre Arbeit benötigen. Sie müssen auch erklären, was ihre Aufgaben sind. Zum Beispiel, *„Wilma, du bist verantwortlich für richtig passende Fracht Rechnungen auf das Duplikat des empfangenden Berichts."*

„Was wäre, wenn gibt es Unterschiede?"

„Es ist ein Teil von Ihrer Pflicht, beachten die Unterschiede auf dem Voucher an die Kreditorenbuchhaltung. Fehler bei der Anpassung werden deine Schuld sein. Noch Fragen?"

Auch ein gut ausgebildeter Mitarbeiter wie Wilma werden Fehler machen. Aber sie werden immer weniger Fehler machen und wird nicht versuchen, abschieben wenn Sie ihr die Verantwortung ihrer Position immer wieder daran erinnern.

Versuchen Sie nicht für eventuelle Fehler zu disziplinieren. Zu schwere eine disziplinarische Hand lädt nur Ausreden (z. B. *„der Dispatcher sagte, dass es okay ist, um LKW-Rechnungen, so dass ich dachte, dies okay zu genehmigen,"* oder, *"Don't blame me für jenes! John sagte, es wäre okay, ihm zuzustimmen.")*

Übermäßig starke disziplinarische Maßnahmen für Fehler hat andere Nebenwirkungen neben Herumlavieren. Es bewirkt, dass Lügen, betrügen und der Fehler versteckt. Das Verschweigen von Fehlern verursacht nicht wieder gutzumachenden Schaden für das Unternehmen. Service-Ausfällen können teuer werden. Die Kosten der sofortigen Ersatz des Dienstes sowie der abgesenkten Image des Unternehmens führt Abnahmen im Vertrieb oder Service-Volumen.

Von Zeit zu Zeit sollten Vorgesetzte Vorbild mit der Aufnahme zu Fehlern selbst in Gegenwart von ihren Untergebenen. Dies kann anderen zeigen, dass Schuldzuweisungen nicht akzeptabel ist.

Engpass Mitarbeiter

„Die Arbeit ist nicht raus, weil John darauf sitzen ist!"

Engpässe sind eine häufige Management Beschwerde. Ein Engpass ist jemand oder etwas, das den Arbeitsablauf beendet. Es führt oft zu Arbeitnehmer Inaktivität, während sie, den Engpass warten zu löschen. Die Ursachen können auf entweder die Gestaltung des Workflows oder des Mitarbeiters persönliche Arbeitsgewohnheiten zurückzuführen sein. Wenn Sie schlechtes Design des Workflows vermuten, versuchen Sie diesen einfachen Test. Haben Sie einen anderen Mitarbeiter die Aufgaben des Mitarbeiters in den Problembereich zu übernehmen. Wenn es noch ein Engpass (nach einer Zeit der Ausbildung) Änderungen Sie im Fluss Arbeitsgestaltung.

Engpass Mitarbeiter sind in der Regel gekennzeichnet durch:

- Eine Tendenz, durch relativ geringe Probleme entgleist sein;

- Nicht genug Training;

- Niedrige Entscheidungsfähigkeit;

- Unkenntnis der Produktivitätsanforderungen.

- Mangel an Teammitglied Identität;

- Unsicherheit des Arbeitsplatzes;

- Ungewöhnliche Angst, Fehler zu machen;

- Inkompatibilität mit Mitarbeitern führt zu Mangel an Kooperation.

Wenn es keine Anzeige, die der Engpass absichtlich verursacht wird gibt, ist der Engpass Mitarbeiter vielleicht nicht klar, was Sie wollen. Der Supervisor sollte die Mitarbeiterschulung verstärken. Während diese Umschulung der Supervisor sehen kann, wenn der Arbeitnehmer die Arbeit im Detail versteht, dem Mitarbeiter die verschiedenen Aufgaben und veranschaulicht dann leiten die Mitarbeiter unter direkter Beobachtung. Der Schwerpunkt sollte auf Techniken, die Durchführung des Auftrags beschleunigen können.

Mitarbeiter sollten wissen, wie ihre Arbeit anderen im Unternehmen passt. Dann haben sie Kenntnisse über die Konsequenzen ihrer eigenen gute oder schlechte Leistung.

Die meisten vertrottelten Mitarbeiter möchte wirklich nicht so sein. Die meisten wollen spüren, dass sie bei der Erreichung gemeinsamer Ziele zusammenarbeiten. Das Geheimnis für den Umgang mit diesem ist, alle in der Belegschaft haben ein gemeinsames Ziel zu machen. Vorgesetzte sollten die Hilfe der anderen Mitarbeiter mit den Worten eintragen:

„Zeigen Tom, Richard Ihnen wie wir das Projekt schneller bewegen können?"

„Richard, Lass Tom zeigen Ihnen ein paar Techniken zum schieben die Sachen durch, die wir jetzt brauchen."

Ein wichtiges Element bei der Beseitigung des Engpass ist die Problem-Mitarbeiter wollen die Arbeit schneller zu machen. Die Zahlung von ein paar Komplimente hier und da verbessert bei langsamer Mitarbeiter Vertrauen. Es ermöglicht ihnen ein größeres Gefühl der Sicherheit am Arbeitsplatz haben und sicherlich reduziert Spannungen. Der Engpass Mitarbeiter, der fühlt sich mehr Kontrolle, haben weniger Angst, Fehler zu machen. Kurz gesagt, kann einige zusätzliche coaching, gekoppelt mit einem Rückgang der Spannung, die Mitarbeiter schneller bewegen frei.

Fehleranfällige Mitarbeiter

Es gibt zwei grundlegende Arten von Unfällen. Eine Art ergibt sich aus Systemdesign. Die Methoden oder Techniken erlauben eine bestimmte Anzahl von Fehlern. Ständige Verbesserung des Systems reduziert die Fehlerquote. Aber egal wie gut die Anlage ausgelegt ist, der menschliche Faktor sowie anzusehen.

Die folgenden Bedingungen können Schuld sein:

- Unzureichende Ausbildung;

- Schriftliche Anweisungen beschränkt;

- Zu viele Untergebenen Berichterstattung an einem Supervisor (12 sollte maximal);

- Zu wenige Zwischenstufen der Aufsicht;

- Matte Arbeitsumgebung;

- Mitarbeiter mit ihrer Arbeit langweilig;

- Keine Studien durchgeführt, um Fehlerursachen zu ermitteln;

- Hohe Mitarbeiter-Fluktuation.

Kfz-Versicherung Unternehmen erkennen, dass einige Fahrer mehr anfällig für Unfälle als die allgemeine Bevölkerung von Treibern. Einige Mitarbeiter sind eher Fehler als andere zu machen. Absichtliche Fehler sollte disziplinarische Maßnahmen, bis zu und einschließlich Entlassung des Arbeitnehmers führen. Die meisten Fehler sind jedoch nicht beabsichtigt. Sie sind durch eine Vielzahl von Faktoren einschließlich Fehler im Urteil seitens der Verwaltung oder mangelnde Ausbildung der Mitarbeiter verursacht. Vorgeschlagenen Maßnahmen zur Reduzierung der Fehler sind:

1. bestimmen Sie die Art von Fehlern.

2. das System zur Verbesserung der Fehlererkennung zu überarbeiten.

3. verwenden einen leitenden Angestellter als Coach, Angestellter fehleranfällig.

4. Appell an die Mitarbeiter stolz Verarbeitungsqualität.

5. unterhalten Sie sich mit einem fehleranfälligen Mitarbeiter, Ursachen von Fehlern zu überprüfen.

Die meisten Mitarbeiter gerne spüren, dass sie ihren Lohn verdienen. Bestandteil dieses Gefühl des Stolzes ergibt sich aus ihrer Meinung, dass ihre Arbeit nur wenige hat, wenn irgendwelche Fehler. Daher schätzen sie Hilfe, wenn sie anmutig, angeboten wird, ihren eigenen stolz auf ihre Arbeit zu verbessern. Eine Methode des Angriffs soll einen Mitarbeiter-Coach für den fehleranfälligen Mitarbeiter zur Verfügung zu stellen.

Leitende Angestellte, die geübt sind in ihrer Arbeit können helfen, die *Ursachen* des Mitarbeiters ihre Problem zu isolieren. Anstatt Fehler *nach* der Tatsache zu fangen und Korrekturmaßnahmen, bieten sie Anleitung, um Fehler zu vermeiden. Problem-Mitarbeiter müssen einfach erzählt werden, welche zusätzliche Aufmerksamkeit erfordern;

„Bryan, verbringen Sie ein wenig mehr Aufwand bei der Kontrolle der neu?" Oder, *„Bezahlen Marcia, können Sie ein wenig mehr Aufmerksamkeit auf diese Art von Artikel?"*

Qualitätsbewusstsein zu stärken, lassen Sie sich nicht Mitarbeiter beschreiben Sie ihre Positionen als "nur ein Hausmeister" oder "nur eine Angestellte an der Rezeption." Seien Sie bereit, ihre Bedeutung für den reibungslosen Betrieb Ihres Unternehmens zu erklären.

Traumtänzer

Wir alle träumen, aber manche Menschen tun es zum Exzess – bis zu einem Punkt wo es zu geringer Produktivität, Fehler und Unfälle führt. Einige Arbeitsplätze eignen sich mehr Mitarbeiter als andere Tagträumen und gründlichere Überwachung benötigen.

Es ist nicht immer fair zu den Sündenbock für Tagträume von den Mitarbeitern selbst. Ihre Arbeit können so langweilig sein, dass sie ihre Gedanken auf die Aufgabe nicht halten können. Robotic-ähnliche Aufgaben laden Mitarbeiter Tagträumen.

Arbeit, die Mitarbeiter Kreativität erfordert sollte ein Umfeld haben, die Kreativität fördert. Bei unterschiedliche und vielfältige Arten von Arbeit durch einen Abschnitt fortfahren, ist es ratsam, Jobrotation verwenden, um Monotonie zu lindern. Flexibilisierung in der Methode der Durchführung der Arbeit ermöglicht es die Mitarbeitern zu entscheiden, wie Sie die einzelnen Schritte zu behandeln. Diese Flexibilität erlaubt Mitarbeitern, darüber nachzudenken, wie sie bestimmte Aufträge bearbeiten möchten. Dies wiederum erhöht die Wachsamkeit und Monotonie reduziert. Die Verwendung von Jobrotation bietet einige cross-Training (mehr Leute kennen verschiedene Jobs). Dies gibt Aufsichtsbehörden eine größere Flexibilität im Umgang mit ihren Mitarbeitern und bietet mehr als eine Arbeitskraft, die qualifiziert sind, um die Stelle zu besetzen ist.

Arbeitsplätze sollten so gestaltet werden, der Mitarbeiter Aufmerksamkeit zu halten. Aufgaben während der Person steht entmutigen Tagträumen. Bessere Gestaltung des Arbeitsbereichs kann auch helfen. Die Einrichtung des Arbeitsbereichs ist von einiger Bedeutung. Tische oder Arbeitsbereiche müssen nicht die gleiche Farbe sein. Bemühen Sie um Monotonie in der Arbeitsumgebung zu entfernen. Empfohlene Schritte sind:

1. auswerten der Umwelt. Keine Änderungen möglich.

2. überarbeiten, Workflow, Monotonie zu reduzieren.

3. Entwicklung von Alternativmethoden und Reihenfolge der Schritte, die Arbeit zu vollenden.

4. wo möglich, lassen Sie die Mitarbeiter entscheiden, was er oder sie an diesem Tag zu produzieren ist.

5. Mitarbeiter, die ständige Aufsicht Aufforderung zur Verbesserung der Aufmerksamkeit benötigen zu identifizieren.

Egal, welche Anstrengungen Sie zu zerstreuen, Tagträumen, einige Mitarbeiter verloren bleiben in den Wolken. Nur ständige Aufsicht Aufmerksamkeit kann das Problem zu zerstreuen und halten die Mitarbeiter auf seine oder ihre Zehen. In diesem Fall ist ein Gespräch zwischen dem Vorgesetzten und dem Mitarbeiter auf jeden Fall in Ordnung. Es kann notwendig, die Arbeitskraft zu ersetzen werden.

Schlechte Hausfrauen

Viele halten Ordnung und Sauberkeit als Augenwischerei. Erklären sie, *„Ich weiß, wo alles auf meinem Schreibtisch ist."* Es ist, wenn sie Weg sind wegen Krankheit, dass ihre Unordnung Schwierigkeiten verursacht. Andere, die übernehmen finden nicht Dinge. In der Tat möglicherweise schlechte Hausfrauen wissen oft *nicht*, wo alles ist und eine übermäßig chaotisch Arbeitsbereich ein Zeichen für mangelnde Effizienz. Übermäßige Unordnung kann zur Folge:

- Fehlende Unterlagen oder Dateien;

- Verlorene oder verlegte Werkzeuge oder Geräte;

- Hohe Kosten;

- Eine falsche Mischung von Teilen und Inventar;

- Kontamination des Produkts;

- Hohe Schrott und Nacharbeiten Kosten;

- Eine schlechte Bilanz der Fertigprodukte im Inventar;

- Hohe Ausfallzeiten;

- Eine schlechte Sicherheit Aufzeichnung;

- Niedrige Arbeitsmoral und Zurückhaltung, Überstunden zu leisten;

- Disziplin-Probleme und Fluktuation.

Motivieren Sie Ihre Mitarbeiter für einen aufgeräumten Arbeitsbereich durch euer Beispiel zu erhalten. Ordnung und Sauberkeit Gewohnheiten sind leichter unter Ihrer Mitarbeiter gefördert, wenn Ihr eigenes Büro ordentlich gepflegt und sauber ist. Sanierungen am Ende eines jeden Tages zu fördern. Wenn Sie Mitarbeiter vor deren Arbeitsstationen chaotisch in Richtung der Tür schauen Ort, aufhalten. Fragen sie ihren Arbeitsplatz vor der Abreise zu organisieren. Sie müssen eine schriftlichen Checkliste Hauswirtschaft Aktivitäten bieten, was sie sollen folgen.

Unehrliche Mitarbeiter

Es gab eine Zeit, wenn Diebstähle aus dem Inventar nur Branchen betroffen, die attraktive Arten von Bestand hatte. Jedoch sind alle Arten von Inventar unter Diebstahl immer mehr. Nicht nur Assemblys abgeschlossen, sondern auch Teile und sogar Rohstoffe sind gestohlen.

Mitarbeiter, die ein paar Buntstifte für ihre Kinder mit nach Hause nehmen können nicht dem Unternehmen viel gekostet, aber sie geben ein schlechtes attitudinal Beispiel. Einige Mitarbeiter gehen weit über ein paar Bleistifte. Diebstahl ist oft eine Art „*immer wieder bei Management.*" Einige dieser Leute stehlen weit mehr als sie jemals benutzen konnten. In der Regel sind die Mitarbeiter, die ständig zu stehlen unbefriedigend Mitarbeiter, nicht nur wegen ihrer räuberischen, sondern auch aus anderen Gründen. Es ist nicht nur, dass sie geringe

Rücksicht auf Eigentum des Unternehmens haben, aber denken sie wenig über das Unternehmen, das sie beschäftigt sind.

Es ist nicht wirtschaftlich vertretbar, alles einsperren, noch ist es möglich, alle fangen die Schuldigen. Jedoch wenn Management einige der Versuchungen entfernt, haben sie weniger Verluste. Mit nur ein oder zwei Personen verantwortlich für die Firma Bürobedarf ist eine Möglichkeit der Senkung auf stehlen. Mitarbeiter für Schreibwaren und Ausrüstung zu unterschreiben, ist eine andere.

ZEITFRESSER

Persönliche Telefonate

Nichts ist so ärgerlich, ein Supervisor wie gerade einen Mitarbeiter eine übermäßige Anzahl von persönlichen Telefonanrufe empfangen. Es ist nicht nur, dass die Linien gefesselt sind; aber auch der Arbeitsfluss unterbrochen wird. Wenn Mitarbeiter Unternehmen Zeit vergeuden, verschwenden sie das Unternehmen Geld für ihre Gehälter zugeteilt. Mitarbeiter sollten persönliche Anrufe auf ein Minimum halten. Immerhin sind sie an einem Ort der geschäftlichen und persönlichen Leben Anforderungen sollten warten, bis nach der Arbeit.

Mitarbeiter, die persönliche Arbeitszeit unternehmerische werden häufig für Promotions übersehen. Die meisten verstehen nicht einmal, was sie getan haben, um ihren Fortschritt in der Gesellschaft zu behindern.

Strategien zur Linderung dieses Problems sind:

1. erzählen Mitarbeiter, persönliche Anrufe zu wichtig oder Notfall Anrufe beschränken, die kurz und bündig gehalten werden sollte. Haben sie ihren Freunden und Verwandten über die Unternehmenspolitik zu beraten. Nicht mehr als ein oder zwei persönliche Anrufe pro Tag erforderlich sein sollten.

2. die meisten Unternehmen haben Voicemail mit Durchwahlnummern. Es ist schwieriger für Unternehmen überwachen diese Situation als wenn jemand die Aufrufe, leitet wie sie hereinkommen. Regelmäßige Verstärkung durch das Management über persönliche Anrufe kann erforderlich sein, Mitarbeiter über die Richtlinien der Gesellschaft erinnern.

3. sicherstellen, dass Mitarbeiter erkennen, dass ihr Verhalten können sie halten, aus in eine höhere Position gefördert werden.

Kaffee und Mittagessen Pause Drogenabhängige

Studien zeigen, dass das in der Arbeit Zeitplan Erhöhung der Produktion bricht. Zur gleichen Zeit müssen Vorgesetzte zum Schutz gegen die Tendenz der Mitarbeiter, im Vorgriff auf Kaffee oder Mittagessen Pausen verlangsamen. Viele Mitarbeiter werden ihre Pausen verlängern, wenn es gibt keinen Druck auf sie nicht zu tun. Nach der Pause sollte die Arbeit sofort beginnen. Wenn Sie dies als ein Problem identifiziert haben, sichtbar sein, unmittelbar vor und nach einer Pause. Dadurch können Sie Missbrauch direkt zu beobachten und zu produktiveren Gebrauch von Zeit des Mitarbeiters zu fördern. Nach der Pause konnte Sie austeilen Zuordnungen oder Arbeitnehmer Fortschritte zu überprüfen.

Nur ein gewissenhaftes Bemühen seitens Aufsichtspersonal werden diejenigen, die gelegentlich missbrauchen Pausen von denen, die das konsequent tun zu trennen. Trotz der Aufsichtsrat Bemühungen weiterhin einige Mitarbeiter Kaffee- und Mittagspausen zu missbrauchen. Dies garantiert formelle Disziplinarmaßnahmen (schriftliche Mahnung auf Datei, Aufhängung für den Tag etc..).

ABSENTISMUS

Viele Mitarbeiter gehen arbeiten auch mit Schnupfen und Fieber. Sie sich weigern, ihre Unternehmenspolitik Krankengeld nutzen. Viele haben das Gefühl, dass sie nicht wollen, Krankheitstage bei kleineren Beschwerden zu nehmen, da sie möglicherweise die verlassen, wenn sie wirklich krank sind. Andere glauben, daß niemand sonst ihren Job so gut wie möglich verarbeiten kann. Sie fühlen sich verantwortlich für ihre Leistung. Zu ihnen ist es ein Teil der Ethik des Seins ein guter Arbeiter. Die Vorgesetzten sollten die Opfer solcher Arbeitnehmer anerkennen. Wenn diese Art der Mitarbeiter krank ist, ist er oder sie in der Regel zu krank, um jede Art von Arbeit überhaupt durchführen. Solche Mitarbeiter sind Kapital für jedes Unternehmen.

Leider haben die meisten Unternehmen jedoch auch ihren Anteil an Mitarbeiter, die ihre krankheitsbedingten Privilegien missbrauchen. In der Tat in jedem normalen Arbeitstag in der Regel von 4 auf 6 Prozent aller Beschäftigten sind abwesend von der Arbeit.

Absentismus stört den Arbeitsablauf und verursacht Verzögerungen und Probleme in der Produktion. Die Qualität der Arbeit leidet weil Mitarbeiter durch andere ersetzt nicht so gut ausgebildet sind oder

Überstunden erforderlich ist, um die zusätzliche Arbeit abzuschließen. Es ist auch teuer für das Unternehmen, denn es gibt kein zurück für das Geld, das sie für Lohnfortzahlung im Krankheitsfall zahlen.

Diese Schritte umfassen:

- Durchsetzung der Vorschriften. Ansonsten Mitarbeiter werden immer weiter missbrauchen sie und andere vielleicht auch dazu ermutigt;

- Bestimmung, wenn Fehlzeiten Muster vorhanden sind. Die fünf wichtigsten Arten der ungerechtfertigte Fehlzeiten sind zusammen mit einigen Strategien für den Umgang mit ihnen. (Hinweis: einige Lösungen möglicherweise nicht kompatibel mit Ihrem union Betriebsvereinbarungen. Stellen Sie sicher kennen Sie diese bevor Sie handeln.)

Chronische Fehlzeiten

Chronische abwesenden sind oft negativ Denker. Täglichen Frustrationen und drücke überwältigen leicht sie. Haben sie konsequent ungerechtfertigte Abwesenheiten, die in der Regel eine Muster folgen. Diese Art der Mitarbeiter ruft an und sagt, *„Sorry Chef, aber ich schaffe es heute."* Sie könnten versucht sein, zu antworten, *„tut mir leid, du bist krank. Bleiben Sie Weg, bis du dich besser fühlst."* Aber sagen Sie das nicht. Macht nichts. Solche Mitarbeiter werden entfernt bleiben, bis sie fühlen sich viel besser, mit oder ohne deinen Segen. Sie sehen ihre Krankheitstage als ein Recht.

Wie viele Male im Jahr ziehen Mitarbeiter dieser Linie, bevor Sie sie chronische abwesenden betrachten? Ein Unternehmen identifiziert Problem Mitarbeiter von acht oder mehr abwesend Tage im Jahr.

Für diejenigen Verdacht des Missbrauchs ihrer krankheitsbedingten Privilegien, sollte der Vorgesetzte die Mitarbeiter am Ende jedes Arbeitstages und sagen wir, rufen *„Orson, wie kommst du an? Ich rufe um zu sehen, wenn Sie erwarten, zurück zur Arbeit von morgen sein."*

Mit dieser Taktik ermöglicht zwei schöne Spin-off-Vorteile zu passieren. Erstens haben Sie festgestellt, dass der abwesende Mitarbeiter wirklich zu Hause ist. Natürlich, er/sie hätte beim Arzt - aber nicht *jedes* Mal Sie aufgerufen. Zweitens, schreckt Sie den Mitarbeiter daran, Krankheitstage bei kleineren Beschwerden oder persönliche Aufgaben zu erfüllen.

Bei der Rückkehr des Arbeitnehmers um zu arbeiten, sollte der Supervisor:

- Staat, „*sicher, dass Sie gestern verpasst. Wir wirklich brauchen und Sie hängen.*"

- Beschreiben Sie die Probleme die Abwesenheit des Mitarbeiters verursacht das Departement;

- Förderung des Mitarbeiters zu häufig vorliegen;

- Erklären Sie die Folgen, wenn ähnliche Fälle zu oft auftreten.

- Bestehen Sie auf ein ärztliches Attest von ihrem Arzt.

Unschuldige Fehlzeiten

Unschuldige Fehlzeiten, rechtfertigen auch wenn es übertrieben, nicht disziplinarische Maßnahmen. Auf der anderen Seite bietet eines Mitarbeiters Unfähigkeit, Bericht regelmäßig zur Arbeit, *für welchen Gründen auch immer,* Gründe für die Beendigung des Arbeitsverhältnisses. In solchen Fällen:

1. der Arbeitgeber muss möglicherweise Abwesenheiten der Mitarbeiter zu dokumentieren. Diese Abwesenheiten muss weit über was jeder vernünftige Mensch für akzeptabel halten würde. Der Arbeitnehmer muss erheblich und übermäßig von das durchschnittliche Niveau der Anwesenheit von anderen Mitarbeitern abgewichen haben.

2. der Arbeitgeber muss nachweisen, dass das Problem der übermäßigen Fehlzeiten hartnäckig gewesen ist. Es muss trotz *dokumentierten* Versuche durch den Arbeitgeber, es korrigiert haben fortgesetzt haben. Der Betreuer muss seine oder ihre Bemühungen um die Mitarbeiter zu beraten und zu bestimmen, die Gründe für die Abwesenheit aufzeichnen. Der Vorgesetzte muss nachweisen, dass er oder sie ist mitfühlend und hat mildernde Umstände in Betracht genommen werden.

3. der Arbeitgeber muss möglicherweise präsentieren überzeugende Gründe, die erklären, warum er oder sie fühlt sich wenig oder gar keine Verwechslungsgefahr Verbesserung.

Ein Arbeitnehmer, der eine ärztliche Bescheinigung fälscht erhalten eine schriftliche Verwarnung in seiner Datei oder eventuell Beendigung gebracht wird. Das Maß an Disziplin hängt von den Umständen in jeder Situation.

In einigen Ländern, wenn ein Mitarbeiter abwesend ist für mehr als drei Tage hintereinander ohne Berufung, ist davon auszugehen, dass er oder sie den Job aufgegeben hat. Dadurch kann Entlassung.

Wenn übermäßige Fehlzeiten eines Mitarbeiters auf ein Alkoholproblem zurückzuführen ist, kann der Arbeitgeber den Mitarbeiter entladen. Der Arbeitgeber muss nachweisen können, dass das Arbeitsverhältnis nicht weiter. Das Unternehmen muss in der Lage, seine Entscheidung zu verteidigen und zeigen, dass es das alkoholische Problem als Krankheit anerkannt hat und es muss in der Lage zu beweisen, dass es ehrlich bemüht hat, helfen die Mitarbeiter, die Krankheit zu korrigieren.

Nichtsnutz Fehlzeiten

Diese abwesenden entscheiden in der Regel zu amüsieren (gehen vielleicht Golf), anstatt zu tun, was sie betrachten, stumpf, wiederholende Arbeit, die sie glauben ihre Fähigkeiten verschwendet. Sie haben das Bedürfnis, die eintönige Umwelt Arbeit zu entkommen. Dies können sie in einen Teufelskreis zu sperren, weil diese Menschen nur selten für die Angebote gelten, sie denken sie brauchen und verdienen. Um sie zu verlieren, dieses Bedürfnis zu erleichtern, sollte der Supervisor:

1. konfrontieren sie mit ihrer Fehlzeiten Platte.

2. Fragen, warum es passiert ist.

3. ermutigen, ihre Arbeitsunfähigkeit richtig zu nutzen. Erklären, dass *Lohnfortzahlung im Krankheitsfall ist ein Privileg, kein Recht* und sollte nur für *ihre eigenen* authentischen Krankheiten verwendet werden *nicht aus persönlichen Gründen oder für ihre Kinder oder des Ehepartners Krankheiten* (es sei denn, Sonderurlaub aus diesen Gründen von der Firma erlaubt ist).

4. stellen Sie sicher, dass sie sich bewusst sind, dass ihre Abwesenheit-Datensatz ist ein Hauptfaktor halten sie vom beworbenen.

5. identifizieren Belohnungen (z.B. Promotion), die mit guter Beteiligung bezogen werden können. Dies ist weit besser als mit

Strafe (schriftliche Mahnungen auf Datei), Verhaltensänderungen herbeizuführen.

Naive Fehlzeiten

Viele Mitarbeiter glauben, dass Management erwartet und faulen Abwesenheiten duldet. Diese Mitarbeiter glauben auch, dass wenn sie Lohnfortzahlung im Krankheitsfall kommen haben, sie ein Recht haben, es zu nehmen, wann immer sie wollen. Motivation der Mitarbeiter bricht zusammen, wenn Mitarbeiter mit Berufung in Kranken und bezahlt für den Tag, wenn sie überhaupt krank nicht wegkommen. Es ist, zwar schwierig, mit völliger Sicherheit zu bestimmen, wer wirklich krank ist und wer nicht sollte Aufsichtsbehörden sicherstellen, dass Mitarbeiter nicht, Lohnfortzahlung im Krankheitsfall missbrauchen. Um damit umzugehen, sollten Vorgesetzte:

- Mitarbeiter bezüglich ihrer Fehlzeiten-Datensatz zu konfrontieren;

- Erläutern Sie, welche Lohnfortzahlung im Krankheitsfall (ein Privileg, kein Recht) geht. Sage ihnen, dass sie dabei wichtige Arbeiten und dass das Unternehmen leidet, wenn sie zu Hause sind.

- Mitarbeitenden Sie, Abwesenheiten zu verwenden, richtig - für legitime Krankheit;

- Fragen Sie die Mitarbeiter, welche Wirkung zu identifizieren, ihre Abwesenheit auf andere Mitarbeiter gehabt hat.

Missbräuchliche Fehlzeiten

Einige Mitarbeiter werden für jede kleine Unpässlichkeit entfernt sein. Sie zeigen wenig Sinn für Verantwortung für jede erforderliche Produktivität. Es ist von geringer Bedeutung für sie, wenn ihre Abwesenheit bedeutet, dass andere Arbeitnehmer eine größere Arbeitslast tragen oder ihr Unternehmen wirtschaftlich zu leiden haben. Diese Mitarbeiter sind in der Regel unglücklich fühlen Sie Opfer und glauben Sie, dass andere Begünstigungen erhalten. Sie haben viele Konflikte mit ihren Betreuern und Unternehmensregeln brechen. Sie nehmen die Kämpfe und glaube, sie immer Recht haben und andere immer falsch sind. Musst du mit solchen Mitarbeitern umzugehen:

- Direkt über die Strafen für die Fortsetzung des Missbrauchs sein. *„Ihre Aufgabe ist in der Zeile, wenn Sie den Regeln des*

Unternehmens entsprechen." Sag ihnen, müsst ihr sie zu ersetzen, wenn ihre Aufnahme nicht verbessert, dass Ärzte berichten für Fehlzeiten, etc. produziert werden müssen. An die Fakten halten und fest und über die Konsequenzen klar sein;

• Kompliment sie auf die Arbeit, die sie tun, wenn sie die Regeln einhalten.

Legitime Fehlzeiten

Authentische Krankheiten, Trauerfall, des Entscheidungsgremiums und notwendigen persönlichen Business, z. B. Zahnarzt und Arzt Termine gibt legitime Gründe für Zeit ausziehen. Jedoch sollte nicht Arbeitgeber Lohnfortzahlung im Krankheitsfall für diejenigen, die Zeit für ihre Kinder Krankheiten nehmen (Dies sollte aus ohne Bezahlung sein, es sei denn sonst heißt es Unternehmenspolitik) bezahlen.

Fehlzeiten-Richtlinien

Wenn Industrien auf individuelle Leistung bauen, ist jede Abwesenheit eine Störung im Fluss der Service für Kunden. Um Fehlzeiten zu reduzieren, haben viele Unternehmen steifere Nachweis der Krankheit Verfahren implementiert. Sie können:

• Benötigen Sie ein ärztliches Attest für eine Abwesenheit von drei oder mehr Krankheitstage pro Woche;

• Benötigen Sie ein ärztliches Attest für *jedes* Fernbleiben wegen Krankheit oder nach einem langen Wochenende;

• Benötigen Sie eine vollständige körperliche Untersuchung durch den Betriebsarzt, wenn der Arbeitnehmer Weg für mehr als 8 Tage in einem Jahr.

Umgang mit Persönlichkeit Auseinandersetzungen

Wenn zwei Ihrer Mitarbeiter ein Persönlichkeit zusammentreffen, wie und wann sollten Sie eingreifen? Denken Sie daran, wenn Sie eingreifen, nicht ihr Verhalten auf Sie als ihre Vorgesetzten widerspiegeln wird. Ihre Mitarbeiter können entweder machen Sie sich gut oder schlecht, je nachdem, wie Sie Probleme wie diese zu lösen.

Wenn zwei Mitarbeiter nicht miteinander auskommen, ist derjenige, der am meisten leidet ihre Vorgesetzten. Sie können feststellen, dass Bob und George gute Arbeiter sind, aber gegenseitig zu belästigen und nicht kooperieren. Wenn der Konflikt ergibt sich aus arbeitsbedingten

Ursache und wirkt sich auf die Produktivität oder die der anderen, musst der Vorgesetzte die Mitarbeiter, ihre Meinungsverschiedenheiten zu lösen helfen. Häufig, obwohl die Ursache, dass etwas im Zusammenhang mit der Grundcharakter der beiden Persönlichkeiten beteiligt ist. Selbst die klügsten Aufsichtsbehörden finden es unmöglich, Menschen die Persönlichkeit ändern. Das meiste, was sie hoffen können, zu tun ist, bekommen die beiden Mitarbeiter trotz ihrer zugelassenen Persönlichkeitsunterschiede einigermaßen gut zusammenarbeiten.

Eine empfohlene Methode besteht darin, beide Parteien in einem privaten Büro anrufen. Lassen Sie beide wiederum, sagen Sie was sie denken, die Probleme sind und ein wenig Dampf ablassen. Dann wirken Sie als ein unparteiischer Vermittler, deren einziges Interesse ist es, die Produktion aufrecht zu erhalten. *„Sie müssen diese Mitarbeiter wissen, dass Sie nicht die Situation wie es Jes duldet lassen.“*

Mitarbeitenden Sie, Wege zur Lösung des Problems zu diskutieren und zu vereinbaren, einen Kurs von Korrekturmaßnahmen. Halten Sie ein wachsames Auge auf die Situation und rufen Sie weitere Interviews zu, wenn gerechtfertigt. Stellen Sie sicher, beide Mitarbeiter wissen, was die Konsequenzen sein wenn ihr negative Verhalten fortsetzt.

Umgang mit emotionalen Menschen

Wenn wir eine Person schlecht fühlen verursacht habe und er oder sie emotional reagiert, trösten wir normalerweise die Person - und das zu Recht. Am Arbeitsplatz müssen Sie jedoch Ihre Abstand Mitarbeiter zu halten, die emotional geworden. Beispielsweise können Sie einen Betreuer, der die unangenehmen Aufgaben der Disziplinierung, Entlassung oder Angestellter entlassen hat. Vielleicht ist die Person in Tränen und es sehr peinlich. Wie können Sie diese Situation für beide Personen erleichtern?

Eine meiner Aufgaben als ich im Bereich Human Resources arbeitete wurde die lästige Pflicht entlassen oder Entlassung von Mitarbeitern. Weil ich ein echter Softie bin, ich würde gelegentlich emotional zusammen mit der Person entlassen werden oder diszipliniert. Durch Zufall fand ich einen Weg zu helfen, uns beide unser Gleichgewicht wieder zu erlangen.

Ich erreicht dies, wenn ich der Person ein Feld von Geweben reiche und sagte: *„Ich habe etwas, was ich zu erledigen. Ich werde in ein paar Minuten zurück sein.“* Ich verließ den Raum und nahm ein paar tiefe Atemzüge. Als ich, dass ich meine Gefühle unter Kontrolle hatte spürte, ging ich zurück in mein Büro.

Weil ich der Person die gleiche Chance zu beruhigen gegeben hatte, hatte sie ihre Fassung und einige ihrer Selbstachtung wiedergewonnen. Wir waren in der Lage, das Gespräch fortzusetzen, bis wir kümmerte sich um alle Fragen.

Sparen Sie mit dieser Taktik für Situationen, die dies rechtfertigen. Viele Menschen verwenden Sie Tränen um Sympathie und werden versuchen, Sie mit ihren Tränen zu manipulieren. Beim Umgang mit dieser Art, ich gab ihnen ein Feld von Geweben und setzte das Gespräch.

Umgang mit rassischen und ethnischen Bögen

Die meisten Arbeitsplätze, wenn sie in Übereinstimmung mit dem Gesetz sind, sind eine Mischung aus Personen unterschiedlicher Herkunft. Unternehmen zeigen schlechtes Management, wenn sie ignorieren oder eine rassische oder ethnische Verleumdung gegen einen Mitarbeiter, einen Vorgesetzten, ein Kunde oder ein Mitglied der Öffentlichkeit tolerieren. Derart abfällige Sprache ist die schlechte Öffentlichkeitsarbeit für das Unternehmen und führt zu Problemen zwischen den Mitarbeitern.

Witze auf Kosten von jemand anderem sind Witze überhaupt nicht. Manager sollten niemals wissentlich Witz über jemandes Hintergrund oder persönliches erscheinen oder duldet solches Verhalten ihrer Mitarbeiter. Man kann nicht auf der Oberfläche beurteilen wie solch ein Witz, ein Individuum auswirken wird. Rasse oder der ethnische Bögen ergeben sich aus Vorurteilen. Vorurteil basiert auf stereotype Ansichten und Verallgemeinerungen über eine Gruppe und zeigt einen Mangel an Respekt für die Menschen als Individuen.

Vorgesetzte sollten klar des Managements Haltung gegenüber Vorurteile demonstriert offen ihre Missbilligung der Rasse oder der ethnischen Bogen. Der Supervisor kann auch müssen die Täter privat. Die Person kann darauf bestehen, dass seine oder ihre Kommentare harmlos sind. Der Supervisor Antwort sein sollte, *„Charlie, sie möglicherweise* bedeutete *harmlos, aber sie haben eine schädliche Wirkung, also Ihre Gedanken für sich behalten."*

Wenn das Problem der Supervisor sollte sagen weiterhin, *„Charlie, Leistungsbeurteilungen zeigen, wie Mitarbeiter zusammen mit den anderen Mitarbeitern und Kunden zu bekommen. Ich möchte einen Kommentar auf Ihre Datei zu platzieren, die Sie nicht miteinander auskommen. Wenn Sie diese abfälligen Bemerkungen zu machen* *weiterhin, muss ich jedoch eine schriftliche Verwarnung auf Ihre Datei zu platzieren. Hast du das verstanden?"*

Umgang mit Vorurteilen gegen weibliche Vorgesetzte

Anti-weiblich Vorurteil finden Sie bei Männern und Frauen, die glauben, dass Männer den Frauen überlegen sind und dass die Welt von Männern dominierten sein sollte. Dies ist eines der gravierendsten Probleme Frauen noch Gesicht am Arbeitsplatz heute. Wie sollen Frauen auf solche Vorurteile reagieren?

Einige Anti-weiblich, die Haltungen offen ausgedrückt werden, so dass Sie keinen Zweifel, dass eine bestimmte Person wird durchgeführt, um die Frauen in ihren *„Platz."* Aber viele Menschen nicht bewusst, dass ihre Haltung gelten könnte als voreingenommen. Diese sind oft ältere Männer oder Männer, deren Erziehung oder zu Hause Situation Frauen in traditionell unterwürfige Positionen gehalten. Viele dieser Männer nennen Frauen *„Liebe,"* weil Frauen ihnen am Herzen liegen. Solche Männer zu Frauen schützen; Sie fühlen, dass es ihre Pflicht, dies zu tun. Diese Art des Mannes bedeutet nicht, dass Frauen Schaden und in der Regel nicht verstehen, warum Frauen durch bestimmte Bemerkungen beleidigt sind. In diesen Fällen ist eine sanfte Antwort erforderlich. Die Feedback-Technik geben diese Männer die Möglichkeit, ihr Verhalten zu ändern.

Viele Männer noch nennen Frauen *„Mädchen,"* die sie nicht gewesen, seit dem Eintritt in ihren Teens.

Viele ältere Frauen leiden auch unter einer Anti-weiblich-Vorspannung. Sie sind bedungen worden, zu glauben, dass Frauen sein sollen, dienstbar und denken an Frauen, die mit anderen messen, Männer zu überwachen oder Machtpositionen als UN-weiblich zu halten. Sie schauen hinunter auf solche Frauen, besonders wenn sie sind nicht verheiratet oder nicht die Absicht haben, Kinder.

Anti-weibliche-Einstellungen sind keine Seltenheit bei Frauen jüngeren und mittleren Alters. Zum Beispiel fühlen sich Frauen, die Aufträge von weiblichen Vorgesetzten nicht unbewusst akzeptiert, dass nur Männer Vorgesetzte sein sollten. Sie die Fähigkeit der weiblichen Vorgesetzten in Frage zu stellen und Dinge für sie schwer zu machen.

Support-Mitarbeiter (die immer noch hauptsächlich Frauen) normalerweise gehen aus dem Weg zu halten, deren Vorgesetzte und Manager (die noch in der Regel männlichen) organisiert, pünktlich und komfortabel. Sie pflegen ihren Vorgesetzten (bringen sie Kaffee, erinnern sie an Termine, ihre Post zu öffnen). Die Pflege kann aufhören, wenn eine Frau einen Aufsichtsrat Position berufen ist, wenn sie am Anfang der Dinge ist. Sie hat manchmal lassen ihre Mitarbeiter wissen, dass sie die gleiche Art von Hilfe erwartet, die die ehemaligen männlichen Vorgesetzten erhalten.

Ältere Mitarbeiter

Janet hatte ein Problem, das zu einer Zeit war selten aber ist jetzt durchaus üblich. Mit der Zeit war sie fünfundzwanzig, hielt sie die Position des kirchlichen Vorgesetzten. Ihre College-Ausbildung hatte, bereitete sie für die Position und hatte vier Jahre Erfahrung in einem Büro. Jedoch fand sie sich unvorbereitet, Frauen im Büro fast doppelt so alt zu überwachen. Diese Frauen hatten durchschnittlich zehn bis fünfzehn Jahren Büro erleben. Sie waren offen feindselig zu ihr und sehr unkooperativ.

Janet beschlossen, mit Sarah, eine der weniger-feindlichen ältere Frauen, um das Problem zu diskutieren. Sarah war ehrlich. Sie räumte ein, dass sie überrascht und enttäuscht gewesen, wenn Janet "von der Straße als ihr Vorgesetzter angeheuert worden". Sie hatte jemand vorgestellt, ihr eigenes Alter oder ältere Füllung die Position - eventuell eines ihrer Peer-Gruppe oder eine Person deren Erfahrung fühlte sie sich ihr "Recht" zu überwachen geben würde. Stattdessen fand sie eine Frau im gleichen Alter wie ihre Tochter in der Rolle.

Sie räumte ein, dass wenn Janet ihr auf gute Arbeit ergänzt sie belehrt spürte und wenn sie kritisiert wurde, fühlte sie sich defensiv. Sobald diese Gefühle an die Öffentlichkeit gebracht wurden, konnten die beiden Frauen von vorne beginnen. Janet jetzt verstehen die Gründe für Sarahs Antagonismus und konnte damit besser umgehen. Sarah hatte geklärt, warum sie fühlte, wie sie taten und bemühte sich, ihre Haltung gegenüber Janet zu ändern.

Bald nach, namens Janet ein Treffen mit dem Rest ihrer Mitarbeiter, die Situation mit ihnen zu diskutieren. Sie sagte, dass sie verstanden wie fühlten sie sich und erklärte ihnen, was sie von jedem von ihnen erwartet. Dann fügte sie hinzu, dass sie war unter Berufung auf sie zusammenarbeiten und fragte jeden Mitarbeiter, *„Kann ich Sie in Zukunft rechnen?"* Einer ihrer Mitarbeiter, Julie, erschienen nur ungern so Janet wusste, dass sie ein Auge auf ihr müsste eine solche Verpflichtung eingehen. Bald machten es geringe Produktivität und ablehnende Haltung der Frau Janet ihr Disziplin notwendig. Sie erklärte Julie wieder von ihr, was sie erwartet und was die Folgen wären, wenn Julie schlampige Arbeit produzieren gehalten. Julie hat leider nie Janet akzeptiert. Sie hielt schlampige Arbeit produzieren und schließlich musste entlassen werden.

Janet erging es besser mit den anderen. Wenn sie eine beschlossene Änderung in der Haltung und Produktivität bemerkt, dankte sie ihnen für ihr Verständnis und ihre Kooperation.

Traditionell, hat Gesellschaft uns gelehrt, dass die ältere Frau (die Mutter oder Tante) weiß, dass mehr also mit Respekt behandelt werden sollte. Diese Gefühle Kreisen um Macht und wer es richtig haben sollte. Es gibt keine eindeutige Lösung für das Problem.

Männlichen Untergebenen

Barbara betreut ein Team von drei Männern. Sie war ein Ingenieur und die Männer waren Technologen. Sie fand, dass ihre Untergebenen schien nicht, ihr zuzuhören und bestand darauf, Dinge auf ihre Weise zu tun. Zum Glück, bevor Sie mit der Position, hatte sie dafür gesorgt, dass sie richtige Aufsichtsrat Ausbildung erhalten hatte. Dies hat ihr Selbstvertrauen gestärkt.

Barbara fand es notwendig, eine disziplinarische Interview zu führen, wenn einer ihrer männlichen Untergebenen ablehnte, eine ihm zugewiesene Aufgabe zu tun. Dies war ein Fall von Befehlsverweigerung (eine sehr ernste Verletzung), die zur Entlassung des Mitarbeiters geführt haben könnte. Sie behandelt es sich und legte eine starke schriftliche Mahnung des Mitarbeiters als vorsteuerabzugsberechtigter, besagt, dass er entlassen werden würde, wenn sein negative Verhalten fortgesetzt. Sie sorgte dafür, ihr Manager ihres Handelns bewusst war und er lobte sie auf kompetente Art und Weise, den Sie die heikle Situation gehandhabt hatte.

Kennzeichnung von Untergebenen

Ihre Untergebenen und Kollegen hatte Margaret, Supervisor, „aggressiv" gekennzeichnet. Sie fühlte, dass sie nur machte ihren Job wie sie andere Vorgesetzte tun es gesehen hatte.

Sie hatte ihre männlichen Kollegen Verhalten und Sprache kopiert. Es hat nicht funktioniert, in ihrem Fall und sie hatte bezeichnet eine „aggressive Weib."

Ihr Aussehen und Körpersprache vorgeschlagen, dass sie eine starke, selbstbewusste, eher aufdringlich war. Diese Eigenschaften werden bei Männern, aber weniger gut bei Frauen akzeptiert. Ich erklärte, dass ihr Ton der Stimme das Problem oder vielleicht ihre kraftvollen Körpersprache werden könnte.

Befragung ergab, dass sie tendenziell Anweisungen in Form von Bestellungen, anstatt Anfragen geben. *„Sie werden..."* anstatt, *„Ich möchte..."* Sie willigte ein, ihre Sprache und Körpersprache abschwächen. Es hat funktioniert.

Anderen Aufsichtsbehörden Probleme

„Meine Front-Line Menschen immer ihre schwierigen Kunden mir beziehen sich auf statt Umgang mit ihnen selbst."

Helfen Sie ihnen die Fähigkeiten erwerben, die sie benötigen, um mit dieser schwierigen Menschen umzugehen (geben sie eine Kopie dieses Buches, vielleicht). Erklären Sie ihnen, wie Sie erwarten, dass sie mit beleidigenden, profanen oder bedrohlich Verhalten umgehen. Sie können verlangen, dass sie auflegen oder den Anrufer auf Sie zu übertragen.

Oft wütende Kunden übernehmen ihre Reizbarkeit Büropersonal und so süß wie Kuchen mit Vorgesetzten oder Manager. Ausgehen Sie nicht davon, dass Ihre Büropersonal über das unangenehme Verhalten des Auftraggebers übertrieben waren. Was ist und was nicht akzeptabel Kundenverhalten zu identifizieren. Unterstützen Sie Ihre Mitarbeiter, wenn sie misshandelt wurden, haben. Erklären Sie dem Kunden, *„Wir dulden keine Belästigung unserer Mitarbeiter. Ich schlage vor, Sie entschuldigen, Margie über die Art und Weise, Sie mit ihren sprach "*

„Top-Management, sagt biegen wir die Regeln für besondere Kunden. Meine Objekte."

Nicht verübeln. Nichts ist so ärgerlich wie sagen *„Nein"* für Kunden, die dann über den Kopf gehen und überreden etwas höher bis zu sagen *„Ja."* Unterstützen Sie Ihre Mitarbeiter durch Erörterung der Situation mit Ihrem Vorgesetzten. Fragen Sie-Management für einige harten und schnellen Regeln. Erklären Sie die Schwierigkeiten, die sich ergeben. Geben Sie konkrete Beispiele zeigen die Kosten im harten Gefühle, schlechte Moral usw.. Je besser du bist bereit, bevor Sie Management, desto geringer die Chance konfrontiert werden, dass sie Sie ablehnen werden. Wenn Ihre Anfrage Management ausschlagen, erklären Sie, was an Ihre Mitarbeiter passiert hat.

"Wie kann ich meine Mitarbeiter wohl fühlen, wenn sie unpopuläre Regeln und Vorschriften durchsetzen müssen helfen?"

Lehren sie die fest-Record-Technik. Verlangen Sie, dass sie diese Technik verwenden, ohne ihre Stimme erheben, oder Belästigung jeglicher Art. Helfen ihnen die notwendigen Antworten, z. B. zu entwickeln *"tut mir leid. Ich würde gerne in Ihrem Fall eine Ausnahme machen, aber ich kann nicht für jeden, der die Regeln beugen."* Weisen Sie sie auf das entsprechende Formular der Wörter so oft wie nötig wiederholen. Bereit sein, sie zu sichern, wenn jemand versucht, über dem Kopf gehen.

"Wie kann ich umgehen, dass Personal, schneiden Sie die vier Menschen, die die Arbeit von fünf macht?"

Dies wird notwendig, wenn die Wirtschaft zwingt Unternehmen "den Gürtel enger schnallen." Wenn Sie einen Zeit-Management-Kurs genommen haben; Jetzt ist die Zeit, dies zu tun. Es wird Ihnen beibringen, wie man Prioritäten setzen und konzentrieren sich auf die wichtigsten Aufgaben. Damit Sie ein gutes Vorbild für Ihre Mitarbeiter werden. Hilfst du deine Untergebenen, gutes Zeitmanagement-Techniken zu verwenden, können Sie feststellen, dass vier *können Personen* die Arbeit von fünf und effektiv tun.

Lernen Sie, Ecken schneiden und versuchen, neue Methoden für die Fertigstellung der Aufgaben. Haben Sie Meetings mit Ihren Mitarbeitern besprechen Sie einfachere, schnellere Möglichkeiten Aufgaben zu tun. Hören Sie aufmerksam zu ihren Ideen. Weil sie diejenigen, die eigentlich die Aufgaben machen sind, kommen sie oft mit den besten zeitsparende Tipps.

"Meine Mitarbeiter ist immer meine Anweisungen falsch interpretiert."

Verwenden Sie die Paraphrasierung Technik um zu prüfen, ob sie verstanden haben, was Sie wollen. Diese Technik ist am effektivsten, wenn Sie Anweisungen geben oder jemand training. Es wird Ihnen bestätigen, dass sie "gehört" ist, was du gesagt hast. Vorsicht beim fordern in Anlehnung an, dass Sie es Klang nicht wie wenn Sie, dass sie zu blöd denken, Ihren Anweisungen zu verstehen. Es liegt in Ihrer Verantwortung, um sicherzustellen, dass Ihre Anweisungen sind klar, nicht die ihrigen zu interpretieren einer verwirrenden Nachricht.

„Meine Mitarbeiter wollen mir meine wertvolle Zeit ihre unwichtigen Fragen zu beantworten."

Viele Vorgesetzte können wütend auf Unterbrechungen, aber viele andere ermutigen versehentlich Hilflosigkeit in ihre Untergebenen. Wenn ein Mitarbeiter mit einem Problem zu ihnen kommt, bieten einige Betreuer sofort die Lösung. Es wäre besser, wenn sie zuerst gefragt *„Was glaubst du, dass man dagegen tun sollte?"* Es ist erstaunlich, wie oft die Mitarbeiter *tut* , was zu tun ist. Diese Strategie fördert selbstständiges Denken von Mitarbeitern. Wenn sie merken, dass sie oft die Antworten bereits und sie zu unterstützen, müssen sie mehr Vertrauen in ihr eigenes Urteil in der Zukunft.

Wenn Untergebenen nicht wirklich die Antwort kennen, mit allen Mitteln helfen Sie ihnen. Das ist, was Sie dort sind.

„Ich hasse Disziplinierung meine Mitarbeiter!"

Es ist möglich, dass Sie für Ihre Aufsichtsbehörden Position geschult waren nicht. Diese Ausbildung zu bekommen, damit Sie wohler fühlen, wenn Sie Disziplin geben. Denken Sie daran, dass alles, was Ihre Untergebenen zu tun macht *Sie* gut aussehen oder schlecht. Wenn man sie sorglos arbeiten können, werden Sie sich für eine Rüge selbst die Einstellung sein. Disziplin soll geringe Produktivität oder Verhaltensprobleme nicht zu wecken den Wunsch, in dem Mitarbeiter Vergeltung zu korrigieren. Disziplin, richtig gemacht, wird die Schuld von den Schultern des Betreuers auf derjenigen Person, diszipliniert wird verschoben. Der Mitarbeiter wird erzählt, wie die Folgen aussehen werden wenn das inakzeptable Verhalten fortsetzt. Ich wiederhole: Aufsichtsrat trainieren - vor allem im Bereich der Mitarbeiter Disziplin!

„Ich bin nicht ganz bereit, in den Ruhestand. Wie gehe ich mit der' Ferse-Nippers wollen, dass meine Aufgabe?"

Das ist hart. Sie wollen nicht auf die nächste Ebene zu bewegen, aber man sollte nicht versuchen, diejenigen zu stoppen, die jung und eifrig entscheidend sind. Empfehlen Sie Ihnen, dass sie, eine andere Abteilung versuchen und um Ihre Position gehen. Tun Sie alles in Ihrer Macht stehende, um sie für bereit, wenn Sie bereit sind, in den Ruhestand. Wenn dies innerhalb von zwei Jahren ist, mach dir keine Sorgen Sie über die Leute hinter Ihnen. Nicht sie aus bereit zu sein für Ihre Arbeit behindern oder hast du nur unglückliche, rachsüchtige Untergebenen.

Wenn Sie ihnen zu beweisen, dass Sie nicht interessiert sind werden sie nur in Ihrem eigenen Wohlergehen, sondern auch in der ihrigen, wahrscheinlich geduldiger sein. Sie fühlen sich wohler, wenn sie wissen, dass es ein Ende zu ihrer wartenden. Machen sie deutlich, was Ihre Pläne sind. Erklären Sie, dass Sie in zwei Jahren in den Ruhestand gehen. Wenn es länger als zwei Jahre ist, wirst du wahrscheinlich den Rest Ihres Arbeitsverhältnisses gelangweilt zu Tränen verbringen. Wenn dies der Fall ist, zu halten, arbeiten in Richtung einer höheren Position selbst.

„Meine Mitarbeiter erwartet von mir, ihre Ideen zu verwenden."

Jede neue Idee auf seinen eigenen Verdiensten zu beurteilen. Erklären Sie Ihre Schlüsse, besteht es aus irgendeinem Grund, warum es nicht funktionieren. Gibt ein Wert für die Idee, zu erklären warum Sie können oder nicht die Idee zu einem bestimmten Zeitpunkt verwenden. Fördern Sie halten Sie Ihre Mitarbeiter neue Ideen einfallen lassen. Schließlich sind sie diejenigen, die tatsächlich auf die Aktivitäten tragen? Wenn Sie ihre Ideen zu stoppen, werden Sie nur de-motivieren werden, das ist das Gegenteil von dem, was Sie wollen.

„Ich habe einen Mitarbeiter, sperrt und Dinge auf ihre Weise tun will."

Wann immer Sie die Möglichkeit dazu haben, können Sie Ihre Mitarbeiter Aufgaben "ihren" Weg. Gibt es keinen Raum für Flexibilität in wie eine Aufgabe abgeschlossen ist, werden Sie klar in Ihren Anweisungen. Erklären Sie, dass Ihre Anweisungen über die Ergebnisse bringen werden, was Sie wollen. Wenn Ihr Mitarbeiter argumentieren weiterhin, Fragen sie, *„Sie weigern sich, diese Aufgabe die Art und Weise zu tun, ich dich, es zu tun will?"* Wenn sie sagt, könnte *"Ja"* Sie zu Recht ihr mit Gehorsamsverweigerung kostenlos. Zuerst versuchen Sie, andere Methoden, aber wissen Sie, dass Ihre einzige Möglichkeit, eine formelle schriftliche Mahnung auf ihre Datei zu platzieren.

„Meine Mitarbeiter ist sehr Menschen ausgerichteten jedoch schrecklich desorganisiert. Wenn links ohne Aufsicht ist er stundenlang am Telefon."

Verwenden Sie diese Person, mündliche Präsentationen zu machen und direkt mit den Kunden umzugehen. Geben Sie vorsichtig, detaillierte Anweisungen, was Sie von ihm wollen. Sicherstellen Sie, dass seine Berufsbezeichnung ist auf dem neuesten Stand, Leistungs-und Zeitvorgaben für die Erfüllung der Aufgaben zu geben. Erklären Sie, dass er nicht persönliche Telefonate machen sollten. Initiieren Sie Disziplin zu und erklären Sie die Folgen zu, wenn die Anrufe weiter. Auch überlegen Sie, ob er in der richtigen Position ist.

„Meine Sekretärin ist ein Perfektionist in alles, was sie tut, auch wenn sie wertvolle Zeit vergeudet wird. Sie scheint sich in ihrer eigenen Arbeit vergraben halten, scheint nicht bewusst Dinge um sie herum vorgeht. Aus diesem Grund sie versteht nicht, wie andere ihre Handlungen in der Abteilung auswirken."

Geben Sie ihre Termine zu treffen und erklären die Ergebnisse, die Sie erwarten. Schicken sie in einem Zeit-Management-Kurs. Benötigen Sie eine Entwurf einer Kopie von etwas, stellen Sie sicher, dass sie versteht, dass Tippfehler dürfen, etc.. Geben Sie ihre Informationen, die erklärt, wie ihre Position in der Abteilung zu anderen passt. Möglicherweise zeigen sie eine Kopie des Organigramm Ihrer Sektion oder Abteilung. Erklären Sie, dass wenn sie mit ihrer Arbeit spät ist, es eine direkte Wirkung auf andere hat. *„Margaret, wenn Ihr am Monatsende Bericht spät, ist es hält unsere gesamte Abteilung am Monatsende Bericht."*

FAZIT

Sind sie bereit für den erfolg?

Sie haben nun die Werkzeuge, die Ihnen ermöglichen, mit zornigen, unhöflich, ungeduldig, emotionale, verärgert, hartnäckige und aggressive Menschen umzugehen. Diese wesentliche Sozialkompetenz hilft Ihnen, alle Arten von schwierigen Personen und Situationen umgehen. Diese Fähigkeiten zu erlernen und Sie können nicht umhin, Ihre Beziehungen mit Mitarbeitern, Vorgesetzten, Kollegen und Kunden verbessern. Weil diese Fähigkeiten nun für Unternehmen so wichtig sind, führt dies zu bessere Aufträge, Angebote, mehr Führungsverantwortung und allgemeine Verbesserung der Arbeitsmoral.

Ihre Menschenkenntnis hilft Ihnen, Ihre Stimmungen zu steuern und halten kühl unter Beschuss. Anstatt zu defensive beim Umgang mit einem wütenden Kunden konzentrieren Sie auf das Problem des Klienten zu lösen. In das Ende von Ihnen werden die Gewinner. Du wirst:

- Ein positiver Mensch und haben mehr Zeit, was *Sie* wollen, zu tun, anstatt zu versuchen, andere zu besänftigen herumflitzende;

- Werden Sie wütend oder aggressiv Kunden bewältigen;

- Haben Sie die Fähigkeiten, um Ihre eigenen Ärger und Stress bewältigen;

- Möglicherweise wird widerstehen gezwungen, manipuliert oder eingeschüchtert von dem hinterhältigen Methoden, mit denen manche Menschen ihren Willen bekommen. Sie werden auch in der Lage zu erkennen und die zugrunde liegenden Probleme;

- Ein geschickter Unterhändler am Konfliktlösung geschickt werden;

- Wissen Sie, wie Sie zu interpretieren und non-verbale Signale zu verwenden;

- In der Lage, Ihre eigenen zu identifizieren und anderer passiv, aggressiv und selbstbewusst Verhalten;

- Wissen Sie, wie man ohne schlechtes Gewissen Nein zu sagen;

- Wissen Sie, wie Sie Ihre kommunikativen Fähigkeiten zu nutzen, um Ihre Wirksamkeit als Kunde, Kollege, Mitarbeiter oder Vorgesetzter zu verbessern;

- Wissen Sie, wie man mit Persönlichkeit Auseinandersetzungen umgehen;

- Verstehen, die Verwendung von Feedback, um sicherzustellen, dass andere wissen, wie Sie sich fühlen, über die guten und die schlechten Dinge, die sie tun;

- Know-how zu nutzen in Anlehnung an, um zu bestätigen, dass was Sie hörte wirklich war, was gesagt wurde;

- Erhalten Sie mehr Lob und Zustimmung von Ihrer Mitarbeiter, da Sie jetzt Ihre negativen Gefühle steuern können.

Erlernen Sie die Techniken zu und üben sie täglich. Sie *funktionieren* ! Wie jede neue Fertigkeit müssen sie jedoch konsequent genutzt werden, bis sie automatisch sind. Wenn Sie sie gemeistert haben, können Sie sich freuen zu steuern, wie Sie bewältigen und reagieren auf andere.

Nicht mehr erlaubt Ihnen andere zu entscheiden, was für ein Tag Sie haben werden. Weil Sie dieses Steuerelement gewonnen haben, wird Ihr Selbstwertgefühl steigen. Je selbstbewusster Sie sind, die weniger Stress und Angst fühlen Sie sich und desto mehr Energie und Begeisterung können Sie alle Aspekte Ihres Lebens bringen. Wenn Sie diese Fähigkeiten verwenden, müssen Sie bereit sein für Erfolg, weil Erfolg *wird* unweigerlich folgen!

BIBLIOGRAPHIE

Auerback, Sylvia: Schwierigere Kollegen – Handle with Care: Computer Entscheidungen, 1981

Bern, Eric: *Games People Play:* Ballantine Books, 1964

Bernstein, Albert J. & Sydney Craft Rosen: *Dinosaurier Gehirne:* John Wiley & Sons, 1989

Bramson, Robert M.: *Umgang mit schwierigen Menschen:* Ballantine Books, 1981

Cava, Roberta: *Umgang mit schwierigen Menschen – Umgang mit bösen Kunden, anspruchsvolle Bosse und unkooperativ Kollegen:* (22 Verlage – 16 Sprachen) und *Umgang mit schwierigen Situationen – bei der Arbeit und zu Hause:* Pan Macmillan, 2003; Ankh-Hermes, Niederlande, 2004 und *Umgang mit schwierigen Ehepartner und Kinder:* Cava Beratung, 1995 und *Umgang mit schwierigen Angehörigen und ihren Schwiegereltern:* Cava Beratung, 2002 und *Umgang mit Mobbing am Arbeitsplatz:* Cava Consulting, 2005.

Gray, Dr. John: *Mars & Venus: Starting Over:* Pan Macmillan, Australien, 1998.

Fleck, Barbara: *Workaholics – die respektablen Süchtigen:* Taste Porter Books, Toronto, 1990.

Tannen, Deborah: *Sie einfach nicht verstehen – Frauen und Männer im Gespräch*: Morrow 1990.

Uly, William: *Getting Past No – Verhandlungen mit schwierigen Menschen*: Bantam Books, 1991.

www.ingramcontent.com/pod-product-compliance
Lightning Source LLC
Chambersburg PA
CBHW071630200326
41519CB00012BA/2234